WOLF WIES
Magie der Heilung

W0044399

GOLDMANN
Lesen erleben

Buch

Wolf Wies war seit seiner Jugend vom Schamanismus fasziniert, und er war von den Möglichkeiten der Heilung mit Hilfe der geistigen Welt so beeindruckt, dass er seinen herkömmlichen Beruf aufgab, dreißig Jahre um die Welt reiste und mit Schamanen und spirituellen Lehrern in Verbindung trat. Es gelang ihm hervorragende Vertreter verschiedenster Kulturen aus fünf Kontinenten nach Europa zu bringen. Über die Erlebnisse, Erfahrungen und Lehren, die er dabei gewann, berichtet er in diesem Buch, und zwar nicht aus der Distanz eines neutralen Beobachters oder gar Wissenschaftlers, sondern er ist ganz und gar Teil des Geschehens. Die beeindruckenden, authentischen Einblicke in die schamanische Welt markieren zugleich den Entwicklungsweg des Autors. Und sie zeigen auf, wie unsere westliche Weltsicht durch das schamanische Bewusstsein lernen und wachsen kann.

Autor

Wolf Wies, geb. 1933, als Inhaber und Geschäftsführer einer Public-Relations-Agentur tätig, bis er im Alter von 45 Jahren dem »Ruf« folgte, schamanisches Heilwissen in die westliche Welt zu bringen. Er gab seinen Beruf auf und gründete die Shamanism & Healing Association, deren Leiter er 28 Jahre war. Er knüpfte Verbindungen zu Schamanen und spirituellen Lehren in der ganzen Welt, organisierte Treffen der Schamanen untereinander, Schamanismus-Kongresse, Seminare sowie Langzeitstudienprogramme in Europa, um das Heilwissen der Schamanen an Menschen in Heilberufen zu vermitteln. Er wurde zu einem der wichtigsten Vermittler des Schamanismus im deutschsprachigen Raum. Heute lebt er vorwiegend auf Bali.

Wolf Wies

Magie der Heilung

Entdeckungsreisen ins
schamanische Bewusstsein

GOLDMANN

Einige Orte sowie die Namen einiger beschriebener Personen wurden auf deren Wunsch verändert, und in zwei Kapiteln wurden zwei Reisen zu einer zusammengefasst. Ansonsten haben sich alle hier berichteten Erlebnisse so zugetragen, wie hier niedergeschrieben.

Verlagsgruppe Random House FSC© N001967
Das für dieses Buch verwendete FSC©-zertifizierte Papier
Classic 95 liefert Stora Enso, Finnland.

1. Auflage

Originalausgabe Juli 2014
© 2014 Wilhelm Goldmann Verlag, München,
in der Verlagsgruppe Random House GmbH
Umschlaggestaltung: Uno Werbeagentur
Umschlagmotive: Zweigkranz und Stein:
© Fiona Crawford Watson / getty images
Feder und Hintergrund: FinePic®, München
Lektorat: Ralf Lay, Mönchengladbach
WL · Herstellung: cb
Satz: Fotosatz Amann, Memmingen
Druck: GGP Media GmbH, Pößneck
Printed in Germany
ISBN 978-3-442-22063-2
www.goldmann-verlag.de

Ich widme dieses Buch meinen Töchtern Tinka und Johanna, die mich bei den Kongressen unterstützt und beraten haben, sowie meinem Sohn Leon und meinen Enkeln Manuel, Nikolas, Tobia, Antonia und Carlotta.

Inhalt

Einleitung   9

Die Tantrameister   17
Der Call – der Ruf der Götter und Geister   49
  Träume   49
  Rites de passage   53
  Die Schamanenreise   58
  Der Weg der Brücke   68
Der Sufimeister   77
Reisen   93
  Die Initiation – Jabolane Mpapane   99
  Abuela Luz Teresa   117
  Bonethrowing – das Knochenorakel   137
  Hermano Vidal Ayala   151
  Taita Manuel   165
  Don Cesario   181
  Mali Goumede   199
  »Digging Medicine« – die Medizinsuche 221
  Don José   227
  U Shein Sayagyi   247
  Die Taufe   267
  Juan Alonso Guerrero   285
  Der Hexenbaum   301

Dank   311
Literatur   313
Glossar   317

Schamanentreffen 1998 © Shamanism & Healing Association

Einleitung

Seit Menschengedenken lebten unsere Vorfahren in unmittelbarem Bezug zur Natur und zur Erde und waren dadurch, ohne es zu hinterfragen, mit allem Lebendigen und dem Universum verbunden. Krankheit und Naturkatastrophen wurden als Ausdruck einer Störung des persönlichen oder sozialen Gleichgewichts und der Beziehung zu den Göttern und Geistern verstanden. Menschen mit besonderer Begabung und vom Geist getragen, konnten diese Störungen spüren und Mittel aufzeigen, um die Balance wiederherzustellen. Das enorme uns Menschen gegebene Potenzial des Geistes offenbarte sich in ihnen.

Über Jahrtausende entwickelten sie bemerkenswerte Systeme verschiedener Rituale, Praktiken und Heilverfahren, die heute unter dem Begriff »Schamanismus« bekannt sind. Hierbei werden häufig durch Ekstasetechniken intensivierte und veränderte Bewusstseinszustände erlebt, die bei Heilungen und Problemlösungen für einzelne Menschen und die Gemeinschaft genutzt wurden.

Schamanen haben in fast allen Stammesgemeinschaften vielfältige Aufgaben und Rollen. Diese Frauen und Männer sind Heilkundige, Priester, Psychologen, Therapeuten, Berater, Überlieferer der Mythen, Krieger, Jäger und oft Tänzer, Sänger sowie Künstler in einer Person. Sie wirken als Bindeglied und Mittler zum Göttlichen und öffnen und erleben durch verschiedene Praktiken, meist unterstützt von Rhythmen und Gesängen, den natürlichen Zugang zur spirituellen Ebene. In Ekstase unternehmen sie Reisen in verborgene Realitäten, Parallelwelten, die wir sonst nur aus Mythen und Träumen kennen. In diesem Zustand der Zeitlosigkeit vermögen sie den Nachhall der Vergangenheit und Entwicklungen in der Zukunft zu erkennen.

Die schamanische Intervention in Heilungsprozessen ist holistisch orientiert, wendet sich also immer an alle Aspekte des Menschen: Körper, Emotionen, Intellekt und die spirituelle Ebene. Sie unterscheidet sich durch ihre Ganzheitlichkeit somit vom Ansatz her von der konventionellen westlichen Medizin und Psychologie, die sich vornehmlich auf ein Krankheitssymptom oder die für krank gehaltenen Teile des Hilfesuchenden konzentrieren und den Patienten in der Behandlung meist darauf reduzieren.

In den vielfältigen Ritualen, die in Stammesgesellschaften den Beginn und das Ende eines Lebensabschnitts markieren, die Jahreszeiten begleiten, Heilungen zum Ziel oder andere Gründe haben, werden ungewöhnliche Kräfte erlebbar, die die beteiligten Menschen in auffallender Weise verändern, gesund werden und innerlich reifen lassen.

Als ich zum ersten Mal von Schamanen hörte, war ich etwa achtzehn Jahre alt. Mich faszinierten damals die Bücher von B. Traven, einem Deutschen, der in Mexiko lebte und unter diesem Pseudonym spannende sozialkritische Abenteuerromane schrieb. Schon lange vor der nordamerikanischen Bürgerrechts- und vor den antikolonialen Bewegungen rückte Traven die Emanzipation der Ureinwohner, der *indígenas*, ins Bewusstsein. Seine wohl bekanntesten Bücher *Das Totenschiff* und *Der Schatz der Sierra Madre* wurden erfolgreich verfilmt. In seinen späteren Werken *Der dritte Gast* und *Der Dschungeldoktor* beschrieb Traven außergewöhnliche Menschen, die sofort mein brennendes Interesse weckten: ebenjene Schamanen. So schilderte er, wie ein Schamane zu einem Kranken gerufen wird und dort, am Fußende des Bettes, den Tod stehen sieht. Ihm ist sofort klar, dass er diesem kranken Menschen nicht mehr helfen kann. Mich erfasste eine Faszination und eine Neugier, die mich mein Leben lang nicht mehr losließ: Was waren das für Menschen, die sehen konnten, was andere nicht sahen? Offensichtlich verfügten sie über Fähigkeiten, die wir mit unserem Verstand nicht begreifen und erklären konnten.

Mitte der sechziger Jahre fiel mir ein Buch von Carlos Castaneda in die Hände: *A Separate Reality*; auf Deutsch erschien es
unter dem Titel *Die Lehren des Don Juan*. Ich verschlang das
Buch sofort, ebenso wie nur wenig später *Die Reise nach Ixtlan*.
Beide Bücher nährten mein Interesse noch mehr, und ich begann
alles zu lesen, was zum Thema »Schamanismus« erhältlich war.

Schamanen und Weise aus Kulturen, deren Sichtweise sich
von unserer westlichen grundlegend unterscheidet, waren denn
auch entscheidend für meinen persönlichen Entwicklungs- und
Heilungsprozess. Mein Charakter und mein Verhalten wurden
geprägt durch die Traumata meiner Kindheit und Jugend sowie
durch die geschichtlichen Ereignisse des Zweiten Weltkriegs,
die lange Krankheit meiner Eltern und ihren frühen Tod. All
dies hinterließ massive Programmierungen und tiefe Spuren in
meinem Gehirn, die ich entweder immer wieder aufgesucht
oder strikt gemieden habe. Durch die therapeutische Arbeit in
Coloman, einem alternativ-ganzheitlich orientierten Heilzen-
trum, wurden mir Teile davon bewusst, und ich konnte sie bearbeiten.

Einen wesentlichen Anteil an der Aufarbeitung meiner Vater-
problematik und der damit verbundenen depressiven Phasen
hatten aber die Erfahrungen mit Heilern aus fremden Kulturen,
etwa mit Salah Eid, dem Sufimeister, sowie Percy Konqobe und
Mali Goumede aus Südafrika, die mit Hilfe des Knochenorakels
herausfanden, wo der Kern meines Problems lag, und die mir
entscheidende Hinweise für eine Lösung gaben. Die mexikanische Schamanin Abuela Luz Teresa half mir, mein Geburtstrauma und die emotionalen Probleme mit meiner Mutter zu
lösen. Ich habe mit ihrer und Don Cesarios Hilfe in mir einen
Wesenskern entdeckt, der weder verletzt noch traumatisiert
werden kann und der auch nicht beeinflussbar ist. Das heißt,
dass mein eigentliches Wesen völlig heil, kristallklar und rein
ist. So wie der Himmel immer blau ist, auch wenn ihn manchmal Wolken verhüllen. Diesen Wesenskern sah ich mit besonders großer Klarheit auch in der Erfahrung mit Don Cesario
während eines Aufenthalts im ecuadorianischen Regenwald.

Ich konnte meine Traumata schließlich so weit bearbeiten, dass ich mir bewusst werde, wenn sie sich »melden«, und sie nicht mehr mein Leben beeinflussen, ohne dass ich es merke. Ihnen und anderen beeindruckenden Heiler-Persönlichkeiten werden Sie bei unserer gemeinsamen Reise in diesem Buch begegnen.

Was wir heute über den Schamanismus wissen, haben wir diesen letzten lebenden Trägern jenes alten menschlichen Wissens zu verdanken, den Schamanen der zersplitterten und sterbenden Stammeskulturen. Wegen der noch immer fortschreitenden Vernichtung ihrer Völker und Kulturen sowie durch vorsätzliche Versuche, die Schamanen und ihr Wissen auszulöschen, wirken leider immer weniger von ihnen.

Da mein Interesse aufgrund meiner eigenen gesundheitlichen, psychologischen und spirituellen Entwicklung ja schon seit längerem vor allem ganzheitlichen und komplementären Heilmethoden galt, ging es mir insbesondere darum, eine Brücke zu bauen zwischen der modernen westlichen und der traditionellen Medizin. Erstere ist unverzichtbar, vor allem im Akut- und im Notfall. Sie hat aber durchaus ihre Grenzen, insbesondere wenn es um chronische und sogenannte psychosomatische Krankheiten geht, deren Ursachen von den Schulmedizinern meist nicht erkannt werden und bei denen die Behandlung ihrer Symptome oft mit unangenehmen Nebenwirkungen verbunden sind. Speziell in diesen Fällen sind traditionelle Heilweisen oft deutlich überlegen, eben weil sie auf einem Jahrhunderte alten Erfahrungsschatz gründen und zeitlos gültig sind.

Im Jahr 1982 gründete ich mit vier Freunden deshalb den Verein »Shamanism & Healing Association«. Er hat es sich zur Aufgabe gemacht, die Heilmethoden von Schamanen und indigenen Heilern zu studieren, zu erforschen und zu vergleichen, um das wertvolle Wissen dieser Traditions- und Kulturträger zu erhalten und an Ärzte, Menschen in anderen Heilberufen, Psychologen, Therapeuten, Homöopathen, Heilpraktiker, Anthropologen und sonstige Interessierte weiterzugeben, bevor es verlorengeht. Zu diesem Zweck veranstaltete die Association sieben internationale Kongresse mit fünfzehn Schamanen und

Heilern und jeweils vierhundertfünfzig bis fünfhundert Teilnehmern überwiegend aus Heilberufen, zahllose kürzere und längere Seminare sowie dreijährige Langzeitstudienprogramme. Ein anderes wichtiges Anliegen war es, Schamanen und Heiler verschiedener Länder, Kontinente und Kulturen zusammenzubringen und damit einen intensiven interkulturellen Austausch anzuregen und zu fördern. Deshalb gingen den Kongressen zehntägige Symposien voraus, in denen sich die Schamanen austauschen konnten. Im Thema des Kongresses von 2006 zum Beispiel – »Altes Wissen für eine neue Zeit« – wurde das Ziel der Zusammenkünfte programmatisch formuliert.

Ein wichtiger Bestandteil meiner neuen Tätigkeit war, Heiler und Schamanen zu finden, die ich zu den Schamanentreffen, den öffentlichen Kongressen und Seminaren der »Shamanism & Healing Association« einladen konnte. Auf allen Kontinenten habe ich Schamanen besucht, viele von ihnen mehrmals, und viele von ihnen wurden Freunde, mit denen ich auch nach meinem Ausscheiden aus dem Verein noch eng verbunden bin. Es faszinierte mich, andere Kulturen zu erleben und mit Schamanen zusammen zu sein. Ich spürte eine größere Lebendigkeit, und das Erlebte hatte dort eine viel größere Intensität und Dichte als in unserer oberflächlichen Gesellschaft. Es schien mir, dass ich in ihrer Gegenwart einen einfacheren Zugang zu meinem Wesenskern hatte.

Manchmal hatte ich von einem anderen Schamanen, einem Ethnologen, Anthropologen oder einem der »Ärzte ohne Grenzen« einen Tipp bekommen. Aber oft bin ich auch einfach in ein Land gereist und habe es dem »Zufall« oder besser gesagt der »Führung« überlassen, mir den Weg zu einem Schamanen oder Heiler zu weisen. Meist kam ich unangemeldet, denn fast keiner der Schamanen hat Telefon, und die Post kommt erst nach Monaten und oft gar nicht an. Trotzdem wurde ich immer bereits erwartet, denn sie hatten mich schon in einem Traum oder einer Vision gesehen oder waren von ihren Spirits auf meinen Besuch vorbereitet worden. Ich war immer willkommen.

Trotzdem musste ich mich in jedem Fall einer Prüfung unterziehen, einem »Scanning«, einer Durchleuchtung sozusagen. Das geschah auf ganz unterschiedliche Art und Weise, aber immer in Form eines Rituals. Oft wurde ich den Ahnen oder Spirits vorgestellt. Mali zum Beispiel befragte die Geister seiner Ahnen in einem Stunden dauernden Ritual, ob er mit mir zusammenarbeiten dürfe. Juan Alonso Guerrero, ein Schamane vom Stamm der Piaroa aus dem Orinoco-Becken in Venezuela, betrachtete mich mindestens zehn Minuten lang durch einen rosafarbenen Kristall, bevor er zusagte, zum Schamanentreffen nach Deutschland zu kommen. Andere befragten in Meditationen oder visionären Zuständen ihre Spirits, Ahnen, Devas oder Götter.

Mir stand jedoch keine andere Methode zur Verfügung, um herauszufinden, ob ich es mit einem authentischen Heiler oder Schamanen und nicht mit einem Scharlatan zu tun hatte, als mich auf Empfehlungen und meine eigene Intuition zu verlassen. Ich versuchte auch, mich zu versichern, dass sie keine schwarze Magie oder Schadenszauber betrieben. Dazu hielt ich mich meist mehrere Tage, wenn möglich eine Woche, bei den Schamanen auf, um sie in ihrem eigenen Umfeld zu erleben, ihre Heilmethoden und Zeremonien kennenzulernen und Einblick in die oft ritualisierte Gewinnung, Zubereitung und Verabreichung der von ihnen genutzten Medizin zu bekommen.

Bei all meinen Begegnungen wurde mir somit immer wieder bewusst, dass die gradlinige Zielgerichtetheit, mit der wir in unserer Kultur unterwegs sind und die ich auf meinen Reisen jedes Mal ablegen muss, nur dazu führt, dass wir vieles verpassen. Aus diesem Grunde ist die »Wanderung zwischen den Welten«, auf die ich mich hier mit Ihnen begeben möchte, beispielsweise auch eher nach thematischen Schwerpunkten als nach chronologischen Gesichtspunkten gestaltet.

Und daher finden Sie in diesem Buch auch keine systematischen Erklärungskonstrukte, die das beobachtete und erfahrene Geschehen zu rationalisieren, zu verifizieren und zu kategorisieren vorgeben. Als Verständnishilfe und als Anregung zu weiteren Überlegungen und Assoziationen ist Ihnen am Ende allerdings ein Glossar beigegeben. Darin wird neben den Erklärungen ungewöhnlicher Begriffe unter anderem auch ansatzweise beschrieben, wie einzelne der Phänomene, die von aufgeklärten Menschen lange dem Reich der Fantasie zugeordnet wurden, mittlerweile sogar von etablierten Wissenschaftlern bestätigt werden, vornehmlich solchen, die sich mit der Quantenphysik und der Hirnforschung befassen. Doch zu behaupten, auf diese oder vergleichbare Weise eine konsequent widerspruchsfreie Metaebene geschaffen zu haben, wäre so, als würde man sagen: »Ich bin in die See gestochen«, wenn man am Strand nur einen Fuß ins Wasser gesetzt hat. Wir stehen hier trotz vieler richtungsweisender Erfolge und Fortschritte also noch ganz am Anfang, aber bekanntlich beginnt ja jede Reise mit den ersten Schritten.

In meinen Begegnungen mit Schamanen, Heilern und Meistern musste ich sehr schnell lernen, frei zu sein von Beurteilung und Wertung, frei von allen rationalen Kommentaren, Vergleichen und Einordnungen. In dem Augenblick, in dem ich begann, Maßstäbe anzulegen, sie zu vergleichen, zu bewerten, zu kritisieren oder das Erlebte mit meinem Verstand zu erfassen, kam ich in die größten Schwierigkeiten. Die Erklärungsversuche meines Verstandes beeinträchtigten massiv meine Wahrnehmungsfähigkeit. Auch verließ ich dann die Position des wertfreien Betrachtens, die es überhaupt erst ermöglichte, mit den Schamanen in einem aufnahmefähigen Kontakt zu sein und einen für beide Seiten fruchtbaren Austausch zu gewährleisten. Ohne Kommentare oder Beurteilungen, sondern in einer Einstellung von verständnisvoller Anerkennung ohne alle Erwartungen oder Bedürfnisse zu sein war als Haltung notwendig. Nur so konnte ich das Erlebte einfach und ohne Beurteilung geschehen lassen, wozu ich auch Sie nun ganz herzlich einlade.

Wolf Wies
Im Frühjahr 2013

Urubundu und Lula © Agustian

Die Tantrameister

In einem kleinen Ort im Nordwesten Indiens hatte ich mir für drei Wochen einen »Bungalow« gemietet – eine kleine, einfache Blockhütte –, um in dieser zauberhaft schönen Landschaft am Ganges ein Retreat zu machen. Eigentlich ist es nur einer seiner Nebenflüsse, aber die Leute hier nennen ihn trotzdem »Ganges«. Die Holzhütte stand mitten in einem großen eingezäunten Garten, direkt dahinter begann der Wald. Das Haus bestand aus einem einfach möblierten Raum: ein Bett, ein Tisch, drei Stühle, ein Sessel; in einer Ecke eine Miniküche mit einem zweiflammigen Gaskocher und einem Eisschrank, in der anderen Ecke ein einfaches Bad mit Dusche, aber ohne warmes Wasser. Die Veranda davor ruhte auf Pfählen und war halb überdacht, auch dort standen drei Plastiksessel und ein kleiner Tisch.

Mr. Chatterjee, mein ausnehmend freundlicher indischer Vermieter, sprach fließend Englisch und war mir behilflich, einen Masseur zu finden, der mich jeden Tag behandeln sollte. Ich freute mich schon auf diese Zeit, in der ich keinerlei Verpflichtungen hatte.

»Er hat einen Körper wie ein junger Gott und goldene Hände. Nach jeder Massage wirst du dich fühlen, als ob du schwebst«, versprach Mr. Chatterjee. Er saß mir bei einer Tasse Tee auf der Veranda »meines« Bungalows gegenüber. Seine schwarzen Augen, die unter schweren Lidern hervorblitzten, fanden selten Ruhe und wanderten immer wieder über mein Gesicht und meinen Körper.

Auf seine neugierigen Fragen erzählte ich ihm, dass ich Präsident der Shamanism & Healing Association war, was Ziel und

Zweck der Association ist, und dass ich vorhatte, mich hier zu entspannen und zu meditieren.

Im weiteren Verlauf des Gesprächs erwähnte Chatterjee das Buch Tantra Art von Ajit Mokerjee, das ich seit vielen Jahrzehnten besitze. Immer wieder nehme ich es zur Hand, begeistere mich an den Bildern und Skulpturen und lese die großartigen Texte. Ich erzählte ihm, dass ich mich in einer Phase meines Lebens mit Tantra beschäftigt hatte, aber von allen westlichen Autoren und Workshops enttäuscht war. Auch das Kamasutra fand ich kompliziert und nicht nachvollziehbar. So war mein Interesse schnell versiegt.

»Ich würde ja gern mal einen wirklich authentischen Tantrameister kennenlernen«, warf ich mehr beiläufig ein.

»Ich kannte mal einen«, erwiderte Chatterjee daraufhin. »Er wohnte etwa zwei Autostunden von hier in einem kleinen Ort. Ich weiß allerdings nicht, ob er noch lebt, denn als ich ihn vor vielen Jahren zum letzten Mal sah, war er bereits vierundachtzig Jahre alt. Er hatte sich damals schon zurückgezogen. Vorher leitete er eine Art Tempel, Kloster oder Schule, jedenfalls wurde dort Tantra praktiziert und unterrichtet.«

Auf meine Bitte hin versprach er mir, einen Wagen mit Fahrer zu besorgen, der mich dorthin bringen sollte.

Am nächsten Morgen bekam ich meine erste Massage, und tatsächlich hatte ich schon während des Massierens das Gefühl zu schweben. Später holte mich der Fahrer ab. Er hieß Mr. Bilash, war klein und untersetzt mit Knickebeinen, struppigem Haarschopf und weitreichendem Mundgeruch. Mit röhrendem Auspuff brauste er los. Immer wieder ermahnte ich ihn, langsamer zu fahren, jedes Mal mit mehr Nachdruck – vergeblich.

Und so schnell, wie er fuhr, so schnell ratterte sein Mundwerk. Wir hatten uns noch nicht begrüßt, da legte er auch schon los und bombardierte mich mit Fragen: »Wo kommen Sie her? Was sind Sie von Beruf? Sind Sie verheiratet? Wie viele Kinder haben Sie? Wie alt? Haben Sie Enkel? Wie viele? Wie alt? Was machen Sie hier? Was ist der Zweck unserer Fahrt ...?«

Irgendwie musste ich ihn zum Schweigen bringen. Als er

mich nach meinem Hobby fragte, antwortete ich schließlich: »Ich ermorde Fahrer, die zu viele Fragen stellen!«

Wir fuhren auf einer unbefestigten Straße über Hügel und durch Täler und bogen dann in eine kleine Nebenstraße ab, die stetig nach oben zu führen schien, zunächst durch einen Pinienwald, dann vorbei an Steineichen und Zedern. Nach etwa zwei Stunden erreichten wir das kleine Dorf.

Mr. Chatterjee hatte sich an den Namen des Tantrameisters nicht erinnern können, wir mussten uns also durchfragen. Kaum waren wir ausgestiegen, begann Bilash sich zu erkundigen, er fragte überall nach, aber niemand schien den Meister zu kennen.

Schließlich wollten wir schon aufgeben, als wir am Rand des Dorfs einen kleinen Laden sahen. Davor standen Kisten mit Obst und Gemüse auf einer roh gezimmerten Stellage, Pyramiden aus Dosen und alle möglichen größeren und kleineren Flaschen mit Etiketten in für mich unlesbarer indischer Schrift. Auf dem Lehmboden hockten zwei Säcke Reis mit heruntergerolltem Rand. In kleineren offenen Säckchen wurden Gewürze feilgeboten.

Bilash sprach zunächst die winzige, wie verhutzelt wirkende Ladenbesitzerin an, aber sie schüttelte nur den Kopf. Ich verstand kein Wort, denn sie sprachen Hindi. Eine Kundin, eine auffallend schöne und gut angezogene Frau, die gerade einen großen Korb mit Obst und Gemüse füllte, sah auf. Tiefblaue Augen blickten mich flüchtig an und wanderten dann zu Bilash. Der kurze Blick traf mich jedoch wie ein Schlag, ich war regelrecht elektrisiert. Und aus dem Klang der Stimmen, der Lebhaftigkeit der Unterhaltung und den Gesten konnte ich schließen, dass wir wohl endlich eine Spur gefunden hatten.

Bilash strahlte: »Sie weiß, wo sie wohnen, sie ist ihre Haushälterin. Sie hat gerade eingekauft und wird uns den Weg zeigen.«

»Wieso ›ihre‹?«, fragte ich Bilash. »Lebt er denn mit mehreren zusammen? Und warum kennt ihn keiner im Dorf?«

Anstelle von Bilash antwortete sie in fließendem Englisch:

»Darf ich mich vorstellen: Ich heiße Lakshmi. Der Meister ist bereits über neunzig und verlässt das Haus nur noch, um in den Garten zu gehen. Auch seine Frau kommt äußerst selten ins Dorf. Sie ist fünfzehn Jahre jünger. Ich bin eine ehemalige Schülerin von den beiden und führe den Haushalt.«

Lakshmi war eine Schönheit. Etwas rundlich, aber sehr wohlproportioniert, ich schätzte sie auf etwa fünfzig Jahre. Sie trug einen weißen Sari mit silbernen Borten, in ihr fast hüftlanges Haar war ein karminroter Seidenschal geflochten, das Schwarz und Rot bildete einen scharfen Kontrast zu dem Weiß des Saris. Der rote Punkt auf ihrer Nasenwurzel nahm die Farbe des Schals noch einmal auf. Ihre Augen aber waren umwerfend. Sie waren von einem satten Blau wie ein tiefer See, und für diese Gegend vollkommen ungewöhnlich. »Wie der ›Blautopf‹«, fuhr es mir durch den Sinn. Ich spürte ihre kraftvolle Präsenz und ihre starke weibliche Energie, gleichzeitig war sie sehr sanft und wirkte nahezu demütig auf mich. Wir luden ihren Korb ins Auto und fuhren gemeinsam los.

Nach etwa zwei Kilometern bogen wir in einen Nebenweg ein, der quer zum Hang am »Ganges« entlangführte und den sich die Natur weitgehend zurückerobert hatte.

»Das ist eine Sackgasse«, sagte Lakshmi.

Unter uns rauschte das klare Wasser des Flusses, oberhalb des Weges wuchsen Gruppen von Steineichen und Zedern zwischen größeren und kleineren Felsbuckeln. Wir fuhren um eine Kurve, und Lakshmi sagte: »Da ist das Haus.« Auf einer Anhöhe sah ich ein Haus mit einem großen, umzäunten Park, der sich nach unten zum Fluss erstreckte und oben weit in die bewaldeten Hügel reichte. Das Gebäude schien aus der Zeit des englischen Protektorats zu stammen. Es war nicht sehr groß und wohl lange nicht renoviert worden, wirkte aber herrschaftlich.

Zwei Tigerfiguren bewachten links und rechts das Tor, wir stiegen aus und gingen gemächlich die lange Treppe hinauf, die zum Haus führte. In der Tür stand eine ältere Frau, sie hatte einen Finger auf den Mund gelegt, mit der anderen Hand winkte sie uns, näher zu kommen. Wie Lakshmi trug sie einen weißen Sari, der ihre hatte jedoch goldene Bordüren und kleine goldene Quadrate eingewebt. Ihr schwarzweiß meliertes Haar war zum Zopf geflochten, der unten von einer mit Rubinen besetzten goldenen Spange zusammengehalten wurde. Sie mochte um die fünfundsiebzig gewesen sein, hielt sich aber sehr aufrecht und wirkte trotz ihres Alters kraftvoll und strahlte weibliche Sinnlichkeit aus.

»Pssst, wir dürfen ihn nicht wecken. Seine Seele ist bereits in anderen Gefilden und sie muss Zeit haben zurückzukehren. Er wird bald von selbst wach«, flüsterte die Frau auf Englisch. »Ich bin Lula.«

Auch ich stellte mich flüsternd vor. Sie blickte mich mit ihren leuchtenden jadefarbenen Augen an.

»Bevor er einschlief, hat er mir gesagt, wir bekämen Gäste und ich solle Tee und Gebäck vorbereiten. Wissen Sie, er hat gespürt, dass jemand im Dorf nach ihm sucht. Schon letzte Nacht träumte er von einem wichtigen Besuch.«

Ich schaute an ihr vorbei auf die Terrasse. Dort saß ein alter Mann in einem bequemen Ohrensessel und schlief. Er hatte langes weißes Haar, einen üppigen, gepflegten weißen Bart, und sein im Schlaf entspanntes Gesicht wirkte weich und glücklich, fast schon transparent. Er war ganz in Weiß gekleidet, trug eine weite Hose, ein für die Inder typisches, knielanges Oberteil mit einer Art Stehkragen und eine Mütze. Sein Kopf war leicht zur Seite geneigt und an das »Ohr« des Sessels gelehnt. Vier Stühle standen im Halbkreis vor seinem Sessel, in der Mitte ein niedriger, runder Tisch.

Auf einem Tisch an der Wand stand ein Tablett mit fünf Tassen und einer Teekanne bereit. Lula goss Tschai in eine Tasse, prüfte mit den Fingerrücken die Temperatur, goss etwas kaltes Wasser hinzu und ging auf den alten Mann zu. Im selben Augenblick wachte er auf und rief nach ihr. Sie reichte ihm die Tasse, die er in zwei Zügen leerte. Es war, als wären die beiden telepathisch miteinander verbunden. Lula sprach leise mit ihm. Er schaute uns an und winkte uns zu sich heran.

»Ich bin Urubundu, bitte setz dich«, sagte er mit einer volltönenden weichen Stimme. »Wer bist du, und wie kommen wir zu der Ehre?«

Ich entschuldigte mich für den unangemeldeten Besuch. In diesem Augenblick wurde mir bewusst, dass sie mich ja schon erwartet hatten. Ich erzählte Urubundu, dass ich bei Mr. Chatterjee, der ihn von früher kannte, einen Bungalow gemietet hatte, und stellte mich als Gründer und Präsident der Shamanism & Healing Association vor. Er fragte sofort nach, und ich erzählte ihm von meiner Arbeit und den drei nepalesischen Schamanen, die ich bereits besucht und nach Deutschland eingeladen hatte.

Lakshmi kam mit frischgebackenen Keksen, Lula hatte Tschai eingeschenkt. Wir tranken, aßen Gebäck und unterhielten uns angeregt. Ich berichtete ihm, wie einfach es gewesen war, ihn zu finden, dass wir Lakshmi in dem Laden getroffen hätten und ich von Lula wusste, dass er mich bereits erwartet habe.

»Erstaunt dich das?«, fragte er dann, schaute mich an und zog dabei seine buschigen Augenbrauen hoch, als wäre er auf meine Antwort gespannt. Seine Augen hatten die Farbe von braunem Moorwasser mit bernsteinfarben-golden schimmernden Sprenkeln.

»Mir ist das bei Schamanen und Meistern schon viele Male passiert, aber trotzdem bin ich immer wieder voller Ehrfurcht und Bewunderung vor der Magie des Lebens.«

»Das ist gut, denn wer solche Erlebnisse als selbstverständlich betrachtet, verliert die nötige Achtung und Demut und wird von seinen Devas nicht mehr geführt.«

Ich vermied zunächst bewusst, ihn auf Tantra anzusprechen, denn ich hatte das Gefühl, die Zeit dazu sei noch nicht gekommen. So erzählte ich den dreien von meinen Begegnungen und Erfahrungen mit Schamanen, wie ich von ihnen empfangen wurde, wie sie mich ihren Spirits, Göttern und Geistern vorstellten und mich oft harten Prüfungen unterzogen, bevor sie mich akzeptierten.

Plötzlich fiel mir Bilash wieder ein, der nicht hatte mit herein-

22

kommen wollen und draußen im Auto geduldig wartete. Ich bat, ihm einen Becher Tschai und zwei Kekse bringen zu dürfen, und fragte, wie lange Urubundu und Lula Zeit für mich hätten, damit ich dem Fahrer sagen konnte, wann wir zurückfahren würden.

»Du kannst bis morgen Abend unser Gast sein«, antworteten sie.

Dankend nahm ich die Einladung an. Ich brachte also Tschai und Gebäck zum Auto und sagte Bilash, er sollte mich am nächsten Tag um fünf Uhr nachmittags abholen.

Als ich zurückkehrte, war Urubundu wieder eingeschlafen. Lakshmi zeigte mir mein Zimmer und versorgte mich mit Seife und Handtüchern.

»Er ist einundneunzig Jahre alt und schon halb im Jenseits«, sagte sie. »Wir glauben, dass er im Schlaf oft schon in der anderen Welt ist, und man muss dann ganz leise sein, damit er nicht herausgerissen wird, sondern von selbst aufwacht. Aber immer wieder ist er auch für Stunden hellwach und in seiner vollen Aufmerksamkeit, bis er wieder einschläft.« In etwa einer Stunde werde man mich zum Abendessen rufen.

Nachdem sie gegangen war, sah ich aus dem Fenster meines Zimmers, wie die Sonne gerade blutrot hinter den Bergen versank. Schnell wurde es dunkel, und mit der Dunkelheit schlich sich bald eine schneidende Kälte ein.

Als ich zum Essen hinunterkam, brannte ein wärmendes Feuer im Kamin. Nach der Mahlzeit saßen wir in gemütlichen Sesseln davor und tranken einen würzigen Kräutertee. Urubundu war groß in Form, ohne Umschweife kamen wir sofort auf philosophische Themen, offenbar war ihm daran gelegen, sich mir mitzuteilen, und es sprudelte nur so aus ihm heraus.

»Es reicht zu wissen, dass alles Erlebte für immer im kollektiven Gedächtnis des Universums verbleibt. Und da wir eins sind mit dem Kosmos, bleibt das Erlebte ebenso in uns selbst, wenn wir auch nicht immer Zugang dazu haben. Die Liebe ist die Kraft, die uns zum Licht führt und uns an das Göttliche in uns erinnert. Es gibt zahllose Türen, die in diese heiligen kosmischen Räume führen.«

Er machte eine Pause und kraulte seinen Bart.

»Wir müssen nur unsere Widerstände überwinden und den Mut haben, die Wächter der Schwellen zu besänftigen, und sie um Erlaubnis bitten, eintreten zu dürfen. Natürlich sehen wir diese Wächter oft als furchterregende Monster.«

Ein verschmitztes, spitzbübisches Lächeln spielte um seine Lippen, als er den Satz beendete.

»In Wirklichkeit sind sie aber nichts weiter als Papiertiger, Manifestationen unserer Widerstände und Ängste. Je größer diese sind, desto grauenerregender sind die Wächter. Keine Angst, keine Monster. So einfach ist das. Wenn du das durch eigenes Erleben verinnerlicht hast, wird alles leichter.«

Er schaute die beiden Frauen liebevoll an.

»Lula und ich und auch Lakshmi erleben eine Beziehung zueinander, die von bedingungsloser Liebe und totaler Hingabe geprägt ist. Hingabe ist auf dem Weg zu den Göttern das Entscheidende. Wenn wir wirklich geben, wenn wir uns ganz hingeben, können wir nicht einen Teil von uns besorgt zurückhalten. Wenn man mit dem Licht verschmolzen ist, existiert kein Ich mehr, und das ist genau das, was man unter Hingabe versteht.«

Lula griff den Faden auf: »Früher oder später müssen wir uns alle Gott hingeben. Da müssen wir alle durch. Diese Frage wird uns allen einmal gestellt. Wir wollen den Willen Gottes ausführen, aber wir wollen auch wir selbst sein. Erst die totale Hingabe, wenn wir auf uns selbst verzichten, ist die Vereinigung mit Gott. Die Liebe und Hingabe, die wir drei zueinander entwickelt haben, ist sozusagen eine Vorübung. Der Schlüssel liegt darin, die Hingabe zuzulassen. Das energetische Band, das dabei geschaffen wird, kann man jederzeit wieder auflösen, wenn man möchte. Niemand kann uns beherrschen, wenn wir das nicht wollen. Es geht darum, in der Fülle zu leben. Wichtig ist, dass wir uns selbst lieben. Das Leben soll bis zum letzten Tropfen ausgekostet werden – nur so können wir die Lektionen des Lebens lernen.«

»Und nun müssen wir uns zurückziehen, wir werden müde«, sagte Urubundu. »Ich wünsche euch eine gute Nacht und süße Träume.«

Tief berührt blieb ich mit Lakshmi zurück.

»Wie viel Weisheit und Liebe diese beiden Menschen ausstrahlen. Wie bereichernd muss es sein, sie als Lehrer zu haben!«

Sie schaute mich mit ihren blauen Augen an. »Ja, ich bin mir dessen bewusst und danke dem Schöpfer jeden Tag für die Gnade und das Privileg, solch besondere Meister zu haben. Es ist mir eine große Ehre, sie auf ihrem letzten Lebensabschnitt zu umsorgen und zu begleiten.«

Dann verabschiedete auch sie sich, und ich blieb noch lange am Feuer sitzen und ließ Urubundus und Lulas Worte nachwirken.

Als wir am folgenden Tag nach dem Frühstück in der wärmenden Sonne auf der Terrasse saßen, fragte ich Urubundu: »Du sagtest gestern, die Liebe sei die Kraft, die uns zum Licht führt und die Erinnerung an das Göttliche in uns weckt, und es gebe zahllose Türen, die in diese heiligen kosmischen Räume führen. Wenn ich es richtig verstanden habe, ist die spirituell gelebte körperliche Liebe eine dieser Türen.«

»Wie bist du zu dieser Erkenntnis gekommen?«, fragte Urubundu zurück.

»Seit einigen Jahren habe ich mit einer Frau eine Liebesbeziehung, die eine so unglaubliche Tiefe hat, dass wir sie manchmal als heilig erleben. Nachdem sich unsere Energien aufeinander eingeschwungen haben, ist unsere Vereinigung jedes Mal wie eine sakrale Handlung, ein Gottesdienst, wie ein Tor zur spirituellen Welt. Als ob sich Liebesgöttin und Liebesgott vereinen. Einmal erlebten wir, dass sich die Polaritäten zwischen Ich und Du und zwischen Männlich und Weiblich vollkommen aufgelöst hatten. Eine unglaublich befreiende und beglückende Erfahrung. Oft haben wir darüber gesprochen, dass Tantra so sein müsse. Ich habe Literatur gesucht, um mehr über die Sexualität im Tantra zu erfahren, aber alles, was ich in Büchern über diesen Aspekt des Tantra las, fand ich enttäuschend, langweilig und nicht authentisch.«

»Habt ihr Übungen gemacht, bevor ihr dieses Erlebnis hattet?«, fragte er.

Ich erzählte ihm von den sieben Jahren, in denen wir mit der mexikanischen Schamanin Soledad Ruiz intensiv gearbeitet hatten, und er ließ sich alles im Detail erklären.

Schließlich begann Urubundu über Tantra zu sprechen: »Alle Bücher aus dem Westen über Tantra-Sexualität, die ich kenne, sind dilettantischer Bullshit«, schimpfte er fast. »Es sind zusammengeschriebene Halbwahrheiten, die keiner eingehenden Prüfung standhalten. Ein unverantwortlicher Umgang mit einer Energiearbeit, die jahrelange Ausbildung erfordert. In Seminaren von drei Tagen oder einer Woche werden oberflächliche Praktiken vermittelt, die eben nichts weiter sind als oberflächliche Praktiken. Von dem Weg, der zu einer wirklich tantrischen Erfahrung führt, hat kaum jemand eine Ahnung.«

»Erkenntnis kann man auf zwei Arten vermitteln«, fuhr er fort. Er sah mir eindringlich in die Augen und hob einen Finger. »Die eine ist nichts als ein aufmunterndes Nachplappern von Gelesenem oder Gehörtem, begleitet von sentimentalen Gefühlen, falschen Vorstellungen und Erwartungen. Die andere Art des Lehrens«, er hob die andere Hand und streckte mir die Handfläche entgegen, »ist das Ergebnis einer jahrelangen inneren Arbeit, einer ständigen Reinigung der Seele, des Körpers, der Gedanken und der Traumata, die das Leben, das wir uns ja selbst ausgesucht haben, begleiten.«

Urubundu ließ die Hände in den Schoß sinken und blickte nachdenklich vor sich hin.

»Es hat drei Jahre intensiver Vorbereitung gebraucht, bis ich erfahren und begriffen habe, was Tantra wirklich ist. Es hat fünf Jahre gedauert, bis ich die erste Einweihung bekam. Und als ich der Göttin begegnete, waren acht Jahre vergangen. Wie lange dauert es in den USA, Tantralehrer zu werden? Drei, fünf oder zehn Wochen? Was ist die Motivation der Teilnehmer an diesen Seminaren? Sicher haben viele Menschen Sehnsucht nach Spiritualität, Gemeinschaftserlebnissen und Geborgenheit – aber sind sie wirklich an einer spirituellen Weiterentwicklung interessiert? Oder ist diese Sehnsucht nur ein Vorwand, der das Ausleben sexueller Bedürfnisse in den Seminaren verschleiert? Tantra ist eine Lebensform, sie erfordert den ganzen Menschen. Und ein Tantratempel ist eine Lebensschule.«

Langsam führte er seine Teetasse zum Mund, trank einen Schluck und fuhr dann fort: »Das Wort ›Tantra‹ ist Sanskrit und bedeutet wörtlich ›Gewebe, Zusammenhang, Kontinuum‹. Tantra ist eine Tradition, die vedische Wurzeln hat und die den Hinduismus, den Buddhismus sowie die religiösen Glaubensvorstellungen von Sikhs und Bön stark beeinflusst hat. Ich könnte Tantra als eine Lehre bezeichnen, die sich aus Handlungen und Praktiken zusammensetzt, welche darauf ausgerichtet sind, den Tantriker in einem Jahre dauernden Prozess von Konditionierungen und Unwissenheit zu befreien. Er muss mit allen Sinnen und seinem ganzen Wesen begreifen, dass das Universum nichts anderes als die konkrete Manifestation der göttlichen Energie ist, ein göttliches Spiel von Shakti und Shiva. Um das völlig zu integrieren, muss der Schüler spirituelle Perfektion und magische Kräfte erwerben. Er muss lernen, vollkommene Kontrolle über sich selbst zu erlangen, um eins zu werden mit dem Göttlichen und dem Kosmos. Tantra bedeutet die verbindliche Absicht, den Zustand der vollkommenen Glückseligkeit zu erreichen. Das Glücksgefühl, die Befriedigung und die Lust, die wir normalerweise in der sexuellen Vereinigung erleben, ist auf kurze Augenblicke begrenzt und in ihrer Qualität unvollständig. Im Tantra hingegen erreichen wir den Zustand der vollkommenen Glückseligkeit, und wir finden einen direkten Zugang zur Ebene des kosmischen Bewusstseins. Ich bezeichne Tantra als die Wissenschaft der yogischen Haltungen, basierend auf der Konzeption des Universums, und natürlich auch die Rolle, die wir Menschen in diesem einnehmen. Durch Übungen können wir uns das immense in uns schlummernde Reservoir nutzbar machen und das unendliche Glücksgefühl erleben, eins zu sein mit dem Kosmos. «

»Kosmische Kräfte«, fügte Lula hinzu, »manifestieren sich als Götter und Göttinnen, mit denen sich der Schüler während der Meditationen identifiziert, um diese spezifischen Kräfte zu verinnerlichen. Ein Prozess, der im Liebeswerben und der sexuellen Vereinigung seine Entsprechung findet. Wir Tantriker sind der Überzeugung, dass die Verschmelzung schon in dieser Welt durch praktische Übung erreicht werden kann. Durch die sexuelle Vereinigung, die wir als Fahrzeug bezeichnen, erleben wir die unendliche Freude, eins mit dem Kosmos zu sein, und wir erkennen, dass alle Elemente und Kräfte des Universums in uns sind.

Der Sexualtrieb ist ein alles durchdringender Antrieb und letztlich die körperliche Grundlage der Schöpfung und der Evolution«, fuhr Urubundu fort. »Sex ist die kosmische Vereinigung der Gegensätze, aus der alles sowie jedes Wesen entsteht.«

»Wir bevorzugen durch praktische Übungen unser Bewusstsein zu transzendieren und haben den Mut zum eigenen Experiment. Dies erlaubt uns vollkommenen Genuss und Freiheit zu erfahren. Wir beharren nicht auf sogenannten ›theoretischen Wahrheiten‹ und lehnen traditionelle Überlieferungen, Strenggläubigkeit und konventionelle Moral eher ab. Im Gegensatz zu fast allen anderen Wegen sind wir Tantristen nicht für Askese, Verzicht und Entsagung und die daraus resultierende Spannung und befürworten uns an allem menschlichen Geschehen zu beteiligen sowie unsere Bedürfnisse zu akzeptieren. Wir glauben, dass wir höheres Bewusstsein nicht erreichen, indem wir aufhören zu handeln, sondern indem wir unser Handeln reinigen. Das Experiment und die Erfahrung sind uns wichtiger, und wir wissen, dass dieser Weg radikal und gefährlich ist.

Jahrelanges Training in unserem Tempel ist notwendig, um die tantrischen Praktiken zu beherrschen. Mehrere Initiationen, die von einem Meister geleitet werden, sind erforderlich.«

»Urubundu war erst viele Jahre Schüler in einem Tantratempel, dann eine lange Zeit Priester und schließlich der Meister dieses Tempels«, erklärte Lula. »Ich war seine Schülerin, später Priesterin und zuletzt die weibliche Meisterin des Tempels.«

Sie legte ihre Hand auf seine, und er nickte.

»Es gibt immer einen männlichen und einen weiblichen Meister«, fuhr sie fort. »Wir glauben, dass die Polaritäten männlich und weiblich sowie aktiv und passiv durch ihre Wechselwirkung den Kosmos erzeugen. Geistige Inhalte und Grundsätze werden im Tantra durch sexuelle Symbole sowie Positionen in Bildern und Skulpturen dargestellt. Wir benutzen diese Bildersprache, die wir Yantra nennen, in Kontemplation und Meditation, um die Schöpfungsmythen der religiösen Ursprünge zu verinnerlichen.«

»Die sexuelle Vereinigung auf der körperlichen Ebene spiegelt die Verschmelzung der Gegensätze (Polaritäten) auf der kosmischen Ebene. Die Liebenden verwandeln den Geschlechtstrieb in feinstoffliche Energie, bis alle groben Energien oder die Sinnlichkeit von Fleisch und Geist nicht mehr existieren. So können sie die Fülle des Lebens wahrnehmen und erleben die Ebene des kosmischen Bewusstseins.

Die rituell ausgeführte sexuelle Vereinigung betrachten wir als ein Fahrzeug zum Erleben der reinen Glückseligkeit. Wir Tantrikas erkennen, dass alle Kräfte des Universums in uns wohnen.

In der rituellen sexuellen Vereinigung wird die Partnerin nicht als gewöhnliche Frau, sondern als Göttin betrachtet, als Shakti. Sie symbolisiert die nicht-duale Existenz, und die sexuelle Vereinigung wird dadurch zum Gottesdienst. Tantra bewirkt, dass Geburt, Sex und Tod als bloße menschliche Manifestationen eines kosmischen Musters erlebt werden, in dem alle Ereignisse nur Reflexionen, also Spiegelungen, sind. Die Idee, dass Männlichkeit und Weiblichkeit zwei getrennte Faktoren sind, ist ebenso illusorisch wie die Dualität von Körper und Seele. In der Kunst wird das als hermaphroditischer Körper dargestellt, als das Bild von Shiva-Parvati, das männliche und weibliche Attribute als Teil des Gleichen zeigt.

»Das Absolute, die Nichtdualität, ist nicht mitteilbar, sprachlich nicht vermittelbar, also vollkommen transzendent«, ergriff

Urubundu wieder das Wort. »Sprache ist immer dualistisch, und wir leben ja auch in einer dualen Welt. Diese Polarität herrscht im gesamten Universum. Die beiden Pole sind männlich und weiblich, aktiv und passiv. Das Universum wird durch ihre Wechselwirkung in Gang gehalten. Wenn diese beiden Pole verschmelzen, hört das Universum auf, entsteht das Nichts. Diese Verschmelzung streben wir in unseren Übungen an, dann sind wir mit Gott vereint.«

»Geometrische Symbole sehen wir als Abbild des Makro- und des Mikrokosmos und verwenden sie in Kunst und Meditation.« Seine Hände zeichneten einen Kreis in die Luft und formten dann ein Mudra.

»Im menschlichen Körper gibt es sechs Chakren – Energiezentren, die latente psychische Kräfte enthalten. Oberhalb des Scheitels liegt das siebte Chakra. Wenn die Chakren durch Atemübungen aktiviert werden, entfaltet sich die Kundalini-Kraft, die im Basischakra, Muladhara, schlummert, und wir können kosmische Ebenen des Bewusstseins erreichen.

Wir verwenden Mantras und Mudras als Transportmittel, um in den Zustand einer höheren Wahrnehmung zu kommen. Mit Hilfe von Kontemplation und Meditation über sexuelle Symbole sowie Positionen in Bildern und Skulpturen, durch Yantras und Mantras, werden die Chakras in geistige Orte und Symbole verwandelt. Die feinstofflichen Energiezentren und -kanäle, die wir ›Chakras‹ und ›Nadis‹ nennen, sind die Grundlage aller Yoga- und Meditationspraktiken. Die Visualisierung von Göttern und die sexuelle Vereinigung öffnen eine Tür zur Verschmelzung mit dem Gott oder der Göttin der Liebe. Die dadurch bewirkte Auflösung der Polaritäten führt zum Einswerden der Geschlechter und zum Göttlichen an und für sich.«

Wieder legte er eine lange Pause ein und schien sich ganz in sich selbst zurückzuziehen. Geduldig warteten wir.

»Liebe ist die kosmische Kraft der Hingabe«, fuhr Lakshmi fort, »dargestellt durch Mann und Frau und daher können wir durch sexuelle Vereinigung die reine Liebe verwirklichen. Wenn beide eins werden, wie Ergänzung und Wesen, erleben sie Sahaja,

Glückseligkeit. Die bedingungslose Liebe wird zum Erhabenen im Menschen.«

»In uns Menschen ist eine tiefe Sehnsucht nach Einheit, nur ein bedingungslos Liebender und ein Geliebter zu sein«, fuhr Urubundu fort. »Dieses Gefühl der Ganzheit nennen wir Samarasa. Die männliche und weibliche Energie werden eins, zum ursprünglichen Zustand des Shiva-Shakti. Dies ist die völlige Hingabe des Menschen an das Absolute. Alles wird eins. Aus der Glückseligkeit geht der Kosmos hervor, er ist in Glückseligkeit beständig und aufgelöst in Glückseligkeit.

Swami Vivekananda sagt: ›Liebe öffnet die verbotenen Tore, Liebe ist das Tor zu all den Geheimnissen des Universums.‹«

Urubundu nahm sehr langsam seine Teetasse, trank und lehnte sich zurück. Er wirkte erschöpft.

»Vor elf Jahren haben wir uns zurückgezogen und leben hier ein sehr beschauliches und ausgeglichenes Leben«, sagte Lula. »Was hier oben für uns immer wichtiger wird, ist die Stille und das Schweigen mit allen seinen verschiedenen Qualitäten. Tagsüber gehören zur Stille der Gesang der Vögel, der Schrei der Affen, das ferne Brüllen des Tigers oder des Leoparden, das Rauschen des Ganges dort unten, das Säuseln des Windes und sein raschelnder Dialog mit den Blättern der Steineichen. In der Nacht wird die Stille zu einem lautlosen Echo, das aus der Tiefe der Erde zu kommen scheint. Diese Stille betritt das Haus und durchdringt alles. Sie wird zur Sphärenmusik, zur Stimme Gottes.«

Während Lula sprach, lehnte Urubundu seinen Kopf ans Ohr des Lehnstuhls, und nach einigen Sekunden zeigte sein regelmäßiger Atem, dass er eingeschlafen war.

Leise schlich ich mich davon in den Garten und legte mich unter eine der majestätischen Zedern. Einige Bäume berührten sich an den äußersten Spitzen ihrer Zweige, sie wirkten wie die Säulen einer Kathedrale, die ein riesiges Gewölbe trugen. Ich lauschte der Stille, die durch kein von Menschen erzeugtes Geräusch gestört wurde. Tatsächlich dauerte es nicht lange, und die Stille wurde zur Sphärenmusik.

Ich musste wohl eingeschlafen sein. Der Klang eines Gongs weckte mich, ich war noch ganz benommen von einem ungewöhnlich klaren und lebhaften Traum. Ich hörte, nun vollends wach, den Gong ein weiteres Mal, offenbar riefen sie mich ins Haus. Es war schon fast Mittag. Ich blieb eine kleine Weile sitzen und ließ den Traum noch einmal an mir vorüberziehen.

Vor dem Essen saßen wir bei einer Tasse Tschai beisammen, und ich erzählte meinen Traum: »Mir war, als ob ich fliege oder besser gesagt schwebe. Aber ich kann mich nicht in der Horizontalen bewegen, als ob ich von einem unsichtbaren Faden gehalten nur auf und ab gleiten kann. Am Anfang schwebe ich ziemlich hoch, sehe also einen großen Ausschnitt der Landschaft unter mir. Ich blicke auf ein Tal, das von Osten nach Westen verläuft – ein grüner, schlangenförmiger Streifen, in dessen Mitte ein Fluss ohne viel Gefälle ruhig in Mäandern dahinfließt. Sein helles Grün hebt sich deutlich von der üppigen Vegetation seiner Ufer ab. Etwa in der Mitte meines Bildausschnitts bildet er einen See, der zwischen einem hellen Türkis, Malachitgrün und einem satten Blau schimmert. Auf der linken Seite des Flusses wird die Vegetation nach Süden langsam karger, aus einer Steppe wird eine Halbwüste, und schließlich sind nur noch große Sanddünen zu sehen. Rechts des Flusses, im Norden, wird es hügelig und der Baumbestand immer dichter, bis es ganze Wälder werden. Das Gelände wird immer steiler, und je höher es wird, desto karger wird die Vegetation, nach der Baumgrenze sehe ich nur noch reinen Granit. Aus den Bergen fließt ein Bach, der in einem Wasserfall über einen Felsen in einen Tümpel stürzt und dann in der Ebene ruhig weiter zum See fließt.

Unweit des Sees sehe ich etwas, was wie ein Gebäude aussieht. Ich lasse mich tiefer gleiten und blicke nun von Osten und schräg oben auf ein Gebäude in Form eines großen H, wobei der mittlere Balken zwei-, dreimal so lang ist wie die parallelen. Es liegt inmitten eines großen Parks mit vielen verschiedenartigen uralten Bäumen, die weit ausladende Kronen haben. Ein Bach fließt durch den Garten, er ist zu einem kleinen See aufgestaut. Ich lasse mich langsam nach unten sinken. Wie bei einem

Zoomobjektiv verkleinert sich der Ausschnitt, und ich kann mir das Gebäude genauer ansehen. Zum See hin öffnet sich eine große offene Terrasse, die den ganzen Querbalken des H einnimmt und an den Rändern üppig mit Blumen und Pflanzen bewachsen ist.«

Die drei tauschten verwunderte Blicke aus. Irritiert geriet ich ins Stocken.

»Bitte erzähl weiter!«, sagte Lula. »Lass dich nicht unterbrechen.«

Also fuhr ich fort: »Dahinter erstreckt sich in gleicher Länge eine überdachte Terrasse. Hinter dem Haus im Norden sind in einem sorgfältig angelegten Garten drei Pools, zwei davon sind viel kleiner und scheinen zu dampfen. Ich halte sie für heiße Quellen. Der kleine aufgestaute See hat in der Mitte ein Inselchen, auf dem ein rundes Gebäude zu stehen scheint. Um das Haupthaus verstreut liegen weitere kleine runde und eckige Gebäude. Ich gehe noch näher heran. Der Mittelteil des Gebäudes ist viel breiter als die beiden Flügel, dort in der Mitte scheinen größere Räume zu liegen. An den Enden der Seitenflügel sehe ich kleine Türmchen, zwei davon haben eine Haube, zwei haben eine Terrasse.«

Die entgeisterten Blicke meiner Zuhörer verunsicherten mich nun vollends. In Lakshmis Augen standen Tränen, sie wirkten so noch blauer und tiefer, und auch Lulas Augen waren feucht. Konsterniert hörte ich auf zu erzählen.

»Bitte erzähl uns den Traum zu Ende, wir werden dir gleich sagen, warum wir so erstaunt sind«, sagte Urubundu.

»Ich gehe noch näher heran, dann höre ich plötzlich einen Gong mit einer sehr tiefen Schwingung, die meinen ganzen Körper vibrieren lässt. Daraufhin strömen viele ganz in Weiß gekleidete Menschen durch mehrere Türen aus dem Haus. Den zweiten Gongschlag höre ich so laut, dass ich davon aufwache.«

Ich schwieg, und Urubundu ergriff das Wort. »Das Gebäude, das du gesehen hast, ist der Tempel – ihr würdet sagen: das Kloster –, in dem wir alle drei gelebt und gearbeitet haben. Du hast alles so haargenau beschrieben, als ob du es wirklich gesehen hättest, obwohl er inzwischen zerstört ist. Deshalb waren wir so erstaunt und bestürzt. Du hast alles in allen Einzelheiten beschrieben: die Landschaft, die Berge, die Wüste, den Fluss, den See, den Park, die H-Form des Tempels, den Dampf der heißen Quellen, und sogar die Himmelrichtungen stimmen.«

Erschüttert saßen wir eine Weile sprachlos da. Dann brach Lula das Schweigen. »Der zweite und dritte Gongschlag, den du gehört hast, kam von uns, um dich zum Essen zu rufen. Es ist derselbe Gong, den wir im Tempel hatten. Wir haben ihn als Abschiedsgeschenk bekommen, als wir uns hierher zurückzogen.«

»Außerordentlich bemerkenswert«, sinnierte Urubundu.

»Elf Monate nach unserer Abreise«, setzte Lakshmi die Erklärung fort, »überfielen fanatische Sikhs den Tempel, brannten ihn nieder und machten ihn dem Erdboden gleich. Viele Bewohner wurden ermordet, doch einige konnten in die Berge fliehen. Leider waren die Meister und die älteren Priester wegen ihres Alters nicht schnell genug, sie wurden erschossen.«

Alle drei waren tief bewegt, den beiden Frauen liefen Tränen über die Wangen, auch Urubundu hatte ganz feuchte Augen. Meine Beschreibung des Ortes, der so lange ihre Heimat gewesen war, hatte tiefe Wehmut und Traurigkeit in ihnen ausgelöst.

Ohne viele Worte nahmen wir das Essen zu uns, das Lula auftrug, danach zogen Urubundu und Lula sich zurück. Auch ich hatte das Bedürfnis, allein zu sein. Tief betroffen ging ich zum Fluss hinunter. Ich brauchte Zeit, um das Erlebte zu verarbeiten. Mein Verstand suchte verzweifelt nach Erklärungen. Aber ich wusste aus Erfahrung, wie unnütz es ist, über Deutungen nachzugrübeln. Wie man einem Hund immer wieder »Sitz!« und »Ruhig!« befehlen muss, musste ich meinem Verstand immer wieder sagen: »Sei still! Lass es einfach sein, wie es ist!«

Ich lauschte auf das Rauschen des Wassers und den Gesang der Vögel. Dort, wo ich saß, wälzte der Fluss sich machtvoll an großen runden Gesteinsbrocken vorbei. Manchmal musste er seine Wasser zwischen riesigen Felsen durchzwängen, die das

Wasser aufwühlten, es schaumig hell machten, während es in ruhigeren Abschnitten tiefgrün dahinfloss. An Stellen, wo es über die Felsen stürzte, war es weiß und hellgrün, und wo es zur Ruhe kam, türkisfarben. Am gegenüberliegenden Ufer sah ich zwei Gazellen aus dem Wald kommen und sich vorsichtig dem Wasser nähern, um zu trinken. Weiter oben tobte eine Horde Affen über die Felsen, ihr »Chef« thronte königlich auf einem hohen Felsen und ließ sich von zwei halbwüchsigen Weibchen lausen. Vögel zahlreicher Arten gaben dazu ein Begleitkonzert.

»Wie bezaubernd schön und friedvoll das Leben sein kann«, dachte ich, und in diesem Augenblick schrie laut ein Eichelhäher, der Wächter und Warner. Die Gazellen sprangen in langen Sätzen ins Dickicht. Der Affenkönig bleckte die Zähne, stieß einen Schrei aus, und blitzschnell waren sämtliche Affen verschwunden. Was war passiert? Wie zur Antwort kam ein Leopard hinter einem Felsen hervor, schritt unglaublich entspannt und majestätisch zum Wasser, trank lange, legte sich dann in den Sand und ließ sich die Sonne aufs Fell scheinen.

Als wir uns auf der Terrasse wieder zusammensetzten, war Urubundu in Hochform: »Die Frage ist, hast du in einem früheren Leben in unserem Tempel gelebt? Oder bist du so entwickelt, dass du dich in mein Gehirn einklinken kannst? Oder haben dir deine Götter und Geister etwas zeigen wollen? Oder bist du an einem Ort gewesen, wo Raum und Zeit nicht existieren und alles gleichzeitig stattfindet? Hast du Zugang zum kosmischen Gedächtnis? Die Antwort ist: Wir wissen es nicht. Und es ist auch müßig, darüber nachzudenken. Die Welt und das Leben sind ein Wunder und voller Magie, und der Versuch, alles begreifen zu wollen, ist von vornherein zum Scheitern verurteilt. Das, was auf der einen Ebene geschieht, können wir mit den Mitteln einer anderen Ebene nicht untersuchen und erklären, weil auf jeder Ebene andere Gesetze gelten.«

Urubundu betrachtete mich lange. Er sprach sehr langsam und machte immer wieder längere Pausen, wie um dem Gesagten Zeit zu geben, damit es in die Tiefe des Bewusstseins einsinken konnte.

»Der Tod ist mein Freund. Er ist mir schon nahe, und es wird nicht mehr lange dauern, bis er mir die Hand reichen wird. Ich genieße die Zeit, die mir noch gegeben ist.«

Er schloss die Augen, sein Kopf sank langsam an das Ohr des Lehnstuhls, und wenig später war er wieder eingeschlafen.

Lula ging mit mir in den Garten hinter dem Haus, wir setzten uns auf eine Bank unter einer der monumentalen Zedern. Ich spürte, dass sie aufgewühlt war von meinem Traum, der ihr die Vergangenheit noch einmal ins Bewusstsein gerufen hatte.

»Es tut mir leid«, sagte ich, »dass mein Traum traurige Erinnerungen in euch wachruft.«

»Mach dir deshalb keine Gedanken. Das ist in Ordnung.«

»In der westlichen Kultur«, begann ich, um das Thema zu wechseln, »denken die Frauen, bedingungslose Hingabe sei Unterordnung, Unterwerfung. Ihnen wird schon als kleinen Mädchen eingetrichtert, sie dürften sich nicht ›ausnutzen‹ lassen. Dahinter steckt eine völlig falsche Vorstellung. Hingabe ist eine ungeheure Kraft …«

»… die Frauen leichter zugänglich ist als Männern«, warf Lula ein. »Zusammen mit der Zärtlichkeit ist sie die größte Gabe, die Frauen bekommen haben. Mit ihrer Hingabe können sie den Mann an der Seele berühren und seine weibliche Seite entwickeln.«

Männer seien fest davon überzeugt, dass sie die Herren der Welt wären, dass ihnen die Welt gehörte, und sie seien eitel. Aber wenn eine Frau das männliche Herz berühre, könne sie damit erreichen, dass der Mann sich wandele.

»Meine Lehrerin Soledad Ruiz hat einmal gesagt, es sei die Aufgabe der Frau, die Fähigkeit zur Zärtlichkeit und Hingabe beim Mann zu berühren und zu wecken«, fuhr ich fort. »Nur wenn Frauen zärtlich zu sich selbst seien, könnten sie dies auch dem Mann vermitteln.«

»Frauen können sich nur dann vollkommen hingeben«, sagte Lula, »wenn sich auch der Mann ganz hingibt.«

»Soledad lehrte uns, Frauen müssten die Männer zur Hingabe erziehen, ob es ihnen gefalle oder nicht. Doch dies gehe nur mit großer Zärtlichkeit und Liebe, niemals mit Härte und Vorwürfen.«

»Du hast eine sehr weise Lehrerin gehabt. Hingabe und Zärtlichkeit sind die stärksten Fähigkeiten einer voll entwickelten Frau, und sie hat die Aufgabe, dem Mann zu helfen, diese Eigenschaften ebenfalls zu erwerben. Denn ohne vollkommene Hingabe ist die Vereinigung mit Gott nicht möglich.«

Lakshmi kam aus dem Haus, und Lula bat sie, Tee zu machen: »Er wird bald aufwachen.«

Wieder saßen wir auf der Terrasse. Wir waren alle schweigsam. Bilash wartete bereits mit seinem Auto vor dem Tor, es war Zeit aufzubrechen. Ich musste versprechen, vor meiner Abreise noch einmal für zwei oder drei Tage zu Besuch zu kommen. Zum Abschied umarmten mich die beiden Frauen herzlich, und mir entging nicht, das Lakshmi ihren ganzen Körper fest gegen meinen drückte. Urubundu legte eine Hand auf mein Herz und eine an meine Wange.

»Pass auf deine Träume auf«, sagte er und lächelte verschmitzt.

In den beiden folgenden Wochen verbrachte ich meine Tage in vollkommener Stille. Frühmorgens kam der Masseur, und da er wusste, dass ich ein Schweige-Retreat machte, massierte er mich, ohne ein Wort zu sprechen. Bevor ich ins Schweigen ging, hatte ich mit ihm vereinbart, dass ich ihm eine Liste hinlege mit allem, was ich brauchte, und Geld, sodass er mir am nächsten Tag jeweils das Bestellte mitbrächte. Oft versorgte er mich auch mit einem Gericht, das seine Frau gekocht hatte und das ich mir nur aufzuwärmen brauchte. So musste ich mit niemandem sprechen.

Meine Tage verliefen im immer gleichen Rhythmus. Ich meditierte über den Tag verteilt viermal jeweils eine halbe Stunde, ich las, bereitete mir meine Mahlzeiten zu und machte Spaziergänge in der märchenhaft schönen Natur. Manchmal, wenn die

Wolkendecke aufriss, konnte ich im Hintergrund die schneebedeckten Berge des Himalajas sehen.

Jeden Tag schrieb ich meine Träume auf. In diesem gleichförmigen Tagesablauf waren sie ungewöhnlich real, weswegen ich mich bisweilen fragte, ob ich wach war oder träumte. War die Traumwelt Wirklichkeit oder die alltägliche Realität? Existieren Zeit und Raum nicht und findet alles gleichzeitig statt? Ich hatte mich viel mit Physik beschäftigt, und die Erkenntnisse der Quantenphysik legen nahe, dass Realität mehr Dimensionen hat als die, an die unsere Wahrnehmung gewöhnt ist. Auch wenn das schwer zu verstehen ist für uns, die wir uns entschieden haben, in einem Raum-Zeit-Kontinuum zu leben.

In der Nacht und auch während der Siesta tauchten in meinen Träumen immer wieder Urubundu und Lula auf, manchmal auch Lakshmi. In dieser Traumwelt war »ich« entweder Urubundu oder Lula, und immer »spielte« mindestens einer von beiden mit. Schauplatz aller Träume waren der Tempel und seine Umgebung. Nach ein paar Tagen konnte ich das Haus mit seinen Räumen und Sälen, mit Bädern und Pools, die beiden Flügel, den Park, den Garten, den See und die weitere Umgebung detailliert zeichnen. Nach den Bildern im Traum vervollständigte und änderte ich meine Skizzen immer wieder. Die Träume zeigten Szenen aus dem Alltag im Tempel: die Unterweisungen, Übungen und Meditationen, die Rituale und Initiationen.

Aus diesen Träumen erwachte ich aufgewühlt und voller starker Gefühle, manchmal war ich schweißgebadet, oft sexuell sehr erregt, oder ich wurde von einem gewaltigen Orgasmus geweckt. Dann wieder wachte ich mit einer grenzenlosen Sehnsucht oder Trauer auf – und mehrmals mit einem Gefühl der Verzückung, der Ekstase und Glückseligkeit.

Zunächst schienen die einzelnen Episoden keinerlei Zusammenhang zu haben. Ich schrieb alles so genau wie möglich auf, und nach etwa zehn Tagen begriff ich allmählich, dass die Träume möglicherweise eine zusammenhängende Geschichte bildeten, ich sie bloß nicht in chronologischer Reihenfolge träumte. Ich breitete also die Traumprotokolle auf dem Boden aus und beschwerte sie mit Steinen, die ich von meinen Spaziergängen aus dem Flussbett des Ganges mitgebracht hatte. Immer wieder schob ich die Blätter hin und her und versuchte, neue Träume an der richtigen Stelle einzufügen, ähnlich wie man Puzzleteile aneinanderfügt. Mit jedem neuen Tag wurde deutlicher, wie und wo etwas zusammenpasste, und nach zwei Wochen ergab sich für mich eine klare Reihenfolge.

Ich hatte in meinen Träumen das Leben von Urubundu und Lula erlebt, von ihrem Eintritt in den Tempel bis kurz vor ihrem Rückzug – einmal als Mann und einmal als Frau. Ich erfuhr, was sie erfahren hatten, mit einer unglaublichen Intensität, mit allen emotionalen Hochs und Tiefs, mit Glücksgefühlen und Trauer, verzehrender Sehnsucht und Erfüllung, mit vollkommener Hingabe, sexueller Erregung bis zum Orgasmus und in einem Gefühl von grenzenloser, bedingungsloser Liebe. Ich erlebte als Mann und als Frau Einweihungen und die Vereinigung mit der Göttin, dem Gott.

Langsam wurden mir die Tragweite und das Außerordentliche dieser Erfahrung bewusst. Wo war ich? War dies die Realität oder die meiner Träume? Haben die Schamanen recht, wenn sie den Träumen die gleiche Bedeutung zumessen wie dem, was wir am Tag wahrnehmen? Was eigentlich ist Realität? Gibt es sie überhaupt? Oder ist das, was wir in unserem Alltagsbewusstsein erfahren, alles »Maya« oder, wie C. G. Jung sagte, »Schleier und Vorhänge, die die abgrundtiefe Dunkelheit des Unbekannten verhüllen«? Gibt es ein universelles Bewusstsein, in dem alles vorhanden ist, was je gedacht, gesagt, erlebt, erfunden und gesehen wurde und was in Zukunft gesagt, gedacht, erlebt, erfunden und gesehen werden wird? Haben wir manchmal Kontakt zu diesem Bewusstsein und können wir Teile davon abrufen? Haben die Quantenphysiker recht, wenn sie sagen, Zeit und Raum existierten nicht wirklich? Gibt es, wie Stephen Hawking es postuliert, viele Parallelwelten – und geschieht alles gleichzeitig?

Ich war verwirrt, verblüfft, erstaunt, und ich fühlte mich gleichzeitig beschenkt und bereichert. Immer wieder mischte sich mein Verstand mit Erklärungsversuchen ein. Vor allem eines wollte er wissen: Stimmten diese Träume ganz oder teilweise überein mit dem, was Urubundu, Lula und Lakshmi tatsächlich erlebt hatten, wie es bei meinem Traum von ihrem Tempel schon der Fall war? Ich brannte förmlich darauf, zu ihnen zu kommen und das in Erfahrung zu bringen.

Als ich bei meinem zweiten Besuch wieder mit ihnen auf der Terrasse saß, begann ich meine Erzählung. Und auch sie waren erstaunt. Immer wieder unterbrachen mich ihre verzückten Ausrufe: »Ja, genauso war es!« – »Erinnerst du dich?« – »Gott, war das schön!« – »Da war ich ganz verzweifelt.« – »Das war der Baum, den ich so geliebt habe.« – »Die Zeiten im Pool habe ich genossen.«

Allen rollten Tränen über die Wangen, auch mir, denn ich hatte es ja ebenso intensiv erlebt wie die drei. Die Frauen wurden manchmal von heftigem Schluchzen überwältigt. Und bei jedem ihrer Kommentare wurde mir klarer, dass das, was ich geträumt hatte, tatsächlich ihren Erlebnissen entsprechen musste. Ich zeigte ihnen meine Zeichnung von dem Tempel, und Lakshmi schaute mich erstaunt an.

»Das stimmt ja bis ins kleinste Detail!«, konstatierte sie. »Sogar die Lage der Küche, der Vorratskammer, der Treppen, der Toiletten und Bäder: absolut korrekt!«

Zwischendurch legten wir eine Pause ein, um zu essen. Aber alle fieberten der Fortsetzung meines Berichts entgegen. So aßen wir, ohne viele Worte zu machen, und versicherten uns nur immer wieder gegenseitig, wie unglaublich das alles war, was uns hier gemeinsam widerfuhr.

Irgendwann kam ich in meiner Erzählung zu äußerst delikaten Szenen. Mir wurde bewusst, dass ich in verschiedenen Rollen mit allen drei die intimsten Momente erlebt hatte. Ich kannte das Geschlecht jedes Einzelnen fast so gut wie mein eigenes. Beide Frauen hatte ich als Urubundu eingeweiht, Lakshmi sogar entjungfert. Ich merkte, dass es mir peinlich war, frei darüber zu sprechen. Es war mir unangenehm, und ich schämte mich ein wenig. Ich blickte zu Boden, zögerte und begann, nach Worten zu suchen. Mein Stocken entging ihnen natürlich nicht, und als ich hochschaute, hatte Urubundu ein breites, fast schon unverschämtes Grinsen im Gesicht. Ganz offensichtlich belustigte ihn meine Scheu. Auch die beiden Frauen amüsierten sich, und Lakshmi kicherte sogar ein wenig, als sie mich mit ihren »Blautopf«-Augen ansah.

»Machen wir eine Pause«, schlug Urubundu vor. »Wolf muss erst seine Fassung wiederfinden.«

Befreit stimmte ich in ihr herzliches Gelächter ein.

Ab und zu mussten wir ohnehin Pausen einlegen, damit Urubundu zu seinem Schläfchen kam. Er weigerte sich zwar, Siesta zu halten, und behauptete, topfit zu sein, Lula aber bestand darauf. Sie sorgte auch stets dafür, dass Urubundu zeitig ins Bett kam.

Am Abend blieb ich mit Lakshmi vor dem Kaminfeuer sitzen, und wir tranken Tee. Wieder schaute ich in den tiefen See ihrer Augen. »Deine Augen sind so tief und blau wie der ›Blautopf‹«, gestand ich ihr endlich.

»Was ist denn der ›Blautopf‹?«, wollte sie wissen, und ich erzählte ihr die Geschichte vom »Blautopf« und der schönen Lau: »›Blautopf‹ heißt die Quelle der Blau, das ist einer der Zuflüsse der Donau, des längsten Flusses Europas, der acht Länder durchfließt, bevor er ins Schwarze Meer mündet. Die Quelle ist ein kleiner trichterförmiger tiefer See. Durch die Mineralien im Wasser ist es von einem intensiven Blau. Wenn man hineinblickt, kann man sich seiner Magie nicht entziehen. Eben wie deine Augen.«

Sie lächelte mich wissend an.

»Der Grund des Sees geht über in ein fast fünf Kilometer langes Höhlensystem. In dieser Region gibt es viele Höhlen, sie wurde schon vor über achtzigtausend Jahren von Menschen bewohnt. Bei Ausgrabungen fand man Artefakte, die als die ältesten bisher gefundenen der Menschheit gelten. Sie sind zweiunddreißigtausend Jahre alt. Darunter eine Figur von einem Mann mit einem Löwenkopf. Einem Schamanen.

Um diesen mystischen Ort ranken sich viele Legenden. Die bekannteste ist die von der Nixe mit dem Namen ›Schöne Lau‹. Nachdem ihr Kind kurz nach der Geburt gestorben war, konnte sie nicht mehr lachen und wurde deshalb von ihrem Mann, einem Wasserkönig aus dem Schwarzen Meer, in den ›Blautopf‹ verbannt. Dort sollte sie so lange bleiben, bis sie dreimal gelacht hätte. Die Menschen brachten ihr das Lachen wieder bei, und ihr Mann schwamm vom Schwarzen Meer die Donau hinauf, um sie heimzuholen.«

Lakshmi nahm meine Hand. Wie Starkstrom durchfuhr die Verbindung unserer Energien meinen Körper. Von einem Moment zum anderen war die Atmosphäre wie verzaubert.

»Heute ist Vollmond«, wagte ich mich vor, »wie am Tag, an dem ich dich als Urubundu im Traum eingeweiht habe.«

»Ja, ich erinnere mich«, hauchte sie.

Wie selbstverständlich nahmen wir uns in die Arme und küssten uns lang und leidenschaftlich.

»Lass uns die Nacht zusammen verbringen«, flüsterte sie mir ins Ohr. Freudig nickte ich. »Ich möchte, dass wir eine Absicht fassen. Ich habe vor, dir mein Herz zu öffnen, mich dir ganz und gar hinzugeben, dir so viel Lust zu bereiten, wie du noch nie gehabt hast, dich durch die Liebe zu meinem Gott zu machen.«

»Und ich fasse die Absicht, dich von ganzem Herzen zu lieben, mich hinzugeben bis zur Aufgabe meines Ich, dir die Kraft meiner Männlichkeit zu schenken, dich vor Lust sterben zu lassen und dich durch die Liebe zu meiner Göttin zu machen«, antwortete ich.

»Ich brauche eine Dreiviertelstunde, dann erwarte ich dich in meinem Zimmer.«

Lakshmis Zimmer war ein großer Raum, in dem ein riesiges Baldachinbett mit dünnen, weißen Musselinvorhängen stand, daneben ein Altar mit vielen kleinen Döschen. Am Fuß des Bettes war ein weiterer Altar mit sieben Kerzen in verschiedenen Farben, eine für jeden Wochentag. Der offene Kamin verströmte eine angenehme Wärme, und überall im Raum brannten Kerzen und Duftlampen. In einer Ecke lagen Kissen auf dem Boden, davor stand ein niedriger Tisch mit Obst und einem schön angerichteten Tablett voll kleiner Häppchen. Dort saß Lakshmi an große Kissen gelehnt und erwartete mich. Kerzenlicht warf tanzende Schatten an die Wände, und der Duft von Blumen und Räucherwerk machte mich fast schwindelig. Sie bat mich, die blaue Kerze anzuzünden. Ich sah, dass das Streichholz in meiner Hand vor Aufregung und Erwartung zitterte.

Wieder umarmten wir uns voller Leidenschaft, unser Verlangen schien brennend zu sein wie glühende Kohlen. Ihre Brüste waren prall und fanden kaum Platz in meinen Händen. Doch bevor der gierige Ansturm der Liebe mich davontrug, ich mich völlig hinreißen ließ, hielt ich inne und schlug vor, dass wir unsere Chakras öffnen und in Gleichklang bringen sollten. Statt einer Antwort stieg sie auf ein dickes Polster, sodass sie fast so groß war wie ich. Sie zog mich an sich und presste ihren Körper fest gegen meinen. Ich legte meine rechte Hand auf ihr Kreuzbein und sie ihre auf meines. Nach einer Weile spürte ich es in kleinen Wellen vibrieren, und es wurde ganz heiß. Gleichzeitig bewegten sich unsere Hände weiter nach oben, zum nächsten Chakra. Bald wurde auch dies heiß und vibrierte und strahlte vor meinem inneren Auge in orangeroten Farben wie ein Sonnenuntergang. Als wir beim Scheitelchakra ankamen und unsere rechten Hände auf dem Kopf des anderen lagen, war es in weißes Licht getaucht. Da griffen wir beide mit der linken Hand nach unten und drückten uns gegenseitig auf das Perinäum. Nun konnten wir die ganze Säule der Chakras spüren. Ungeahnte Energien erfüllten uns, explodierten in unserer Vereinigung als Potenzierung von Männlichem und Weiblichem bis zur völligen Auflösung.

Die Ekstase hob uns hinauf in den Himmel, wo wir uns zwischen den Sternschnuppen der rückhaltlosen absoluten Liebe verloren. Die Luft des Zimmers war geschwängert von dem, was wir miteinander getan hatten, dem betörenden Geruch unserer Säfte, dem Schweiß der Ekstase, von der behutsamen Gewalt der Lust und den Unsäglichkeiten der Liebe, von an Gesang erinnerndem Stöhnen, dem freudigen Keuchen von Sterbenden, das im nächsten Augenblick zu zärtlichen Küssen wurde.

Als wir schließlich in inniger Umarmung nebeneinanderlagen, spürte ich, wie unsere Körper ineinanderflossen, die Grenzen meines Körpers waren nicht mehr wahrnehmbar, Ich und Du, Männlich und Weiblich existierten nicht mehr, wir verschmolzen, und in einer zauberhaften Süße, unendlicher Ruhe und Stille breitete sich das Gefühl des Einsseins weit über die Grenzen unserer Körper hinaus aus, und wir wurden eins mit der Erde, eins mit dem Kosmos. Raum und Zeit gab es nicht mehr. Vereint mit dem Universum fielen wir tief in den Schlaf.

Am nächsten Morgen empfingen Lula und Urubundu uns mit einem breiten, wissenden Schmunzeln auf der Terrasse: »Wir konnten heute Nacht die Götter singen hören«, lächelte Urubundu und strich sich durch den Bart. »Du scheinst in deinen Träumen ja gut aufgepasst zu haben!«

»Der Gesang hat uns so erregt, dass wir mitgesungen haben«, ergänzte Lula.

Nach der Siesta saßen wir beim Tee zusammen, und ich erzählte den Schluss meiner Traumgeschichte.

»Du hast einen ganzen Ausschnitt aus unserem Leben geträumt – unsere Ausbildung, unsere Initiation und unsere Zeit als Priester und Meister. Der Tempel und seine Umgebung waren genau so, wie du sie beschrieben hast. Es ist wirklich unglaublich. Wie ist das alles möglich?«, wunderte sich Lula.

Dann fragte mich Urubundu: »Was hast du gelernt?«

»Wenn du mir ein Buch empfohlen hättest oder einen Menschen, der mir etwas über Tantra erzählt, oder wenn du selbst mir etwas erzählt hättest, dann wäre mein Intellekt vielleicht zufrieden gewesen – mein Kopf hätte das akzeptiert, aber nicht mein Herz«, antwortete ich. »Jetzt aber habe ich alles selbst erlebt, und das ist ein riesengroßer Unterschied. Das ist ein unbeschreiblich schönes Geschenk.«

Schweigend hörte Urubundu mir zu.

»Bedingungslose Hingabe ist eine unglaubliche Kraft«, bekräftigte ich.

»Wenn du dich einem Menschen nicht vorbehaltlos hingeben kannst, wie willst du dich dann Gott vollkommen hingeben?«, warf Lula ein.

»Auch das habe ich gelernt. Die vollkommene Hingabe im Liebesakt an einen Menschen, den man liebt, ist sozusagen eine Übung, ein Ritual, eine heilige Handlung, ein Gottesdienst. Es muss eine Vorbereitung auf eine mögliche Vereinigung mit Gott sein. Mit dieser Haltung bekommt die körperliche Liebe eine spirituelle Dimension. Sie eröffnet den Zugang zum Göttlichen, und wir können in der Vereinigung Gott und Göttin der Liebe werden«, versuchte ich meine Erfahrung in Worte zu fassen. »Das ist, was mir spontan einfällt. Sicher habe ich noch vieles gelernt, was mir erst nach und nach bewusst werden wird.«

»Wissenschaftler geben sich große Mühe, mit ihrem Verstand zu beweisen, dass die Götter nicht existieren«, sagte Urubundu. »Das Heilige ist unsichtbar und verborgen und mit dem Verstand nicht zu erfassen. Es zeigt sich nur denen, die sich ihm öffnen, die den Mut haben, sich rückhaltlos hinzugeben, und im Sinne der Absicht bereit sind, es mit ihrem ganzen Wesen zu erfahren. Danach brauchen sie nicht mehr an die Existenz Gottes zu glauben, denn sie wissen – weil sie ihn erfahren haben.«

»Ihr habt ihn heute Nacht erfahren«, ergänzte Lula. »Aber wir müssen die Götter am Leben erhalten, indem wir sie achten, sie verehren, zu ihnen beten und ihnen Opfergaben darbringen. Wenn wir ihnen keine Beachtung mehr schenken, werden sie sich in Energie auflösen und uns für immer verloren gehen.«

Bilash wartete schon im Wagen, wir mussten uns verabschieden. Urubundu erhob sich aus dem Sessel und stand vor mir. Wir waren beide sehr bewegt, auch weil wir wussten, dass wir uns wohl nicht mehr wiedersehen würden. Er legte eine Hand an meine Wange und die andere auf mein Herz, und ich tat es ihm gleich.

»Lula und ich haben heute Mittag darüber gesprochen, wie schön es ist zu wissen, dass wir noch jemanden, den wir schätzen, mit der Essenz unseres Lebens bereichern konnten. Das wird mir den großen Abschied versüßen, der bald kommen wird.«

Mit Tränen in den Augen umarmten wir uns fest und lange. Dann wandte ich mich Lula zu und umarmte auch sie. »Gott begleite dich. Und sei gesegnet«, sagte sie.

Ich war so gerührt, dass ich einen Kloß im Hals hatte und nur ein »Vergelt's Gott« herausbrachte.

Lakshmi fiel mir schluchzend in die Arme. »Ich werde dir schreiben«, beteuerte sie, »lass uns in Kontakt bleiben!«

Ich nickte: »Ich werde nie vergessen, dass du meine Göttin warst. Danke für alles.«

Als ich mich zum Gehen anschickte, sprach Urubundu noch: »Wenn du gehst, dreh dich bitte nicht um.«

Neun Wochen später erhielt ich einen Brief von Lakshmi, in dem sie mir mitteilte, Urubundu habe, zehn Tage nachdem ich abgereist war, seinen Kopf langsam an die Seite seines Ohrensessels gelegt, sei eingeschlafen und nicht mehr aufgewacht. Er habe wunderschön und friedvoll ausgesehen. Lula hätte das Haus verkauft und sei zu ihrer Schwester gezogen, um mit ihr den letzten Teil ihres Lebens zu verbringen. Sie selbst fahre erst einmal zu ihren Eltern, um sich Zeit zu geben, die Tür zu einem neuen Lebensabschnitt zu finden. Sie werde mir schreiben, wenn sie dort sei.

Obwohl ich mich sehr bemüht habe, sie zu finden, habe ich leider nie wieder etwas von ihr gehört.

© Shutterstock.com/ Willyam Bradberr

Der Call –
der Ruf der Götter und Geister

Träume

»Wenn eine tiefgreifende Veränderung in deinem Leben ansteht, folgen dir die Träume, aber du merkst es zunächst nicht. Sie haben die Tendenz, sich in unterschiedlichen Formen zu wiederholen, um dich aufmerksam zu machen, dass sich in deinem Leben etwas öffnen wird.«

Percy Konqobe

Ich war etwa vierunddreißig Jahre alt, verheiratet, Vater einer Tochter und Inhaber einer kleinen PR-Agentur, als ich dem Mediziner Rudolf Gewald begegnete. Er war wenige Jahre älter als ich und schrieb an einem Buch, das leider nie fertig wurde, denn er starb an einem Gehirntumor, bevor sein Lebenswerk vollendet war. Rudolf hatte sich intensiv mit der über fünftausend Jahre alten Vedanta-Philosophie beschäftigt. In seinem Buch versuchte er, das alte Wissen mit Erkenntnissen verschiedener moderner Wissenschaften zu verknüpfen. Er regte mich an, die Bücher von Swami Vivekananda zu studieren.

Die indischen Vorstellungen von der Welt, mit denen ich da in Berührung kam, weichten wohl zum ersten Mal das festgefügte materialistische Weltbild auf, das ich durch meine Erziehung und die verschiedensten äußeren Einflüsse übernommen hatte. Rückblickend erkenne ich darin einen Wendepunkt in meinem Leben, der mir den Zugang zur spirituellen Ebene eröffnete. Zum ersten Mal dämmerte mir, dass die von uns wahrgenommene Welt nicht die einzige Realität sein kann und es noch andere, für unsere normalen Sinne nicht wahrnehmbare Welten gibt.

Sieben Jahre später litt ich unter starken Depressionen, manchmal wollte ich gar nicht mehr leben. Meine Ehe war zerrüttet, inzwischen hatten wir jedoch zwei Töchter, ihnen zuliebe wollten wir es nicht zu einer Scheidung kommen lassen. Rudolf Gewald war es, der mich dazu animierte, eine Therapie zu beginnen. Außerdem bekräftigte er mich in dem Vorhaben, mich scheiden zu lassen.

In »Coloman«, einem Zentrum für Selbsterfahrung und Therapie, begann ich mit einer tiefgreifenden Therapie, die zwei Jahre lang dauerte und in der ich bereits einige Traumata bearbeiten konnte. Dieses Zentrum war zu jener Zeit das wohl innovativste und fortschrittlichste in Europa. Es war vergleichbar mit dem »Esalen Institute« in Kalifornien, mit dem es auch eng zusammenarbeitete. In der Therapie arbeiteten wir viel mit Träumen. Ich sollte sorgsam auf sie achten und sie alle aufschreiben. Ich lernte auch, sie für mich nach dem gestalttherapeutischen Ansatz zu deuten. Dabei identifiziert man sich rückblickend mit jedem einzelnen Traumbild und spürt seiner emotionalen Besetzung nach. Wenn man an die richtige Stelle kommt, ist es, als ob man einen Schalter umlegt, und die verdrängten Erinnerungen kommen aus dem Unterbewusstsein hoch. Damals wurde mir bereits bewusst, welch große Bedeutung Träume haben.

Am Anfang meiner Therapie hatte ich einen Traum, der mir zu diesem Zeitpunkt sehr wichtig erschien. Deshalb schrieb ich ihn auf. Dann vergaß ich ihn und fand ihn erst zwölf Jahre später wieder – durch »Zufall« oder Fügung? Jetzt erst begriff ich seine Bedeutung. Ich erzähle diesen Traum im Folgenden. Ich gab ihm den Titel »Die Forschungsreise«.

Die Forschungsreise

In höchster Eile bin ich in einer Kutsche unterwegs zu einem Hafen im Norden Norwegens. Ich habe vor, an einer Expedition zu einer Insel am Rande der Arktis teilzunehmen, auf der noch wilde Eingeborene leben, und versuche, rechtzeitig den Hafen zu erreichen, wo das Forschungsschiff abfahren soll. Aber als ich am Dock ankomme, sehe ich, dass das Segelschiff abgelegt hat und bereits außer Rufweite ist. Ich verhandle kurz mit dem Kapitän eines kleinen schnellen Bootes, und wir segeln hinter dem Forschungsschiff her. Bald haben wir es eingeholt.

Wegen des hohen Seegangs ist es äußerst schwierig, an Bord zu gehen. Jemand wirft ein Tau von dem großen Schiff herunter, an dem ich mit einem zweiten Seil hinübergezogen werde. Als ich schon fast auf dem Expeditionsschiff bin, kommt eine große Welle, und das Tau verliert seine Spannung, sodass ich ins Wasser falle und dann mit Wucht gegen die Bordwand geschleudert werde. Dabei verliere ich das Bewusstsein.

Als ich aufwache, befinde ich mich noch immer auf dem Schiff, aber es war offenbar in einen Sturm geraten und liegt nun schief und schwer beschädigt an einem felsigen Strand. Vorsichtig schaue ich mich um. Ich suche meine Mitreisenden, aber außer mir ist da keiner, und ich sehe, dass wohl ein Kampf stattgefunden haben muss: ein Eingeborenenmesser, das im Boden steckt, Pfeile, die offenbar von Eingeborenen stammen, und die Scheide des Messers, das einem meiner Kameraden gehörte. Das Schiff ist also offenbar von Ureinwohnern überfallen, seine Passagiere und Besatzung getötet oder gefangen genommen worden. Ich diskutiere mit jemandem darüber, den ich aber nicht sehe. Offenbar hatten meine Mitreisenden ein Lager aufgeschlagen, ich schaue in zwei leere Zelte.

Ich mache mir Sorgen, ich bin allein und weiß, dass bald der Winter einbrechen wird und ich Vorsorge treffen muss, um zu überleben. Ich muss Holz sammeln und einen Vorrat anlegen. Ich überlege, wie man ein Hauszelt mit einem offenen Feuer beheizen kann. Ich habe Angst zu erfrieren und davor, dass die

Eingeborenen zurückkommen und mich finden. Ich beginne, das Schiff, das noch halb im Wasser liegt, nach Proviant und brauchbarem Werkzeug zu durchsuchen, und stelle fest, dass alles, was wir als Geschenke für die Eingeborenen, zum Tauschen oder Verkaufen mitgebracht hatten, sich noch auf dem Schiff befindet.

Dann kommt ein Schnitt, und in der nächsten Traumszene habe ich alle Waren mit den Eingeborenen getauscht oder sie verkauft und bin mit einem der Ältesten von ihnen und seinem Sohn zusammen. Die beiden sehen gar nicht aus wie Wilde, der Vater trägt einen Vollbart, und in ihrer Pelzkleidung erinnern sie eher an Inuit oder kanadische Trapper. Vater und Sohn sind Schamanen, und ich entwickle ein vertrauliches Verhältnis zu ihnen. Sie haben mir auch beim Tausch und Verkauf der Waren geholfen. Der Vater übernimmt für mich die Rolle des Beschützers, und ich gebe ihm geschäftliche und organisatorische Ratschläge.

Von ihm erfahre ich auch das Schicksal meiner Kameraden. Sie wurden gefangen genommen. Bei den Eingeborenen gibt es alle vier Jahre einmal einen besonderen rituellen Festtag, den »Tag des Schweins«. An diesem Tag werden einer oder mehrere Gefangene zum Schwein erklärt. Sie sterben den Opfertod und werden aufgegessen.

Nach einiger Zeit, es ist inzwischen tiefster Winter, bietet mir mein väterlicher Freund, der Schamane, an, mich zum Festland zurückzubringen. Er versorgt mich mit Pelzkleidung, Schneeschuhen und Proviant, und wir machen uns zusammen mit seinem Sohn auf den langen Weg über das zugefrorene Eismeer. Auf dem Festland angekommen, stehen wir vor einem Wegweiser, an dem drei Wege sich kreuzen. Die beiden zeigen mir die Richtung, in die ich gehen muss, aber die Route führt über keinen der Wege, sondern querfeldein. Wir verabschieden uns und gehen in verschiedenen Richtungen davon.

In meinem Versuch, diesen Traum zu deuten, stellte ich damals den Transfer von dem kleinen Schiff auf das große ins Zentrum. Das Seil legte ich als Nabelschnur aus und den Unfall als mein Geburtstrauma. Viele Jahre später fiel mir die Niederschrift beim Aufräumen wieder in die Hände. In der Zwischenzeit hatte ich die Shamanism & Healing Association gegründet und war vielen Schamanen begegnet. Dadurch erhielt der Traum eine völlig neue Bedeutung.

Die offensichtlichste war, dass er mir einen bedeutsamen Abschnitt meines späteren Lebens sozusagen bildlich exakt voraussagte: Schamanen werden meine Freunde. Es findet ein Austausch statt, sie helfen mir, und ich helfe ihnen. Sie retten mir auch im Traum das Leben, denn wenn sie mich nicht beschützt hätten, wäre ich von den Eingeborenen wahrscheinlich zum »Schwein« erklärt, getötet und aufgegessen worden. Sie bringen mich übers Eis auf das feste Land zurück. Sie führen mich auf einen Weg, der nicht den Wegweisern der anderen folgt, sondern über unbekanntes Gelände führt. Ich folge ihrem Rat und gehe querfeldein, wie ich auch im Leben eingetretene Pfade verlasse.

Rites de passage

Zu meinem zweiundvierzigsten Geburtstag, dem Beginn meiner zweiten Lebenshälfte, richteten mir meine Freunde in Coloman ein Fest aus. Wesentlicher Bestandteil war ein Ritual, das sie selbst gestaltet hatten. Es war bereits vier Uhr nachmittags, als ich von ihnen in einen dunklen schallisolierten Raum geführt wurde. Dort musste ich mich vollkommen ausziehen. Das Licht wurde gelöscht, und sie ließen mich allein. Zuvor hatten sie mich noch aufgefordert: »Rekapituliere dein bisheriges Leben!«

Da saß ich nun so nackt, wie ich auf die Welt gekommen war, in der absoluten Dunkelheit, in der ich nichts zu hören vermochte als meinen Atem. Ich begann, mein Leben an mir vorbeiziehen zu lassen, von den ersten Erinnerungen an, mit allen Höhen und Tiefen. Mir schien eine Ewigkeit vergangen zu sein, bis ich bei meinem zweiundvierzigsten Lebensjahr ankam.

Emotional aufgewühlt von den Erinnerungen saß ich völlig entblößt und allein in dem dunklen Raum. Da fiel mir auf, dass ich hauptsächlich an schlimme, schmerzvolle und traumatische Erlebnisse gedacht hatte. Ich begab mich noch einmal auf die Reise in meine Vergangenheit und konzentrierte mich diesmal auf schöne, erfreuliche und beglückende Momente.

Kaum war ich wieder in der Gegenwart angekommen, ging die Tür auf, wurde aber sofort wieder geschlossen. Man verband mir die Augen, und ich wurde aus dem Raum geführt.

Als mir die Binde abgenommen wurde, stand ich vor einem Podest mit drei weiß vermummten Gestalten. »Um in der Mitte deines Lebens die Schwelle des zweiundvierzigsten Lebensjahres zu überschreiten, musst du nun sieben Aufgaben bestehen«, sagte die Gestalt in der Mitte. Zunächst musste ich ein Rätsel lösen.

»Ein Ritter soll im Auftrag seines Königs in eine fremde Burg eindringen«, erklärte der linke Vermummte. »Dazu muss er den Wachen am Burgtor die richtige Parole nennen, die er leider nicht kennt. Er versteckt sich also am Tor in einem Busch und wartet. Kurz darauf kommt ein Händler auf einem Karren und verlangt Einlass. Der Wächter sagt: ›Achtundzwanzig, was ist deine Antwort?‹ Der Händler antwortet: ›Vierzehn‹, und er wird eingelassen. Dann kommt eine junge Magd, nun sagt der Wächter: ›Acht, was ist deine Antwort?‹ Die Magd antwortet: ›Vier‹, und sie wird eingelassen. Dann steht ein Mönch vor dem Tor, und der Wächter sagt: ›Sechzehn, was ist deine Antwort?‹ Der Mönch antwortet: ›Acht‹, und er wird eingelassen. Der Ritter glaubt nun, die Parole zu wissen, und stolziert breit lächelnd vor das Burgtor. Der Wächter verstellt ihm den Weg und sagt: ›Zwölf, was ist deine Antwort?‹ – ›Ich sage: sechs‹, antwortet der Ritter und will weitergehen, aber bevor er auch nur einen Schritt machen kann, zieht der Wächter sein Schwert und tötet ihn.«

»Was wäre die richtige Zahl gewesen?«, fragte der rechte Vermummte.

Fieberhaft begann ich nachzudenken. Die Zahl einfach zu

halbieren war also falsch. Was konnte es dann sein? Ich sagte die Zahlen mehrmals langsam und leise vor mich hin. Achtundzwanzig, acht, sechzehn, zwölf. Plötzlich hatte ich eine Eingebung: Acht besteht aus vier Buchstaben, sechzehn aus acht, und achtundzwanzig aus vierzehn.

»Die richtige Antwort ist fünf«, sagte ich.

»Warum?«, fragte der Vermummte in der Mitte.

»Es ist immer die Anzahl der Buchstaben der ausgeschriebenen Zahl«, war meine Antwort.

»Du hast das Rätsel gelöst.«

Wieder wurde mir die Augenbinde angelegt. »Du bist in der Wüste und musst einen Brunnen finden, dann tauch hinab und küsse den Boden«, lautete nun die Aufgabe. Auf den Knien kroch ich tastend durch den Raum. Bald wurde mir klar, dass ich so nicht weiterkommen würde, und ich änderte meine Taktik. Ich tastete mich bis zu einer Ecke des Raumes, legte mich dann auf den Boden und rollte mich an der Wand entlang durch den Raum. An der gegenüberliegenden Wand angelangt, rutschte ich um meine Körperlänge weiter und rollte bis zur Gegenseite. So konnte ich das Zimmer vollkommen erfassen und fand bald einen wassergefüllten Holzbottich. Ich tauchte hinein und küsste den Boden. Das Wasser war eisig kalt und brannte auf meiner nackten Haut. Schnell wurde mir ein großes vorgewärmtes Frottiertuch gereicht.

Nun wurde ich ohne die Augenbinde in den Flur geführt. Dort war auf dem Steinfußboden in Schlangenlinien ein Korridor aus zweiundvierzig Kerzen aufgestellt. Ich sollte zwischen den Kerzen hindurchgehen, ohne eine umzustoßen, und die Kerzen dann in einem Atemzug ausblasen. Vorsichtig, sehr langsam und sorgfältig setzte ich Fuß vor Fuß zwischen die Kerzen, die teilweise so eng standen, dass mir die Haare am Unterschenkel verbrannten. Nach einundzwanzig Schritten hatte ich es geschafft. Von meinen Erfahrungen im Tauchen wusste ich, dass man sich mit Luft regelrecht aufpumpen kann. Also machte ich ein Dutzend sehr tiefe Atemzüge und blies dann, die Luft vorsichtig dosierend, hintereinander mit einem kurzen »Pfff« und ohne noch mal Atem zu holen sämtliche Kerzen aus.

Von allen Seiten wurde applaudiert, und mir wurde verkündet: »Du hast das Rätsel gelöst und die Proben der Erde, des Wassers, des Feuers und der Luft bestanden. Nun musst du dich von der Sphinx gebären lassen!«

Ich wurde in einen Raum geführt, in dem die Sphinx, ein lebendes Bild aus sechs entblößten Frauen, auf mich wartete. Zwei lagen bäuchlings flach ausgestreckt auf dem Teppichboden und bildeten die Beine, zwei andere formten den Unterkörper, indem sie sich kniend über die Oberkörper der beiden Liegenden beugen. Zwei aufrecht kniende Frauen waren der Oberkörper der Sphinx. Es war ein sehr beeindruckender Anblick, denn die Frauen waren alle sehr attraktiv und wohl gebaut. Ich überlegte kurz, wie ich es anstellen sollte, und zwängte mich dann zwischen die beiden liegenden. Sie lagen so dicht nebeneinander, dass ich mich nur Zentimeter um Zentimeter vorarbeiten konnte.

Als ich beim Unterkörper der Sphinx ankam, stellte ich fest, dass ich mit dem Gesicht dem Teppich zugewandt war, aber viel lieber nach oben schauen wollte. Wenn ein Kind bei der Geburt falsch herum liegt, muss es gedreht werden, dachte ich, und drehte mich um. Dort boten sich mir wie aufgereiht vier wohlgeformte Brüste dar. Meine Geburt vor zweiundvierzig Jahren hatte vierzehn Stunden gedauert. Diese hier war zwar auch anstrengend, aber durchaus ein Vergnügen. Ich beschloss also, mir Zeit zu lassen und diese Geburt zu genießen. Schließlich war ich mit dem Kopf zwischen den Oberschenkeln der beiden knienden Frauen angekommen. Sie machten es mir nicht leicht, und ich musste mich anstrengen, meinen Kopf hindurchzuzwängen. Doch schließlich war ich durch.

»Herzlich willkommen in deinem neuen Zeitabschnitt«, sagten beide unisono.

Über den Flur wurde ich nach draußen geführt. Nackt und mit bloßen Füßen stand ich in knöcheltiefem Schnee. Die Anweisung lautete: »Suche dein Grab und leg dich hinein!«

In der mondhellen Nacht bemerkte ich – Gott sei Dank schon nach wenigen Minuten – eine große Truhe. Sie war mit Schaffellen ausgelegt, und eine angenehme Wärme strömte mir entgegen. Ich legte mich hinein, bedeckte mich mit einem der Felle und schloss den Deckel. Offenbar hatten meine Freunde heiße Steine in die Truhe gelegt, denn es war mollig warm darin. Ich hörte draußen ein Geräusch, dann wurde der Schlüssel der Truhe umgedreht. Ich war eingeschlossen.

Ich war noch ganz benommen von den »sieben Proben«. Doch in der Wärme und Geborgenheit fühlte ich mich wohl und kam zur Ruhe. Ich hatte Vertrauen in meine Freunde. Die Zeit, die vorher wie im Flug vergangen war, schien jetzt stillzustehen. Wie nach einer Ewigkeit hörte ich endlich Musik, die langsam lauter wurde, als käme sie auf mein »Grab« zu. Die Truhe wurde hochgehoben und von der Musik begleitet weggetragen, nach einer Weile abgesetzt und geöffnet. Ich musste meine Augen bedecken, geblendet von Dutzenden Kerzen. Meine Freunde standen im Kreis um mich herum, von allen Seiten wurde ich umarmt und beglückwünscht. Champagner wurde eingeschenkt, Joints machen die Runde, Geschenke wurden überreicht. Ein üppiges Buffet wartete auf uns, und hungrig füllten wir unsere Teller. Später tanzten wir wild bis in den frühen Morgen.

Rückblickend betrachtet, sehe ich dieses Erlebnis als ein echtes Übergangsritual zu Beginn eines neuen Lebensabschnitts, wie es in Stammesgesellschaften üblich ist. Ich hatte in der Therapie ein anderes Lebensgefühl entwickelt. Zum Abschluss musste ich wie in einer Initiation Proben bestehen, die zum Teil gar nicht so einfach waren, Findigkeit und Mut beweisen. Und schließlich wurde ich zu Neuem geboren.

Mir hat dieses Erlebnis vor allem deutlich gemacht, in welchem Maße ich ein anderer geworden war. Ich hatte gespürt, dass ich mich auf meine inneren Kräfte verlassen kann, und ich hatte erfahren, welche Kraft Rituale haben können. Noch drei Monate später verspürte ich ein Gefühl in mir wie ein inneres Lächeln.

Die Schamanenreise

In Coloman wurde schon in den siebziger Jahren mit schamanischen Ansätzen gearbeitet. Über die biografisch-therapeutische Arbeit hinaus wurden Gruppen und Workshops zu existenziellen und spirituellen Themen angeboten. Nachdem sie eine Therapie durchlaufen hatten, waren viele auf der Suche nach etwas Positivem, wenn sie ihre Kindheitstraumata bearbeitet hatten; die meisten entwickelten ein Interesse an Spiritualität.

Auf eine Empfehlung meines Freundes Dieter hin, den ich in Coloman kennengelernt hatte, las ich die ersten Bücher von Krishnamurti. Fasziniert von Krishnamurtis Lebenslauf und seinen Gedanken, fuhr ich dreimal nach Saanen in der Schweiz, um Vorträge von Krishnamurti zu hören. Seine Lehren haben mich maßgeblich beeinflusst.

Parallel dazu beschäftigte ich mich, angeregt durch Fritjof Capras Buch *The Cosmic Dance*, mit Teilchen- und Quantenphysik. Außerdem nahm ich an zahlreichen Workshops teil. Meine erste wichtige schamanische Erfahrung machte ich auf einem achttägigen Workshop von Michael Harner. Harner war damals Professor für Anthropologie an der Yale University und der New York Academy of Science. Er hatte fünf Jahre im ecuadorianischen und peruanischen Amazonasgebiet bei Indiostämmen, den Jivaro und den Conibo, Feldforschung betrieben und war von ihnen angenommen und eingeweiht worden. Er war einer der Ersten, die den »Kognizentrismus« der westlichen Wissenschaft überwanden und sich darauf einließen, die Brille abzusetzen, durch die ihre Kultur die Welt sieht. Für ihn war das die einzig authentische Methode, der einzige Weg, Wissen zu erlangen.

In der Einführung seines Workshops warnte uns Harner, dass wir vieles von dem, was wir hören, sehen und erleben würden, mit unserer Vernunft nicht erklären könnten. Er lud uns ein, unseren Verstand für acht Tage vorübergehend in einen »Ruhezustand« zu versetzen. »Wenn euch etwas unglaublich vorkommt, sagt einfach: ›Why not?‹«

Dann ging es an die praktischen Übungen. Wir sollten zu dem Klang seiner Trommel so lange tanzen, bis wir das Gefühl hatten, mit unserem Tanz ein Tier darzustellen. Ich hatte irgendwann den Eindruck, ich tanze wie ein Stelzvogel, der mit staksigen langen Beinen in flachem Wasser umherwatet. Dieses Tier, so erklärte uns Harner später, sei von nun an unser Schutztier, mit dem wir täglich reden sollten wie mit einem Freund. Es würde uns dann begleiten und beschützen und bei allen Erfahrungen an unserer Seite sein.

Dann stellte er uns die Aufgabe, einen faustgroßen Stein zu suchen und ihn so lange zu betrachten, bis der Stein zu uns sprechen würde. Stundenlang blickte ich meinen Stein an. Aber irgendwann konnte ich tatsächlich in ihm lesen. Nach vier Tagen schickte uns Harner in den nahen Wald mit der Anweisung, mit Bäumen zu sprechen. Nachdem ich meine anfängliche Skepsis losgelassen hatte, kam zu meinem Erstaunen ein wirklicher Dialog zustande. Ich kann mich erinnern, dass ich nach dem erfolgreichen Abschluss dieser Übung wie berauscht zurückkehrte und meine Freunde sagten, meine Augen hätten unglaublich geleuchtet.

Am vorletzten Tag des Seminars machte Harner mit uns eine Schamanenreise. Er erklärte uns, dass Schamanen ihren Körper verlassen und mit ihrem »Traumkörper« in andere Welten reisen können. Von Seelenreisen hatte ich bereits gehört, und dass die Seele, der Geist oder jedenfalls ein Teil meines Selbst den Körper verlassen kann, hatte ich während meiner Therapie schon erlebt. Ich war neugierig. Mit verbundenen Augen lag ich auf dem Rücken. Harner trommelte im Rhythmus des Herzschlags, und ich wurde in eine Art kontrollierter Trance versetzt, bei der ich aber immer bei vollem Bewusstsein war. In dieser Trance hatte ich wie in einem Tagtraum ein sehr reales Erlebnis, das zu einer dramatischen Veränderung meiner Weltsicht führte:

Ich gehe in eine Höhle. Zunächst ist da nur ein enger Gang, in dem ich aufrecht gehen kann. Ich taste mich an den Wänden entlang. Der Rhythmus der Trommel treibt mich vorwärts. Langsam gewöhnen sich meine Augen an das Dunkel, und ich beginne erst vage und dann immer klarer meine Umgebung wahrzunehmen. Ich befinde mich nun in einem riesigen hohen und ausgedehnten Höhlenraum, am Ufer eines unterirdischen Sees. Das andere Ufer des Sees ist so weit entfernt, dass ich es gar nicht erkennen kann. Am Ufer liegt ein Kanu. Ohne zu zögern, schiebe ich es ins Wasser, steige hinein und beginne zu rudern. Fasziniert schaue ich umher und begeistere mich an dem spiegelglatten silbrig schimmernden Wasser in der erstaunlich weitläufigen Höhle. Ab und zu versichere ich mich, dass mein Schutztier über mir ist. Das gibt mir Sicherheit und Vertrauen. Nach einer Weile, ich befinde mich inzwischen mitten auf dem See, lässt meine Aufmerksamkeit nach. Es geschieht nichts, und mir wird ein wenig langweilig.

Genau in dem Augenblick, als mir dies bewusst wird, spüre ich, wie mein Boot von einer Strömung erfasst und immer schneller abgetrieben wird. Sofort bin ich wieder hellwach. Wie angesaugt treibt das Kanu auf ein riesiges Loch in der Wand der Höhle zu. Dort ergießt sich der See in einen reißenden unterirdischen Fluss. Ich muss meine ganze Kraft und Geschicklichkeit aufwenden, um das Boot durch die Stromschnellen zu manövrieren. Mehrmals bin ich nahe daran zu kentern.

Nach einer Weile wird der Strom langsamer, und ich fühle mich sicher. Ich habe Zeit, mich umzuschauen. Die Höhle ist noch breiter geworden und bildet terrassenförmige Uferplateaus. Dahinter werden Wände sichtbar, die mit ocker-, rötel- und schwarzfarbigen steinzeitlichen Malereien versehen sind. Ich erkenne Mammuts, Bisons, Rhinozerosse, Antilopen, Löwen,

Tiger und Vögel. Meine Anspannung lässt nach. Ich beherrsche die Situation vollkommen.

Da nimmt das Kanu plötzlich wieder Fahrt auf und schießt auf ein grellweißes Licht zu, das immer größer wird. In einem gewaltigen Wasserfall spuckt sich der Fluss ins Tageslicht und stürzt ins Meer. Im Fallen verliere ich das Paddel, das Boot klatscht ins Wasser, und ich tauche zunächst ziemlich tief unter. Ein großer Fisch schwimmt mit gefletschten Zähnen auf mich zu.

Ich bitte meinen Schutzvogel um Hilfe, und in diesem Augenblick erscheinen zwei Delphine, die mich gemeinsam auf ihre Rücken nehmen und auftauchen. Sie schwimmen schnell mit mir auf einen traumhaft schönen, mit Palmen bestandenen Sandstrand zu. In diesem Augenblick ertönt das vereinbarte Trommelsignal und ruft mich zurück. Die Delphine machen kehrt, schwimmen mit mir zum Wasserfall zurück und springen in einem riesigen Satz hinauf in den Fluss, sie tragen mich durch die Stromschnellen hinauf in den See und setzen mich am Ufer ab. Durch den Höhlengang komme ich wieder an den Anfangspunkt meiner Reise zurück.

Ganz vorsichtig blinzelte ich und öffnete die Augen. Eine völlig neue Welt hatte sich mir eröffnet. Eine andere mir bislang unbekannte Realität, die eine große Faszination auf mich ausübte. Ich erlebte und begriff einmal mehr, dass unsere gewohnte Realität nicht die einzige ist. Das erschütterte mein altes Weltbild nachhaltig, denn ich erkannte, dass es außer unserer wahrnehmbaren Welt noch eine andere gibt.

Harner berichtete uns, dass auch die Jivaro- und Conibo-Indios des Amazonas-Regenwalds solche Traumwelten für die eigentliche Realität halten. Sie betrachten unsere Welt als Illusion und die Traumwelt als die wahre Wirklichkeit. Sie bestehen darauf, dass sich die Welt nicht auf das beschränkt, was wir mit unseren fünf Sinnen wahrnehmen, und dass es unendlich viele Parallelwelten gibt, zu denen wir in Zuständen veränderter Wahrnehmung auch Zutritt haben können.

Sofort fiel mir die verblüffende Ähnlichkeit mit den Vorstellungen von Quantentheoretikern wie David Bohm, Hans Peter Dürr und Stephen Hawking auf, die holographische Universen, gleichzeitig existierende Parallelwelten für wahrscheinlich halten. Ihnen zufolge ist das beobachtbare Universum nur ein Teil der gesamten Wirklichkeit, die aus vielen nebeneinander existierenden Welten besteht.

Schamanen sind davon überzeugt, dass es unendlich viele solcher Reiche gibt, jedes so verschieden wie Peru und Sibirien, erklärte Harner. Bei einer schamanischen Reise verlässt ein Teil des Selbst den Körper, und mit diesem Teil des eigenen Wesens reist die »Seele«, der Spirit oder »Traumkörper« in andere Welten. Auch Mystiker aller Religionen berichten von solchen Zuständen. Ganz unterschiedliche Mittel können einen auf den Weg dahin schicken: psychoaktive Substanzen, Trommeln, Rasseln, Tanzen, induzierte Trancezustände oder auch holotropes Atmen, das die Inder, bei denen es eine fünftausend Jahre alte Tradition hat, »Feueratmung« nennen. Auch in Mexiko wenden Schamanen diese Methode an, um sich in einen anderen Bewusstseinszustand zu versetzen.

Harner hatte mich mit Trommeln auf meine erste schamanische Reise geschickt. Ich erlebte diesen erweiterten Bewusstseinszustand nicht wie eine Erleuchtung, die mich irgendwie überfällt, sondern wie das Loslassen eines Wahrnehmungsmusters. Dieses Muster, in dem wir die Welt so wahrnehmen, wie es uns seit dem Kleinkindalter vermittelt wird, verhindert, dass wir erkennen können, was nicht in unser kulturelles Modell der Wirklichkeit passt. Krishnamurti sagt: »Ein normaler Mensch hat noch nie wirklich einen Baum gesehen.« Wir sehen nur, wozu wir von unserer Kultur programmiert worden sind. Was unserem Wahrnehmungsmuster nicht entspricht, das können wir nicht sehen.

Harner berichtete, dass es in anderen Kulturen andere Wahrnehmungsmuster gibt, Schamanen aber auch in ihrer jeweiligen Kultur weit größere Wahrnehmungsmöglichkeiten haben als andere. Sie sehen Ebenen der Realität, die wir nicht erkennen.

Aber auch sie haben nicht ständig Zugang zu spirituellen Situationen, doch wenn ihre Arbeit es erfordert, können sie einen solchen Zustand durch verschiedene Methoden und Rituale herstellen.

Ich erkannte darin einen entscheidenden Unterschied zu den Vorstellungen von »Erleuchtung«, nach der damals so viele auf der Suche waren. Sie glaubten, wenn man genügend meditierte oder es sich sonst irgendwie »erarbeitete«, würde man irgendwann erleuchtet oder gelangte auf eine höhere Bewusstseinsstufe.

Derartig abgehobene und abstrakte Vorstellungen waren mir immer fremd. Bei meinem Interesse an Schamanen ging es mir stets um die individuellen Menschen und um das, was sie ganz konkret tun. Schamanen missionieren nicht, sie sehen ihre Aufgabe darin, anderen zu helfen. Ihre Fähigkeit, die normale, das heißt unseren Normen entsprechende Wirklichkeit zu überschreiten, begreifen sie als direkten Dienst an den Menschen. Dahinter steht keinerlei Ideologie. Für sie besteht, wie Don Juan Matus bei Castaneda sagt, der Sinn des Lebens im Leben selbst. Damit einher geht auch das Verständnis, dass jeder Verantwortung für sich selbst und die Welt rings umher trägt. Diese Auffassung entsprach vollkommen meiner inneren Einstellung, aber damit stand ich unter all den Sinnsuchern weitgehend allein da. Für mich bestand der Sinn in der Erfahrung verschiedener Welten nicht in einer Fluchtmöglichkeit aus der Realität, sondern die Konfrontation mit der Tatsache, dass die Wirklichkeit unendlich umfassender ist, als wir das in unserer westlichen Zivilisation zu begreifen gelernt haben. In Verbindung mit meinem Verantwortungsgefühl hat das auch bei allen folgenden Reisen in andere Welten stets dafür gesorgt, dass ich trotz allem den Fuß auf der Erde behalten habe.

In dieser Zeit beschäftigte ich mich auch intensiv mit der Quantenphysik, und ich erkannte Parallelen zwischen deren Erkenntnissen sowie indischen und schamanischen Vorstellungen, denen zufolge die von uns wahrgenommene Welt eigentlich eine Illusion ist, eine Übereinkunft der Wahrnehmung, die kulturell vermittelt wird. Diese Auffassung der Welt findet sich im Buddhismus, im Hinduismus, in der chinesischen Philosophie von Konfuzius und Laotse ebenso wie bei Schamanen.

Damals hatte ich kurz hintereinander zwei Träume und eine Vision, die sozusagen eine Trilogie bilden und diese Zusammenhänge illustrieren.

Der erste Traum

Ich habe das Gefühl, in Lebensgefahr zu sein, obgleich dafür kein Grund zu erkennen ist. Ich kann mich nur ganz langsam fortbewegen, als ob ich behindert wäre. Vielleicht werde ich verfolgt. Ich versuche zu fliehen, mich zu verstecken vor einer Gefahr, die ich gar nicht kenne. Die Beeinträchtigung meiner Bewegungsfreiheit beängstigt mich zusätzlich. Ich kann nur wie in Zeitlupe ganz kleine Schritte machen.

Ich sehe nach, ob ich Fußfesseln trage, kann aber keine erkennen. Immer wieder schaue ich mich nach allen Seiten um, will eine Gefahr ausfindig machen, die nicht vorhanden ist. Ich beginne mich zu fragen, ob ich mir alles nur einbilde. Ist diese Angst nichts als die Urangst vor dem Tod? Nach einer endlos erscheinenden Zeit verkrieche ich mich in eine Nische, die mir Schutz zu bieten scheint. Völlig unbeweglich liege ich da und beginne, mich zu entspannen. Das Gefühl, verfolgt zu werden und in Lebensgefahr zu sein, klingt langsam ab und weicht der Empfindung völliger Hingabe.

Der zweite Traum

Ich bin an einen quadratischen Rahmen aus dicken Holzbalken gefesselt, meine Hände und Füße sind an den Ecken festgebunden. Noch träumend, vergleiche ich das Traumbild mit der Zeichnung Leonardo da Vincis vom vitruvianischen Mann. Ich habe keine Haut auf meinem Körper und sehe aus wie eine Abbildung aus einem Anatomiebuch. Ich empfinde keinen Schmerz, und obwohl ich völlig ausgeliefert und extrem verletzlich bin, scheine ich den Zustand zu akzeptieren, ja sogar mit Gelassenheit hinzunehmen. Mit langen, dünnen, weißen Gerten werde ich ausgepeitscht, aber ich fühle keinen Schmerz. Bei näherer Betrachtung sind es keine Gerten, sondern Licht- oder Energiestrahlen. Auch wenn diese Prozedur aussieht wie eine Tortur, erlebe ich sie nicht so, allerdings scheint sie endlos zu dauern.

Die Vision

Ich bin in einem Zustand völligen Wohlseins, der Zufriedenheit, Entspannung, Glückseligkeit und von einer angenehmen Müdigkeit. Meine Lebensgefährtin und ich haben uns voller Hingabe und Leidenschaft über eine Stunde lang geliebt. Nun liege ich im Bett, habe die Augen geschlossen und befinde mich in der Phase kurz vor dem Einschlafen. In diesem Zustand kann ich meine Träume beeinflussen. Deswegen bezeichne ich sie lieber als »Visionen«.

Ich fasse die erklärte Absicht, mich mit Energie volllaufen zu lassen. Im gleichen Augenblick wächst aus meinem Kopf eine Art Trichter in Form eines großen Blütenkelchs. Ich spüre, wie mein ganzer Körper sich mit Energie füllt, er wird voller und voller, und ich drohe zu platzen. Ich presse also die Energie wieder heraus und fühle mich zunächst erleichtert.

Dann beschließe ich, einen zweiten Versuch zu machen. Wieder wächst der Trichter aus meinem Kopf, mein Körper füllt sich mit Energie, ich drohe zu platzen, und erneut drücke ich die Energie heraus. Beim dritten Versuch kommt mir der Gedanke: »Wenn so viel Energie hereinkommt, muss sie auch wieder hinaus.« Im gleichen Augenblick spüre ich, wie aus meinem Fußbereich ein zweiter Trichter wächst, und die Energie fließt nun oben hinein und unten wieder hinaus. Es entsteht kein Druck mehr, ich fühle mich wohl, und es gefällt mir, den Energiefluss zu spüren und zu beobachten. Ich kann die Energie nicht sehen, aber sehr deutlich spüren. Ich nehme wahr, wie ein Teil der Energie, die unten hinausfließt, einen Bogen macht und oben wieder hereinläuft. So bildet die Energie eine Form, die wie ein Ei oder wie ein ovaler Apfel den Träumenden umgibt.

Dann beschleunige ich den Energiefluss und verlangsame ihn wieder, dabei bemerke ich, dass ich meinen Körper umso weniger spüre, je schneller die Energie fließt. Nach einer ganzen Weile, in der ich mit dem Energiefluss spiele, beschließe ich, die Energie mit maximaler Geschwindigkeit fließen zu lassen.

Im selben Augenblick passiert etwas schier Unglaubliches. Der Körper des Träumenden ist nicht mehr wahrnehmbar, er scheint nicht mehr zu existieren. Stattdessen wird etwas »gesehen«. Es wird ein leuchtendes, gelbes, fluoreszierendes Ei gesehen. Ich benutze in der Beschreibung absichtlich eine unpersönliche Form, denn ich bin nicht sicher, ob in dieser Situation das Ich noch existiert.

Im Traum frage ich mich, wer denn dieses Ei sieht, wenn der Träumende nicht mehr existiert? Nehme ich es wahr, bin ich der Träumende, oder existiert außer ihm noch etwas anderes, ein anderer Daseinszustand, für den ich noch keinen Namen habe? Oder existieren der Träumer und der, der das Ei sieht, gleichzeitig? Oder ist nur die ganze Aufmerksamkeit vom Träumer abgezogen und woanders?

Ein Gedanke beendet den Zustand des »Sehens«, und der Träumende liegt auf dem Bett, spürt die Energie fließen und nimmt wieder die Blase wahr, in der er sich befindet. Aus Neugier lässt der Träumende die Energie wieder mit maximaler Geschwindigkeit strömen, und schon existiert er nicht mehr, und das Ei »wird gesehen«. Wie bei einem Experiment kann er zwischen diesen beiden Wahrnehmungszuständen hin- und herwechseln. Nach und nach wird nicht nur ein Ei gesehen, sondern alle möglichen Kombinationen, zwei, drei, vier, fünf, sechs Eier, Kreise aus Eiern, riesengroße Eier, an denen Dutzende, dann wieder Hunderte, ja Tausende kleiner Eier zu kleben scheinen, Eier, die Ketten, Sechsecke, Neunecke, Tetraeder, Oktaeder, Kugeln und alle möglichen anderen zwei- oder dreidimensionalen Formen bilden. Ein faszinierendes Schauspiel, das immer wieder vom Wechsel in den anderen »Seinszustand« abgelöst wird.

Aber die Erfahrung geht noch weiter. In dem Zustand, in dem der Träumende mit geschlossenen Augen auf dem Bett liegt und die Blase spürt, die ihn umgibt, öffnet er die Augen und sieht zu seinem größten Erstaunen auf der Innenseite der Blase die Welt, wie wir sie im Wachzustand kennen. Menschen, Tiere, Wälder, Berge, Flüsse, Seen, Meere, Wolken, Städte, Fabriken und so weiter. Immer wenn er den Blick woandershin lenkt, sieht er etwas anderes, das die Natur geschaffen oder der Mensch an kultureller und zivilisatorischer Leistung hervorgebracht hat.

An der Beschaffenheit der Bilder, oder besser gesagt an ihrer optischen Qualität, kann er feststellen, ob sich ein anderes Ei dem seinen nähert, und es findet entweder eine Anziehung oder eine Abstoßung statt wie bei Magneten, je nachdem, welche Pole zueinander zeigen. Ziehen sie sich an, werden die Bilder auf der Blase von einer außerordentlichen Plastizität, ja Dreidimensionalität, sie sind realistisch wie im Wachzustand. Stoßen sie sich ab, verlieren die Bilder diese Realität und Plastizität und werden farblos und fadenscheinig – wie eine alte vergilbte Fotografie, auf der manchmal kaum noch etwas zu erkennen ist. Bei der Anziehung sind auf dem inneren »Bildschirm« der anderen Blase gleiche oder sehr ähnliche Bilder, während bei einer Abstoßung der andere Bildschirm ganz andere Bilder zeigt, die wenig Ähnlichkeit mit den eigenen haben.

In dieser Vision des »Eis« sah ich, dass die Wahrnehmung der Welt eine Projektion auf die Innenfläche der Blase ist, es aber noch ein Universum anderer Blasen oder Eier gibt. Und wenn diese Blase platzt, befinde ich mich in einer anderen Wirklichkeit. Mein Weltbild hatte sich gründlich verändert. Aus dem Gefühl des Ungenügens in unserer Kultur hatte ich mich zunächst eher intellektuell auf die Suche begeben, den Blick von außen aber immer mehr aufgegeben und mich auf konkrete spirituelle Erfahrungen eingelassen. In dieser Vision nun erlebte ich spontan den Zugang zu einer anderen Wirklichkeit. Ich hatte zulassen können, dass die Wirklichkeitsmuster, die uns Halt geben, sich auflösen können, ohne dass ich Angst hatte, verrückt zu werden. Was bei vielen ein Gefühl von Schwindel oder »Irre«-Werden erzeugt, erlebte ich mit einem Gefühl von Staunen und Demut.

So deutete ich diese Vision im Wachzustand auch als Metamorphose in der Blase: Die Raupe »stirbt«, verpuppt sich und löst sich in der Verpuppung auf zu einem Gallertklumpen. In diesem Zustand, in dem sie äußerst gefährdet, verletzlich und beeinflussbar ist, bildet sich ihre gesamte Gestalt um, bis schließlich ein Schmetterling schlüpft …

Der Weg der Brücke

In meinem Alltag führte ich zu dieser Zeit eine Art Doppelleben. Ich erinnere mich zum Beispiel daran, dass ich nur einen Tag nach einem Retreat mit dem Sufimeister Salah Eid nach Cannes fuhr, weil dort ein Fotoshooting für Bade- und Strandmode für einen meiner Klienten stattfand. Die Crew bestand aus dem Fotografen, seinem Assistenten, dem Frisör, einem Visagisten, einer Stylistin, drei weiblichen und einem männlichen Mannequin. Der Besitzer der Firma hatte uns im »Negresco« untergebracht, dem damals luxuriösesten Hotel an der Côte d'Azur. Am ersten Abend saßen wir nach einem Sternemenü gemeinsam auf dem Balkon des Hotels, und unter uns defilierte der berühmte Blumenkorso. Ein grandioses Feuerwerk zur Musik von Jean-Michel Jarre verzauberte den Himmel und spiegelte sich im Meer.

Das Spektakel bildete einen geradezu absurden Kontrast zu dem, was ich in den Tagen zuvor erlebt hatte. Erstaunlicherweise konnte ich diesen Wechsel jedoch ohne jedes Problem vollziehen. Meine berufliche Tätigkeit kam mir nun vor wie ein Spiel, dessen Regeln ich kannte und das ich spielen konnte, ohne dass mein Innerstes beteiligt war. Ich hatte nie besonders viel Ehrgeiz in meinem Brotberuf entwickelt. Mir kam es darauf an, meine Aufgaben möglichst gut zu erfüllen und meinen Kunden beste Qualität zu liefern. Nun hatte sich etwas verschoben, mein Leben hatte eine andere Gewichtung bekommen. Beruflicher Erfolg wurde zweitrangig, viel wichtiger waren mir die Erkenntnisse, die ich in den Seminaren, Workshops und durch meine Lektüre gewann.

Einige Jahre später stand ich vor der Entscheidung. Ich hatte bereits an der Organisation von Seminaren und Kongressen des Forums für humanistische Psychologie mitgearbeitet und in eigener Regie den ersten Schamanenkongress organisiert. Der zweite Kongress war geplant. Mehr als fünfzehn Jahre hatte ich meine kleine Agentur für Public Relations und Werbung geleitet. Nun hatte der größte Kunde, den ich in diesen fünfzehn Jahren betreut hatte und der achtzig Prozent meines Umsatzes deckte, Konkurs angemeldet. Sollte ich darin ein Zeichen sehen, meine bisherige Arbeit aufzugeben und meine ganze Energie für diese neue, aber unsichere und riskante Tätigkeit einzusetzen? Wieder war es ein Traum, der mich der Entscheidung näher brachte.

Der Traum

Ich befinde mich in einem norwegischen Fjord. Ich bin nackt und stehe bis zu den Hüften im angenehm warmen Meer. Ich gehe umher und spiele mit den Händen im Wasser. Meine Hände sind zusammengelegt, als ob sie ein Trinkgefäß bildeten. Ich habe Spaß daran, sie zu füllen und dann zuzuschauen, wie das Wasser unten langsam hinausläuft.

Auf einmal sehe ich einen großen Schöpflöffel aus Holz auf dem Wasser schwimmen. Ich mache zwei, drei Schritte auf ihn zu und nehme ihn in die Hand. Er hat eine große Kelle, viel größer als eine Suppenkelle, und einen geraden, mit Schnitzereien verzierten Stiel. Er sieht aus, als sei er schon viele Jahrhunderte alt.

Eine ganze Weile spiele und spritze ich mit der Kelle im Wasser. Ich schöpfe Wasser, hebe die Kelle hoch und lasse das Wasser herunterlaufen. Dabei wird mir klar, dass mir das Wasser nicht mehr zwischen den Händen zerrinnen muss, dass ich vielmehr schöpfen und das Wasser transportieren kann. Scheinbar ziellos wandere ich im hüfthohen Wasser umher. Auf einmal sehe ich im Meer ein Boot. Es liegt auf Grund, nur der Rand ragt einige Zentimeter heraus. Ich steige in das Boot, das zwei Bänke hat, und setze mich auf die hintere Bank.

Langsam und ohne darüber nachzudenken, beginne ich, mit der Kelle Wasser aus dem Boot zu schöpfen. Es dauert recht lange, bis ich spüre, dass das Boot sich vom Meeresboden hebt und zu schwimmen beginnt. Davon beflügelt, schöpfe ich schneller und schneller. Zu meinem größten Erstaunen bemerke ich, dass das Boot sich langsam vom Ufer wegbewegt, und je mehr Wasser ich aus dem Boot schöpfe, desto schneller fährt es. Mit großem Elan entferne ich das verbleibende Wasser, und das Boot fährt mit eindrucksvoller Geschwindigkeit den gewundenen Fjord entlang nach Westen, Richtung Meer. Den Schöpflöffel benutze ich nun dazu, das Boot zu steuern, indem ich ihn links oder rechts ins Wasser halte.

Nach geraumer Zeit sehe ich in der Ferne das offene Meer, links von mir am Ufer des Fjords eine Hafenstadt mit einer großen Mole. Zu meinem Erstaunen ist nicht ein einziges Boot zu sehen, der Hafen und die Mole sind jedoch schwarz von Menschen. Als ich näher komme, kann ich erkennen, dass mir alle diese Leute mit ausgestreckten Armen ihre Handflächen entgegenhalten, als wollten sie mir sagen: »Bleib weg! Komm nicht hierher!« Unbeirrt fahre ich aber weiter auf den Hafen zu, lande am Ufer und steige aus. »Fahr wieder weg und nimm so viele Kinder mit wie möglich!«, ruft man mir von allen Seiten zu. »Ein Ungeheuer verwüstet unsere Stadt.«

Ohne auf die Menschen zu hören, gehe ich in die Stadt. Ich

bin immer noch nackt und habe meinen Schöpflöffel in der Hand. Aus der Ferne höre ich merkwürdige Geräusche, die ich zunächst nicht zu deuten weiß. Ich gehe auf das Geräusch zu. Es wird immer lauter und kommt mir vor wie das Gepolter einstürzender Häuser. Als ich in eine Seitenstraße einbiege, sehe ich vom anderen Ende der Straße einen Roboter mit langsam abgehackten Schritten auf mich zukommen. Er trägt einen Metallstab in der Hand und schwingt seine Arme bei jedem Schritt nach rechts oder nach links. Dort, wo der Stab hinweist, brechen links und rechts von ihm die Häuser zusammen. Unbeirrt und ohne einen Anflug von Angst gehe ich auf das Ungetüm zu. Als ich ihm gegenüberstehe, nehme ich ihm mit der rechten Hand den Metallstab weg und gebe ihm mit der linken meine Schöpfkelle. Er schwingt weiter seine Arme nach rechts und links, aber die Häuser bleiben stehen.

Ich habe diesen Traum vor dem Hintergrund meiner Entscheidungssituation wie folgt interpretiert: Wenn ich mit meinen bloßen Händen Wasser schöpfe, zerrinnt es mir zwischen den Fingern. Ich brauche also und finde ein Werkzeug, ein traditionelles Gefäß, mit dessen Hilfe ich wirklich etwas schöpfen und transportieren kann. Mit Hilfe meines Werkzeugs gelingt es mir, ein Boot – im weitesten Sinne also ein »Vehikel« – wieder flottzumachen. Je mehr ich schöpfe, desto schneller fährt das Boot, und zwar ohne Motor, angetrieben wie von Geisterhand. Das archaische Werkzeug hilft mir auch, das Boot zu lenken.

Viele Leute sind in Panik, weil ein außer Kontrolle geratenes menschengemachtes Ungeheuer ihre Welt zerstört. Sie warnen mich, aber ich habe keine Angst, sondern empfinde Zuversicht, Entschlossenheit und Mut. Ich kann solchen zerstörerischen Monstern auf Augenhöhe und ohne Angst begegnen. Nicht der »Roboter« an sich ist destruktiv, sondern das Instrument, das er benutzt. Wenn ich sein modernes Instrument gegen mein altbewährtes austausche, hat die Zerstörung ein jähes Ende. Das Moderne verliert in Verbindung mit dem Traditionellen seine ruinöse Potenz.

Dieser Traum war für mich wie ein Ruf, Wegweiser oder Auftrag. Ich entschied mich daraufhin, meine vorherige berufliche Tätigkeit aufzugeben und mich ganz meiner neuen, sinnvollen Aufgabe zu widmen: der Arbeit in der Shamanism & Healing Association.

Als ich mich auf meine neue Vollzeittätigkeit vorbereitete, hatte ich wieder eine ganze Reihe signifikanter Träume und Visionen, in denen ich bestimmte Prüfungen bestehen musste. Ich betrachtete diese Prüfungen als wirkliche Initiation in meine neue Aufgabe.

Die Träume

Ich stehe vor einer Höhle und weiß, dass ich dort eine Aufgabe erledigen oder eine Prüfung bestehen muss. Der Eingang wird von zwei Wächtern bewacht. Ich kann sie nicht sehen, spüre aber deutlich ihre machtvolle Präsenz. Mir ist klar, dass ich sie um Erlaubnis fragen muss, durch das Tor zu gehen. Ich bitte also höflich, eintreten zu dürfen, und lege als Opfergaben kleine Geschenke links und rechts am Eingang ab. Ohne ein Wort zu hören oder ein Zeichen zu sehen, weiß ich, dass mir der Zutritt gewährt wird.

Ich betrete nun die Höhle, in der es ziemlich dunkel ist. Zunächst nehme ich einen sehr großen runden Raum wahr. Gegenüber vom Eingang sehe ich eine Art Podest oder Altar, auf dem etwas liegt, das sich bewegt. Langsam gewöhnen sich meine Augen an das Dämmerlicht, und ich erkenne ein etwa fünf Meter langes Krokodil. Ich stehe ihm direkt gegenüber. Ich schaue mich weiter um und sehe mindestens fünfzig Gestalten in zwei Halbkreisen links und rechts zwischen mir und dem Krokodil sitzen. Sie sehen wie Steinzeitmenschen aus, sind mit Fetzen aus Tierhäuten bekleidet. Alle schauen mich erwartungsvoll an. Ich setze mich auf den Boden.

Plötzlich ist mir klar, dass meine Aufgabe darin besteht, mit diesem riesigen Krokodil in Verbindung zu treten, ihm nahe zu kommen, ja körperlichen Kontakt mit ihm aufzunehmen. Merkwürdigerweise habe ich keine Angst, und in dem Moment, als ich dies wahrnehme, verwandelt sich das Krokodil in einen ebenso großen Adler. Majestätisch hockt er auf dem Podest. Es ist ein faszinierend schönes Tier, und ich bewundere sein Gefieder, das in allen Nuancen von einem sehr dunklen Braun bis zu einem fast weißen Beige changiert. Der Adler regt sich nun, zunächst nur auf der Stelle, wobei die Federn wie in einer Art Lightshow ein beeindruckendes Spiel von Farben und Formen aufblitzen lassen. Ich kann meine Augen gar nicht abwenden. Gebannt betrachte ich das wunderbare Schauspiel. Ich bin so fasziniert, dass ich zunächst gar nicht bemerke, wie sich der Adler, immer noch hockend, langsam, sehr langsam, auf mich zubewegt. Es wird mir erst bewusst, als er mich berührt und beginnt, sich an mir zu reiben. Zunächst streicht er mit den Flügeln über Arme und Rücken, dann reibt er seinen Kopf, der weit größer ist als ein Medizinball, an meinem Kopf und an meinen Wangen. Erstaunlicherweise empfinde ich keine Angst und erlebe die Berührungen als liebevoll und zärtlich.

Dann tritt er zurück und schaut mich aus etwa einem Meter Entfernung mit seinen Augen, die schwarz sind und groß wie Teetassen, freundlich, aber durchdringend an. Ich habe das Gefühl, er will mir etwas mitteilen. Zunächst kann ich ihn nicht verstehen, aber mir vermittelt sich doch irgendetwas, denn mir laufen heiße Schauer über den ganzen Körper, und ich spüre, wie mir alle Haare zu Berge stehen. Nun höre ich von den »Steinzeitmenschen« in der Höhle ein Raunen und Laute, und ich verstehe einzelne Worte. Dem Klang nach sind es Bekundungen der Anerkennung, Bewunderung und Zufriedenheit. Ich weiß, ich habe die Prüfung bestanden. In diesem Moment verschmelze ich mit dem Adler.

Wenn ich mein Leben bis zu dieser Entscheidung rückblickend betrachte, hat es mit seinen Krisen, die mich meiner Berufung immer ein Stück näher brachten, Ähnlichkeit mit dem, was die Schamanen als »Call« bezeichnen. Viel später, als ich überall auf der Welt unterwegs war, um Schamanen zu begegnen, erhielt ich von dem einen oder anderen das Angebot, mich zum Schamanen auszubilden. Offenbar konnten sie in mir eine Kraft erkennen, die mich in ihren Augen dazu geeignet machte. Die Vorstellung, selbst Schamane zu werden, war überaus verlockend. Wenn ich mich jedoch aufrichtig befragte, kam ich immer wieder zu der tiefen Überzeugung, dass meine wahre Aufgabe in dem besteht, was ich tue. Alle Angebote mich zum Schamanen auszubilden lehnte ich ab. In meiner Arbeit als Vermittler kann ich alle meine Fähigkeiten einsetzen und optimal nutzen, und das betrachte ich als ebenso wichtig, wie einen Kranken heilen zu können. Meine eigentliche Berufung ist nicht, Heiler zu werden, sondern mit Schamanen zu arbeiten, von ihnen zu lernen, sie untereinander zu vernetzen und Brücken zwischen ihnen und der modernen Welt herzustellen.

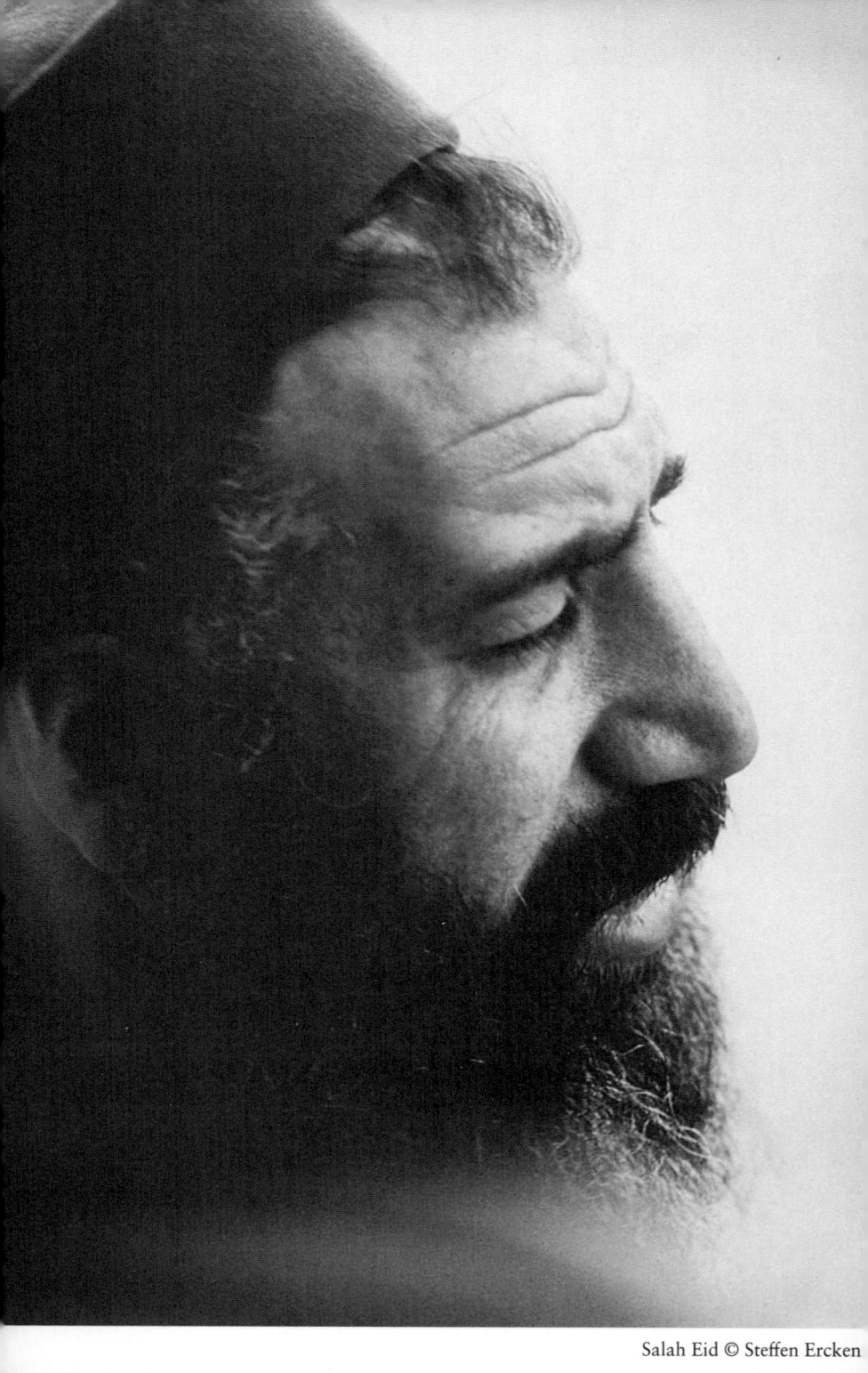

Salah Eid © Steffen Ercken

Der Sufimeister

Das Gemurmel der Zuhörer verstummte schlagartig, als Scheich Salah Eid den Vortragssaal betrat. »Wow!«, entfuhr es mir in der Stille, in der man eine Nadel hätte fallen hören. Ich spürte, wie sich die Energie im Raum veränderte, sie wurde feiner und gleichzeitig viel stärker. Aufrecht, geradezu majestätisch schritt er durch den Raum zum Rednerpult. Er bot einen beeindruckenden Anblick: ganz in Weiß gekleidet in Dschellaba, weite Hosen, spitze arabische Lederschuhe und Turban. Sein Gesicht war umrahmt von einem schwarzen, sehr gepflegten Vollbart. Eine unglaublich starke Ausstrahlung ging von ihm aus.

Er verneigte sich kurz und begann seinen Vortrag. Salah Eid war Ägypter, sprach aber fließend Deutsch, er war mit einer Deutschen verheiratet und lebte mit ihr und den vier Kindern in Berlin. Seine Sätze waren klar und kurz. Aber mit seiner kräftigen, klangvollen Stimme drangen seine Worte bis in mein Innerstes. Er erklärte uns, was Sufismus bedeutet, die uralte Lehre der islamischen Mystiker. Und er erzählte von seinem Werdegang: Er hatte aus politischen Gründen in einem ägyptischen Gefängnis eingesessen. Andere politische Gefangene, die Sufis waren, hatten dort eine Art Sufischule gebildet. Später war er dann einem Orden beigetreten. Zum Abschluss seines Seminars machte er einige Übungen mit uns, um uns die Energiearbeit im Sufismus nahezubringen.

Zum ersten Mal war ich einem Menschen begegnet, von dem ein so unglaubliches Kraftfeld ausging. Neun Wochen später saß ich in einem seiner Seminare, das er als »Retreat« bezeichnete. Wir waren eine Gruppe von zwanzig Männern und Frauen, die zehn Tage hier mit ihm verbringen sollten. In der Seminarbroschüre stand die Anweisung, wir sollten weiße Kleidung sowie eine Kopfbedeckung tragen und ein sehr großes weißes Tuch mitbringen. Außerdem hatte sie uns darauf vorbereitet, dass wir fasten und wenig schlafen würden. Zu essen gab es nur drei Mandeln, drei Datteln, fünfmarkstückgroße Stücke Brot mit etwas Olivenöl und einige Rosinen pro Tag. »Kalorienreich, aber nicht magenfüllend«, erklärte er. Wasser und Tee könnten wir nach Belieben trinken, einmal am Tag erlaubte er uns, einen Teelöffel Honig in den Tee zu geben. Programm des Seminars waren Übungen des Dhikr (»Gedenken an Gott«), das Rezitieren von Mantras, Meditationen, Unterweisungen und Gebete.

Bei einer Einführung erklärte er uns: »Gott ist ständig in unserem Herzen präsent, und Dhikr ist ein Weg, uns dessen bewusst zu werden. Wir Sufis vergleichen das Herz oft mit einem Spiegel, der trüb werden kann, wenn wir ihn nicht pflegen. Das Dhikr ist wie ein Reinigungsmittel, um den Spiegel wieder klar zu machen damit wir in ihm das göttliche Leuchten sehen«. Dann teilte Salah Eid die Gruppe. »Die Trennung von Männern und Frauen ist notwendig, weil sie sehr unterschiedliche Energien haben, die sich gegenseitig stören«, erklärte er. Die Frauen folgten seiner Frau in einen anderen Raum, und wir Männer blieben bei ihm.

Wir stellten uns im Kreis auf. »Dhikr ist eine uralte, von den Sufis entwickelte Übung, um die Chakras zu stimulieren, um sie immer weiter zu öffnen, und um spirituelle Energie aufzunehmen«, begann er. »Wir machen das mit dem Atem. Wir können auf vier verschiedene Arten aus- und einatmen: Durch die Nase ein und aus, durch den Mund ein und aus, durch die Nase ein und den Mund aus, und durch den Mund ein und die Nase aus. Dann können wir den Rhythmus ändern, zum Beispiel durch den Mund tief ein und durch die Nase in zwei Stößen aus. Bei den verschiedenen Formen der Atmung werden verschiedene Chakras oder andere wichtige Punkte im Körper stimuliert.

Wir werden sie mit Tönen verbinden oder einer Art rhythmischem Gesang. Dabei bewegen wir unsere Oberkörper vor und zurück und gehen ganz leicht in die Knie. Ein erfahrener und hochentwickelter Sufi wiederholt den Dhikr ununterbrochen selbst während seiner alltäglichen Aktivitäten und schafft dadurch ein ununterbrochenes Bewusstsein der Gegenwart Gottes. Wie nennen dies den ›Dhikr des Herzens‹. Wir praktizieren hier den Dhikr der Zunge.

Ich beginne und werde den Rhythmus und das Tempo vorgeben, und wenn ich müde werde, gebe ich meinem linken Nebenmann ein Zeichen, der dann meine Rolle übernimmt und seine ganze Energie einsetzt, um ein gleichmäßiges Tempo und die Energie auf dem gleichen Niveau zu halten.«

Nach seiner Anweisung begannen wir, den Oberkörper rhythmisch vor- und zurückzuwiegen. Etwa alle zehn Minuten änderte er den Takt, und nach und nach übernahm jeder aus der Gruppe die Führungsrolle. Etwa eine Stunde später wurde die Übung beendet. Ich war körperlich erschöpft, aber trotzdem so voll feiner Energie, wie ich es noch nie erlebt hatte. Danach schenkte er jedem eine Gebetskette und gab der Gruppe ein gemeinsames Mantra. Nun bekamen wir die Aufgabe, uns in einem abgedunkelten und schallisolierten Raum auf den Boden zu setzen, das mitgebrachte weiße Tuch wie ein Zelt über den Kopf zu ziehen und das Mantra dreihundertmal aufzusagen. Diese Übungen wurden dann täglich wiederholt, manchmal mehrmals am Tag, und sie dauerten immer länger.

Am folgenden Tag kamen Meditationen hinzu. Wieder saßen wir unter unserem weißen Tuch, nun sollten wir versuchen, unsere Gedanken wie Wolken am Himmel vorbeiziehen zu lassen, sie nicht festzuhalten und uns nicht in Gedankenketten zu verlieren. Während alle anderen meditierten, führte Salah Eid mit jedem der Männer und Frauen ein persönliches Gespräch über Fortschritte, Widerstände und Probleme. Im Anschluss an dieses Gespräch bekam jeder sein persönliches Mantra. Meines war das arabische Wort für »Transparenz« oder »Durchlässigkeit«. Ich sollte es zweitausendsiebenhundertmal aufsagen und mit der Gebetskette mitzählen.

Bei den Unterweisungen erzählte er uns von der islamischen

Religion, wundersame Geschichten von Sufi-Lehrern und Weisen, von dem heiligen Narr Nasrudin und dem persischen Dichter Dschalal ad-Din Rumi. Immer wieder erwähnte er, dass die Kette der Propheten seit Mohammed nicht unterbrochen wurde. Bei den Meditationen leitete er uns an, auf Bilder zu achten.

»Es kann sein«, sagte er, »dass ihr in Kontakt zu euren Eltern oder Großeltern kommt oder Propheten begegnet, die euch beschützen und vielleicht sogar belehren können. Inschallah, Allahu akbar.«

Dieses »Inschallah« und »Allahu akbar« hörten wir immer wieder, fast alle aus der Gruppe übernahmen es bald. Ich hielt mich da zurück. Die Belehrungen erlebte ich als Versuch, uns den Islam näherzubringen, ihr subtil indoktrinierender Charakter wurde mir zunächst nicht bewusst.

Am vierten Tag hatte ich während der Meditation plötzlich einen Geruch in der Nase, der so unverwechselbar war und sich mir so tief ins Gedächtnis eingegraben hatte, dass ich ihn nie vergessen werde. Es roch nach einer Mischung aus Kohlsuppe und Desinfektionsmittel.

Sofort tauchen die Bilder auf, die mit diesem Geruch unauflöslich verbunden sind. Ich sehe mich als Heranwachsenden einen wohlbekannten, endlos lang erscheinenden Gang entlanggehen. Ich sehe den braunen Linoleumfußboden, die dunkelgrün gekachelten Wände, als ich auf die Tür zugehe, die zu Station vier in der Heil- und Pflegeanstalt führt, in der mein Vater die letzten fünf Jahre seines Lebens verbrachte. Ich bringe ihm Essen, wie ich das zwischen meinem dreizehnten und achtzehnten Lebensjahr jede Woche zweimal tun musste. Je näher ich komme, desto durchdringender mischt sich noch der Geruch von Urin in den von Kohlsuppe und Desinfektionsmittel. Angst und Widerwillen steigen in mir hoch, genau wie damals.

Jedes Mal fühlte ich mich da, als beträte ich die Hölle. Es gab kein Besuchszimmer auf dieser Station. Außer dem Arztzimmer, dem Aufenthaltsraum für die Pfleger und der Gummizelle waren da nur zwei weitere Räume: ein Schlaf- und ein

Aufenthaltsraum für die vierzig schwer gestörten Männer, die dort untergebracht waren. Ich erlebte nun erneut, was sich damals mehr oder weniger bei jedem Besuch abspielte.

Ich setze mich auf einen wackligen Holzstuhl neben meinen Vater, der schweigend vor sich hin starrt und dessen traurige Augen kein Leben mehr haben. Gegenüber sitzt ein verschrumpeltes Männchen und jammert unentwegt vor sich hin. Daneben steht ein sehr kleiner alter Mann auf einer Fußbank vor einem Stehpult. Seine extrem lange Nase, auf der eine Nickelbrille mit einem zersprungenen Glas hängt, ist tief über eine riesige Kladde gebeugt, in die er unablässig mit spitzem Bleistift in winziger Schrift etwas hineinschreibt, wobei er in kurzen Abständen den Stift immer wieder nachspitzt.

Ich habe ihn »Zwerg Nase« getauft. Bei einem Besuch stürzte ein Mann in einem epileptischen Anfall zu Boden. Mit Schaum vor dem Mund schlug er seinen Kopf auf den Boden und zuckte mit Armen und Beinen. Einige Patienten halfen ihm, legten ihm eine zusammengefaltete Jacke unter den Kopf und hielten ihn fest, damit er sich nicht verletzte. Ein anderes Mal erlitt ein schwer Gestörter einen psychotischen Schub und musste, weil er völlig außer sich geriet und auf andere losschlug, von drei Wärtern in eine Zwangsjacke gesteckt und in die Gummizelle gebracht werden.

Derartige Szenen musste ich immer wieder erleben. Sie schockierten mich und machten mir höllische Angst. Diese Angst wurde noch verstärkt von der Befürchtung, erblich belastet zu sein. Oft stellte ich mir schaudernd vor, eines Tages ebenfalls dort zu landen. Das Thema wurde in unserer Familie, vielleicht auch um meine schon sehr kranke Mutter zu schonen, vollkommen tabuisiert. Und nach außen durfte erst recht niemand erfahren, dass mein Vater in einer Anstalt für Geistesgestörte saß. So war ich mit meinen oft düsteren Gedanken, meiner Angst, auch einmal so zu enden, und der Scham allein und konnte mit niemandem darüber sprechen.

Jetzt, während der Meditation, laufen die Erinnerungen wie ein Horrorfilm im Zeitraffer vor meinem inneren Auge ab. Mein

Vater macht den Eindruck, als sei er nicht mehr bei sich, als habe ihn etwas in der Gewalt, was ihn stumm und leblos mache und ihn nicht loslasse. Aber es hat sich etwas verändert: Ich spüre nun, dass ich die Aufgabe habe, meinem längst verstorbenen Vater zu helfen, damit er Ruhe finden kann. Doch ich brauche Hilfe und bitte die helfenden Kräfte um Unterstützung. Sofort erscheint vor meinem inneren Auge ein hilfreiches Wesen.

Ein charismatischer großer blonder Mann in einem weiten blauen Mantel nimmt mich an die Hand und führt mich auf eine Waldlichtung. Die Sonne ist gerade untergegangen, und es dämmert schon. Ich sehe einen großen Hirsch mit einem mächtigen Geweih. Er blickt mich freundlich an, auch er will mir helfen. Aber plötzlich wird er nervös, hebt den Kopf und röhrt mehrmals. Auf Geheiß des blonden Mannes rufe ich, das, was meinen Vater nicht zur Ruhe kommen lässt, solle Gestalt annehmen und sich zeigen. Zunächst sehe ich rote bösartige Augen, dann bekommt das Wesen immer deutlichere Formen, und schließlich sehe ich einen zottigen schwarzen Teufel mit scharfen Krallen vor mir. Es schüttelt mich vor Angst und Ekel.

»Lass mich in Ruhe, hau ab!«, rufe ich. Aber er bleibt. »Verschwinde!«, brülle ich ihn an. Ungerührt bleibt er vor mir stehen. Sein Bild vermischt sich nun ständig mit dem Bild meines Vaters, so wie ich ihn aus den letzten Jahren vor seinem Tod in Erinnerung habe: Er sitzt mit vierzig anderen Kranken in dem Aufenthaltsraum der Irrenanstalt, schaut mich mit todtraurigen Augen an und schweigt. Mir wird klar, dass die teuflische Gestalt der böse Geist ist, der meinen Vater besetzt hatte.

Eine innere Stimme lässt mich fragen: »Was verlangst du, damit du meinen Vater freilässt?«

»Ein Menschenopfer«, antwortet er.

»Nein«, sage ich. »Das Töten ist den Lebewesen aus derselben Quelle nicht erlaubt, auch dir nicht, da auch du aus der Quelle des Lichtes kommst. Was willst du sonst?«

»Ein Kind«, fordert er.

»Auch das ist ein Mensch, deshalb geht das auch nicht«, halte ich dagegen.

»Dann wünsche ich mir eine goldene Kugel!« Ich drehe mich zu dem blonden Mann um, und er hat die goldene Kugel bereits in der Hand. Ich nehme sie und gebe sie dem Ungeheuer.

»Ist das alles, was du willst?«, will ich wissen.

Der Teufel überlegt und sagt dann: »Ich möchte von meiner schrecklichen Gestalt und allem, was damit verbunden ist, befreit werden. Ich bezweifle aber, dass das geht.«

Ich versichere ihm, dass das sehr wohl möglich ist, wenn er tue, was ich ihm sage.

»Gib zu, dass du ein Wesen des Lichts bist!«, verlange ich.

»Nein!«, erwidert er. Ich fange an, mit ihm zu streiten.

»Gib zu, dass du ein Wesen des Lichts bist, dass Gott dich geschaffen hat!«, rufe ich immer wieder.

»Nein! Die Hölle hat mich geschaffen.«

»Die Hölle ist von Gott erschaffen, also bist auch du aus dem Licht entstanden. Das stimmt doch, ja oder nein? Das Licht erzeugt Schatten, aber der Schatten kann kein Licht erzeugen.«

Er wehrt und windet sich, sucht Ausflüchte und gibt zuletzt widerwillig zu, dass auch seine Quelle das Licht ist. Ich biete ihm unter großer Überwindung und von Angst und Ekel geschüttelt meine Hand, er zögert lange, bevor er sie nimmt.

Dann fordere ich ihn auf, neben mir niederzuknien und mit mir zu beten. Zunächst weigert er sich, und ich muss meine ganze Überredungskunst aufbieten, um ihn umzustimmen. Endlich kniet er neben mir, und gemeinsam beten wir zu Gott.

Allmählich verändert sich sein Aussehen, er wird immer heller, erst dunkel-, dann hellgrau, und schließlich bekommt er eine helle Haut. Auch seine Augen verändern die Farbe von Rot nach Blau. Nach und nach bekommt er ein menschliches Aussehen, bis er mir als fünfunddreißig- bis vierzigjähriger blonder Mann gegenübersteht.

Wir gehen nun zusammen in die Anstalt zu meinem Vater. Dort stellt er sich vor meinen Vater hin und sagt: »Es tut mir leid, dass ich dich besetzt und damit dir und deiner Familie großes Leid zugefügt habe. Nun gebe ich dich frei.«

Dann sind wir wieder auf der Lichtung. Er ist dankbar, befreit zu sein, und verschwindet im Wald. Mein Vater fliegt nach oben weg. Ich hole ihn noch einmal zurück, um ihn zu umarmen und mich herzlich von ihm zu verabschieden. Mit strahlenden Augen sieht er mich an, sie haben die Traurigkeit und die stumpfe Leblosigkeit verloren. Mein Beschützer ist glücklich, und das Geweih des Hirschs ist ganz von Licht umhüllt.

Als ich aus dem tranceartigen Zustand herauskam, wurde ich von einer Mischung aus Freude, Trauer, Sehnsucht, Ergriffenheit und Betroffenheit geradezu überwältigt. Ich brach in Tränen aus und weinte heftig schluchzend wohl eine Viertelstunde. Danach war ich erschöpft und aufgewühlt. Am Abend wandelten sich diese Gefühle in eine freudige, fast schwerelose Erleichterung. Habe ich meinen inneren Vater geheilt, fragte ich mich, und damit auch der Seele meines Vaters geholfen?

Am nächsten Tag sah ich in meiner Meditation mehrere vollbärtige turban- oder mützentragende Männer, die ich für Propheten hielt. Bei der Dhikr-Übung, die jetzt weit über eine Stunde dauerte, nahm ich erstaunlich viel Energie auf. Diese Energie brauchte ich dringend, denn die Meditationen erforderten sehr viel Kraft und eine hohe Konzentration.

Als ich in der Nacht rekapitulierte, was ich tagsüber während des Retreats erlebt hatte, fiel mir etwas Merkwürdiges auf. Ich hatte bereits in Workshops mit Indianern aus Nord- und Südamerika gearbeitet. In Meditationen oder Trancezuständen hatte ich jeweils deren Krafttiere gesehen, Büffel, Bär, Adler, Delphin, Reiher bei den Nordamerikanern und Puma, Schlange, Kondor oder Panther bei den Südamerikanern. Wenn ich mit Hindus gearbeitet hatte, waren es Götter verschiedenster Art, und bei Buddhisten Drachen, Dämonen, Devas, Buddhas und *nats*. Bei Afrikanern waren es Ahnen, und bei christlichen Mystikern erschienen vor meinem inneren Auge die Muttergottes, Heilige, Schutzengel und Erzengel. Warum stimmten die Bilder und Namen der Erscheinungen immer mit der Kultur und dem Glaubenssystem der Lehrer überein?

Als ich nun nachts darüber nachdachte, begriff ich plötzlich den Zusammenhang. Alle diese Erscheinungen haben eins gemeinsam: Sie geben Kraft, Schutz und Hilfe; es sind beschützende und helfende Kräfte. Um mit einer Schutz- oder helfenden Kraft in Kontakt zu kommen und sie um etwas zu bitten oder ihr für etwas zu danken, benutzt mein Gehirn einen Trick: Es lässt schützende, helfende, heilende oder wissende Kräfte in meiner Vorstellung eine Gestalt annehmen und gibt ihnen einen Namen. Wie »Engel« oder »Krafttier«. Dadurch werden sie personalisiert, und konkretisiert erhalten sie eine gewisse Wirklichkeit. Mit dieser Gestalt zu sprechen fällt leichter als mit einer form- und namenlosen Energie. Ein genialer Schachzug! Die Bilder und Namen schienen mir beliebig austauschbar zu sein und abhängig von dem jeweiligen kulturellen Umfeld des Lehrers. Vermutlich waren aber auch die Lehrer so weise, dass sie wussten, wie sehr wir auf Namen und Vorstellungen angewiesen sind und wie hilfreich derartige Konkretisierungen sind, um mit dem Übersinnlichen, der spirituellen Welt, kommunizieren zu können. Das war für mich eine ungeheuer wichtige Erkenntnis. Danach erschienen in meinen Meditationen keine Bilder von Propheten mehr. Am Ende einer der Meditationen hörte ich eine Stimme. »Alles ist eine Energie«, sagte sie.

Immer weiter, oder besser gesagt höher, drang ich in andere Räume vor, und fast jedes Mal erlebte ich eine Art Schwellenangst. Um neue, unbekannte Räume zu betreten, musste ich immer wieder eine Schwelle überschreiten. Das war schwierig und mühsam, und ich brauchte meine volle Konzentration, um mich nicht von Gedanken ablenken und wegtragen zu lassen. Immer wieder musste ich meinen Verstand zur Ruhe bringen, mich daran erinnern, ihm nicht die Kontrolle zu überlassen. Immer wieder musste ich neuen Mut fassen, mich auf mein Urvertrauen besinnen. Die Ungewissheit, was mich hinter der Tür erwartete, ließ mich zögern und zaudern, den nächsten Schritt zu tun. Die Türen wurden von Wächtern bewacht, manchmal waren sie zu sehen, sonst spürte ich nur deutlich ihre Anwesenheit. Bisweilen erlebte ich sie als furchterregend und bedrohlich. Wenn ich so weit war, bat ich sie um Erlaubnis, den nächsten Raum betreten zu dürfen. War ich dann durch die Tür gegangen, empfand ich eine große Erleichterung, gleichzeitig war meine höchste Aufmerksamkeit gefordert, denn ich befand mich im Unbekannten, wo mich jederzeit etwas Bedrohliches überraschen konnte.

In manchen Räumen war ich in Szenen meiner Kindheit. Manchmal erlebte ich Situationen wieder, in denen ich Todesangst hatte. Wie bei meiner vierzehn Stunden dauernden Geburt, als ich nicht hinauswollte in diese Welt, in der mich keiner mochte. Ich verweigerte jede Zusammenarbeit mit meiner Mutter, die mich ja auch nicht haben wollte. Stundenlang steckte ich im Geburtskanal und konnte erst aktiv werden, als das Gefühl der Enge lebensbedrohlich wurde.

In einer anderen Szene erlebte ich nach, wie mein Vater mich verprügelte und ich Angst hatte, er würde mich totschlagen. Auch Erinnerungen aus dem Krieg erschienen wieder vor meinem inneren Auge. Zweimal war ich bei Bombenangriffen in unmittelbarer Todesgefahr gewesen, einmal, als unser Haus abbrannte, und einmal, als das Haus eines Freundes, bei dem ich gerade zu Besuch war, einen Volltreffer abbekam. Zweimal wurden wir von britischen Tieffliegern beschossen und entkamen dem Tod nur um Haaresbreite. Dann wieder war ich in Räumen, in denen ich wunderschöne Erlebnisse aus meiner Kindheit sah und wieder die Faszination über die Natur empfand, in der ich aufgewachsen bin. In zwei anderen Räumen erlebte ich schmerzhaft die Krankheit und den Tod meiner Eltern.

Ab einem bestimmten Moment wurden die Bilder schöner und angenehmer, lösten sich aber gleichzeitig immer mehr auf – wie Farbaufnahmen, die mit der Zeit verblassen. Schließlich befand ich mich in einem Raum, in dem sich nichts mehr befand. Dort war es so hell, dass ich mir eine Sonnenbrille wünschte. Aber wohin ich mich auch wandte, es war absolut nichts zu sehen. Selbst Wände, Fußboden, Decke oder Grenzen des Raumes waren nicht zu erkennen. Das Gefühl, keine Referenzpunkte mehr zu haben, nicht zu wissen, wo oben und unten ist,

Norden und Süden, war äußerst beängstigend. Aber nach und nach stellte sich ein Zustand von Frieden ein, ein glückseliges Gefühl, sicher, geborgen und beschützt zu sein. Keine Bilder, keine Gedanken, keine Fragen, nichts als *nichts*. Ich erlebte diesen Zustand wie ein Schweben im Raum.

Gleichzeitig übte das *Nichts* einen ungeheuren Sog aus. Ich empfand einen starken Drang, diesem Nichts Strukturen, Referenzpunkte, Grenzen und Inhalte zu geben. Ich erlebte mich als sehr offen, verletzlich und gleichzeitig äußerst beeinflussbar. Erst viel später wurde mir bewusst, dass die Lehren des Zen-Buddhismus diesen Zustand als »Satori« bezeichnen.

Während der Unterweisungen und Gebete bemerkte ich allmählich, wie die Inhalte des Islams, die der Scheich vermittelte, in die leeren Räume einsickerten. In mir wehrte sich etwas sehr heftig dagegen. Ich hatte mir den Zugang zu diesen Räumen mit Mühe, Geduld, Mut und Vertrauen hart erarbeitet. Ich hatte meine Widerstände aufgeweicht, war durch sie hindurchgegangen und hatte meine ganze Kraft in diesen Prozess fließen lassen. Der Zustand, in dem ich mich nun befand, war für mich so kostbar wie ein großer Diamant. Ich weigerte mich absolut, diese diamantene Klarheit und Leere mit den Lehren des Islams füllen zu lassen. Nicht nur mit diesen Lehren, sondern mit Lehren überhaupt. Deshalb fasste ich die Absicht, den neuen Raum mit eigenem Erleben zu füllen.

Nachts und in den Pausen spürte ich, dass es Konsequenzen hat, sich in diesem Zustand des Nichts aufzuhalten. Die Energie, die schon von den täglichen zwei Dhikr-Übungen stark erhöht war, potenzierte sich noch einmal. Die ganze enorme Energie, die in den Widerständen gefangen war, war nun frei und suchte dringend ein Betätigungsfeld.

Salah Eid umwarb mich, und ich hatte den Eindruck, er wollte mich gewinnen, in seiner Organisation mitzuarbeiten. Tatsächlich bot er mir am nächsten Tag an, mich zum Scheich von Deutschland zu machen. Ich wich ihm aus, entzog mich. Nach meiner Beschäftigung mit den Lehren Krishnamurtis war es für mich nicht möglich, eine neue Religion anzunehmen. Ja, es war für mich sogar unvorstellbar, nachdem ich aus der katholischen Kirche ausgetreten war, mich jemals wieder auf eine Religionsgemeinschaft einzulassen.

Ich erinnerte mich an eine der Vorlesungen von Krishnamurti, die ich in Saanen gehört hatte und deren wesentliche Inhalte mir in diesem Moment wieder ganz präsent waren. Ich hatte mir damals das Skript von Krishnamurtis Vortrag mitgenommen und es nach dem Sufi-Retreat wiedergefunden; daraus stammt der im Folgenden wiedergegebene Text.

»Wir akzeptieren eine genormte Lebenshaltung als Bestandteil einer Tradition, der wir als Hindus, Moslems, Buddhisten oder Christen oder was wir sonst zufällig sein mögen, angehören. Wir schauen nach jemandem aus, der uns sagt, was rechtes oder falsches Betragen, was rechtes oder falsches Denken ist, und indem wir uns nach dieser Norm ausrichten, wird unser Verhalten, unser Denken mechanisch, werden unsere Reaktionen automatisch. Wir können das sehr leicht an uns beobachten.

Seit Jahrhunderten sind wir durch unsere Lehrer, durch unsere Autoritäten, durch unsere Bücher und unsere Heiligen gegängelt worden. Wir erwarten, dass sie uns alles offenbaren, was hinter den Hügeln, den Bergen und der Erde liegt. Und wir sind mit ihrer Darstellung zufrieden, was bedeutet, dass wir von Worten leben und unser Leben hohl und leer ist. Wir sind Menschen aus zweiter Hand. Wir haben von dem gezehrt, was man uns gesagt hat, und ließen uns entweder durch unsere Neigungen und Absichten leiten oder durch das, was uns durch die Umstände und die Umwelt aufgezwungen wurde. Wir sind das Resultat aller möglichen Einflüsse. In uns ist nichts Neues, nichts, was wir selbst entdeckt haben, nichts Ursprüngliches, Urtümliches, Leuchtendes.

Während der ganzen theologischen Vergangenheit ist uns von religiösen Lehrern versichert worden, dass wir, wenn wir bestimmte Riten verrichten, bestimmte Gebete oder Mantras wiederholen, uns gewissen Normen anpassen, unsere Wünsche unterdrücken, unsere Gedanken kontrollieren, unsere Leidenschaften sublimieren, unsere Triebe eindämmen und uns sexueller Ausschweifungen enthalten, dass wir – wenn Geist und Körper ausreichend gefoltert sind – dann etwas jenseits dieses bedeutungslosen Lebens finden werden. Und das haben Millionen sogenannter religiöser Menschen Jahrhunderte oder Jahrtausende hindurch getan, entweder in der Abgeschiedenheit, indem sie in die Wüste oder in die Berge oder in eine Höhle gingen, oder indem sie mit der Bettelschale von Dorf zu Dorf wanderten, sich in einem Kloster als Gruppe zusammenfanden und ihren Geist zwangen, sich einem festgelegten Vorbild anzupassen. Aber ein gequälter Mensch mit einem zerbrochenen Geist, ein Mensch, der diesem ganzen Tumult zu entrinnen trachtet, der der äußeren Welt entsagt hat und durch Disziplin und Anpassung abgestumpft wurde, solch ein Mensch, wie lange er auch suchen mag, wird nur finden, was seinem irregeleiteten Geist entspricht.«

Blitzartig erschien eine Einsicht in mir: Das ist die Methode, nach der alle institutionellen Religionen funktionieren, die von Gurus jeder Art verwendet wird. Durch Übungen und Gebete nehmen wir viel Energie auf. In der Meditation werden wir in einen Zustand der Beeinflussbarkeit geführt. Dann werden wir indoktriniert und angeleitet, unsere Energie in die jeweilige Organisation fließen zu lassen. Für mich war das damals eine gewaltige Einsicht, geradezu eine Erleuchtung.

Am siebten Tag saß ich wieder in dem dunklen schallisolierten Raum unter meinem großen weißen Tuch. Ich sagte die letzten fünfhundert Mantras auf: »Transparenz, Durchlässigkeit.« Gegen Ende der Meditation war ich plötzlich in blendend weißes Licht gehüllt, als hätte jemand über mir einen großen Scheinwerfer mit einem zwei Meter breiten Lichtstrahl eingeschaltet. Ein Gefühl der Glückseligkeit durchdrang mich und prickelte wie Champagner. Ich versuchte, die Augen zu öffnen, aber sie waren wie versiegelt. Vielleicht war das Licht zu hell, zu gleißend, als dass ich offenen Auges hätte hineinblicken können. Ich fühlte mich beschenkt und gesegnet.

Ich stellte meine Ohren auf Durchzug, wenn Salah Eid sprach.

Ich hatte in den zehn Tagen nicht länger als vier Stunden im Schnitt geschlafen, war aber voller Energie und überhaupt nicht müde. Bei der Abschlusssitzung saßen wir in zwei Reihen einander gegenüber. Mir genau vis-à-vis saß meine gute Freundin Guni. Während Salah Eid sprach – und ich nicht zuhörte –, sah ich sie an. Ich schaute ihr direkt in die Augen, und sie erwiderte meinen Blick. Von außen nach innen sah ich immer weniger, als ob sich eine Blende schloss, weißes Nichts verengte meinen Gesichtskreis mehr und mehr. Schließlich sah ich nur noch den Kopf Gunis, dann nur noch ihr Auge und zuletzt die Pupille, tiefschwarz gegen das gleißende Weiß. Eine mir endlos erscheinende Weile blieb die Wahrnehmung dort stehen. Plötzlich war auch der schwarze Punkt der Pupille verschwunden, und ich blickte offenen Auges in das weiße *Nichts*.

Salah Eid verdanke ich die erste spirituelle Erfahrung, die wirklich tief ging. Die Erfahrungen mit ihm haben mir Türen geöffnet und Wege gezeigt. In mir hatte sich durch Lektüre und diverse Seminare schon vieles verändert, was weit über intellektuelles Begreifen hinausging. Aber was ich im Verlauf dieses Workshops erlebte, war so intensiv, dass es alles übertraf, was ich bisher erlebt hatte. Dafür bin ich Salah Eid zu großem Dank verpflichtet.

Leider ereilte diesen charismatischen Mann ein sehr trauriges Schicksal. Er verunglückte tödlich, als ihm bei hundertachtzig Stundenkilometern auf der Autobahn ein Vorderreifen platzte.

© iStockphoto.com/ Serge-Kazake

Reisen

»In wie viele Länder bist du gereist?«, fragten mich neulich meine Enkel. Wir brauchten einen Atlas, um eine Liste aufzustellen, dann zählten wir nach und kamen auf 64. Gemeinsam fertigten wir danach Listen der vielfältigen Beförderungsmittel zu Lande, zu Wasser und in der Luft an, der exotischen Speisen und Getränke, die ich zu mir genommen habe, und der verschiedenen Formen zur Begrüßung wie dem Händeklatschen in Afrika und dem Toltekengruß. Schon als Junge hatte ich eine Sehnsucht nach Ferne, nach fremden Ländern gespürt und Bücher von Sven Hedin, Robert L. Stevenson, Joseph Conrad, Somerset Maugham und Jack London geradezu verschlungen.

Seit 1981 – dem Jahr vor dem ersten Schamanenkongress – führte mich mein Weg auch immer wieder über die Grenzen unseres globalen Dorfes hinaus in abgelegene Gegenden der Welt, in denen Menschen noch in unmittelbarem Kontakt mit der Natur lebten und wo das uralte traditionelle Wissen über Leben und Heilen sich erhalten hat. Oft sind es vernachlässigte Gegenden, wo es gar keine andere medizinische Versorgung gibt als die durch traditionelle Heiler. Mali zum Beispiel, einer der Ersten, den ich in seiner Heimat Südafrika besuchte, war Schamane in Zululand. Die Menschen dort suchten nicht nur seine Hilfe, weil sie den traditionellen Methoden mehr vertrauten als der modernen Medizin, sondern auch deshalb, weil es in Zululand viel zu wenige und nur schlecht ausgestattete Ärzte und Krankenhäuser gab.

Bei vielen Besuchen hatte schon die Anreise Ähnlichkeit mit einem Übergangsritual: Ich ließ moderne Transportmittel und die graden, asphaltierten Straßen der Zivilisation hinter mir, rumpelte in Pick-ups in ihre entlegensten Außenposten oder in uralten Bussen, die mit Menschen überfüllt und Gepäck aller Art beladen eher ungetümen Lebewesen glichen, und kam von dort manchmal nur noch zu Fuß, auf einem Esel oder in einem Einbaum an mein Ziel.

Viele Schamanen und Heiler konnte ich bei ihren Heilsitzungen begleiten und sie bei ihrer Arbeit mit Patienten beobachten. Manchmal wurde ich selbst unversehens zum Patienten und erlebte ihre ganzheitlichen Methoden buchstäblich am eigenen Leib. Dazu musste ich mich ebenso ganzheitlich auf sie einlassen – nicht nur auf der materiellen Ebene, wo ich bei so mancher Medizin darum kämpfte, die hohe Ekelschwelle eines Mitteleuropäers zu überwinden. Vieles, was ich erlebte, überstieg auch bei weitem alles, was mit dem Verstand erfasst oder erklärt werden kann, und ich musste sehr schnell lernen, meinen Verstand in einen vorübergehenden Ruhezustand zu versetzen und immer wieder zu ermahnen, sich zurückzuhalten. Und ich musste bereit sein, ihnen auch spirituell zu folgen. Da Schamanen ein anderes Verhältnis zu Zeit haben und den Beginn einer Heilungszeremonie von inneren Stimmen oder äußeren Zeichen aus der Natur abhängig machen, war unendlich viel Geduld von mir gefordert, denn oft musste ich Stunden oder Tage warten, ohne im Entferntesten zu wissen, was und wann, wie und wo geschehen würde. Sehr bald hatte ich gelernt, mich ohne Schwierigkeiten zwischen verschiedenen Realitäten zu bewegen wie ein Wanderer zwischen den Welten.

In Kulturen, in denen die Schamanen den Zugang zu anderen Welten und ihren Spirits unter dem Einfluss und mit Hilfe psychoaktiver Pflanzen herstellen, wurde wie selbstverständlich von mir erwartet, dass ich an solchen Sitzungen teilnahm. Es gibt kaum ein gängiges natürliches Halluzinogen, das ich nicht in ritualisierten Zeremonien mit den Schamanen genommen hätte. Ich wohnte Ritualen mit Ayahuasca und San Pedro bei, schnupfte *jopo*, aß Peyote und heilige Pilze, rauchte Marihuana. Voraussetzung für derartige Rituale ist die Bereitschaft, sich mit Erinnerungsbildern zu konfrontieren, die tief im Unterbewusstsein vergraben sind – und zwar aus gutem Grund. Meist sind es Erinnerungen an derart traumatische Erfahrungen, dass sie in die tiefen Schichten des Bewusstseins abgedrängt und dort zunächst fest eingeschlossen werden mussten. Psychoaktive Substanzen, die den Zugang zu tieferen Schichten des Bewusstseins ermöglichen, heben diese Blockaden auf, so begegnet man unter ihrem Einfluss oft Erfahrungen wieder, mit denen man nicht leben konnte, und wird von Gefühlen überschwemmt, die damals nur durch Verdrängen bewältigt werden konnten. Ich habe erlebt, dass eine Ayahuascasitzung für manche Teilnehmer zu einer Horrorreise wurde, weil sie dabei mit ihren eigenen Dämonen konfrontiert wurden. Deshalb ist es unabdingbar, eine klare Absicht zu haben, Ehrlichkeit gegenüber sich selbst, Durchhaltevermögen, Konzentration und viel Mut.

Bei allen Reisen in verborgene Welten, ob der Weg dorthin über Trommel- und Tanzrituale, Halluzinogene oder Meditation führt, muss man also getragen sein von einer starken Absicht, die auch dann noch Bestand hat, wenn sich alle anderen Bezüge zu unserer bekannten Wirklichkeit auflösen. Dann beginnen andere Kräfte zu handeln und zu wirken, und zwar wesentlich effektiver. Menschen, die in unmittelbarem Bezug zur Natur und zur Erde stehen und, ohne es zu hinterfragen, mit allem Lebendigen verbunden sind, die Berge, Flüsse, Bäume, Pflanzen und Tiere als beseelte Wesenheiten sehen, nennen diese Kräfte »Götter«, »Geister«, »Ahnen«, »Engel«, »Heilige«, »spirituelle Führer«, »universale« oder »kosmische Kräfte«. Sie können mit ihnen in einen Dialog treten und sich von ihnen Rat und Hilfe holen. In den verschiedenen spirituellen Traditionen sind solche Grenzerfahrungen deshalb in Rituale und Zeremonien eingebettet, die in unserer Kultur verloren gegangen sind. Die Kirche ist spätestens nach Thomas von Aquin (1225–1274) der Ansicht, dass nur der Mensch eine unsterbliche Seele besitzt. Tiere, Pflanzen und die übrige Natur sind demzufolge nicht in derselben Weise beseelt. Dieses Konzept hat uns im

Unterschied zu den asiatischen Religionen und den Glaubens-systemen aller indigenen Völker radikal von der Natur getrennt. Als Konsequenz dessen zerstören wir unseren Planeten.

Mir ist im Lauf der Jahre immer bewusster geworden, dass die Wirklichkeit, die wir mit unseren Sinnen wahrnehmen, eine auf einer allgemeinen Übereinkunft beruhende Realität ist, die alles ausschließt, was rational (noch) nicht zu erklären ist. So bin ich bei der Beschreibung meiner Erfahrungen auch immer wieder an sprachliche Grenzen gestoßen. Ekstatische Erfah-rungen oder erweiterte Bewusstseinzustände, die ich mit, aber auch ohne psychoaktive Substanzen erlebte, lassen sich nur äußerst unvollkommen in Worte fassen. Jeder, der schon einmal eine ekstatische Erfahrung oder einen psychedelischen Rausch erlebt hat, wird das kennen. Immer hatte ich das Gefühl, nur einen Bruchteil der erfahrenen Erlebnisse, Gefühle und Seins-zustände beschreiben zu können. Als ob unserer Sprache eine Dimension fehle, die im Erleben vorhanden ist. Dagegen wird etwas, was ich auf allen Ebenen erlebe, Teil meines Weltbildes, auch wenn es das Erfassen mit dem Verstand übersteigt. Unser westliches rationalistisches Weltbild ist mir äußerst fragwürdig geworden, und ich fühle mich darin durch neuere wissenschaft-liche Erkenntnisse, insbesondere der Quantenphysik und der Hirnforschung, bestätigt.

Ich habe mich bemüht, mir nach beiden Seiten eine gesunde Skepsis zu erhalten und mich immer wieder mit Offenheit und Neugier auf den Weg zu machen. Und so hoffe ich, dass zum Beispiel der Schamane im Regenwald Venezuelas, Juan Alonso Guerrero, durch seinen Kristall großen Respekt für die andere Kultur in mir sah und meine Bereitschaft, mich auf sein magi-sches Weltbild einzulassen.

Mit den Beschreibungen meiner Reisen in unterschiedliche Kulturen könnte ich Bände füllen. Es ist verführerisch, zum Bei-spiel die tagelangen Festlichkeiten zu beschreiben, mit denen Malis Hochzeit mit seiner zehnten Frau gefeiert wurden – aber das ist nicht das Anliegen dieses Buches. Dieser sehr persön-liche Bericht soll sich auf Erlebnisse konzentrieren, in denen ich selbst in der Arbeit mit Schamanen und Heilern erfuhr, dass tiefgreifende Veränderungen und Heilungen in einem sehr umfassenden Sinn möglich sind, wenn man bereit ist, in die Abgründe der eigenen Seele zu schauen. Meine Reisen zu den Schamanen in allen Erdteilen und die Reisen in andere Welten waren insofern wie ein Selbstversuch, letztendlich immer Reisen ins eigene Ich.

Jabolane Mpapane © Shamanism & Healing Association

Die Initiation – Jabolane Mpapane

Eine Einweihung eines Novizen zum Sangoma ist der Heilungsprozess seiner Initiationskrankheit. Sie folgt auf den Call. Man könnte sie auch als Hochzeit zwischen dem Schüler und seinem Spirit bezeichnen, denn dabei wird eine enge Beziehung zu den Ahnen geschmiedet. Sie ermöglicht die Bildung einer neuen Identität, bei der sich der Novize in einen Grenzgänger verwandelt, der sieht, forscht und heilt und den Mut hat, die herkömmlichen Grenzen zu überschreiten und sich im Land zwischen Leben und Tod aufzuhalten.

Jabolane Mpapane

Seit Stunden fuhren wir über mit Schlaglöchern und dicken Steinen übersäte Schotterstraßen. Stellenweise hatten sie eher Ähnlichkeit mit einem Flussbett, nun ging es zwischen unendlichen Maisfeldern sanft bergan. Immer wieder schlug das Chassis unseres Kleinbusses heftig auf. An Wegkreuzungen hielten wir meist an, um nachzufragen, ob wir noch auf dem richtigen Weg waren. Jedes Mal wurden unsere Autos sofort von freundlichen Menschen umringt.

Fast jeder kannte Jabolane Mpapane. So kamen wir mit unseren Erkundigungen von einem Halt zum nächsten voran, bis bei einem dieser Zwischenstopps ein kleiner Junge auf uns zukam: »Mpapane, den kenne ich. Das ist mein Onkel. Da will ich hin. Könnt ihr mich mitnehmen?« Schon saß er bei uns im Auto, und wir hatten einen Guide.

Der Sangoma Jabolane Mpapane hatte in ganz Südafrika einen geradezu legendären Ruf. Er war ein hervorragender Heiler, gesuchter Ratgeber, Seher und Meister einer Schamanenschule. Auch meine Freunde Percy und Mali gehörten zu seinen Schülern; beide sind erfolgreiche Heiler, Berater und visionäre Knochenleser. Sie nannten ihn noch immer »Baba«, »Vater«.

»Wie muss erst der Baum sein, der solche Früchte hervorbringt!«, sagte meine Tochter, die mich begleitete.

Damit brachte sie die Gefühle auf den Punkt, mit denen ich unserer Begegnung mit Mpapane entgegensah. Mali und Percy sind beide beeindruckende Persönlichkeiten, starke Charaktere mit einer ungewöhnlichen Energie und werden in ihrem jeweiligen sozialen Umfeld hoch geachtet.

»In Mpapanes Schamanenschule«, berichtete ich unterwegs meinen acht Mitreisenden aus Deutschland, »werden derzeit neunzehn Sangomas ausgebildet. Drei bis fünf Jahre lang lernen sie, ihre Heilkraft zu entwickeln und sich den Geistern der Ahnen zu nähern, sich ihnen zu öffnen – aber auch sie zu beherrschen und zu kontrollieren. ›Wenn man nicht weiß, wie man mit ihnen umgehen muss, spielen sie Fußball mit dir‹, hat Percy mir einmal gesagt. Mpapane hat einundzwanzig Frauen und mehr als hundert Kinder. Percy hat erzählt, wenn man ihn nach der Zahl seiner Enkel fragt, antwortet er, da müsse er erst alle Frauen fragen, wie viele Enkel sie jeweils haben, und die dann alle zusammenzählen.«

Wir europäischen Männer sind uns einig, dass das nichts für uns wäre.

»Ich würde mir die Kugel geben bei so vielen Frauen«, sagte ich. »Ich bin schon froh, wenn ich es schaffe, mit einer Frau einigermaßen in Frieden zu leben.«

Ich kann meinen Mitreisenden darüber hinaus berichten, dass Mpapane nicht nur ein bedeutender Schamane, sondern auch ein erfolgreicher und wohlhabender Geschäftsmann ist. Er besitzt einen kleinen Supermarkt, viel Land, Kuh- und Ziegenherden, Steinhäuser für die Ehefrauen und Hütten für die Schamanenschüler.

»Bei Mpapane herrschen strenge Regeln«, fügte ich hinzu.

Mpapanes Dorf liegt im Dreiländereck Südafrikas an der Grenze zu Swasiland und Mosambik.

»Dort drüben ist es«, rief unser kleiner Führer. Wir näherten uns einer Ansammlung von Häusern, die teilweise von einer hohen Hecke umgeben war. »Stopp!«, ruft der Kleine. »Hier können wir nicht weiter.« Vor uns liegt eine hohe Felsschwelle, über die unsere Autos nicht hinwegkommen. Damit wird uns deutlich: Hier beginnt eine andere Welt.

Jabolane Mpapanes Haus stand im Innenhof eines großen Kraals. Eine Treppe führte zu einer Art Veranda, links und rechts wurde sie bewacht von lebensgroßen, ziemlich respekteinflößenden Skulpturen von Löwen und Krokodilen. Von dort oben sah uns der Vierundsiebzigjährige mit seinen alles durchdringenden, aber gleichzeitig liebevollen Augen entgegen. Sein Charisma war unmittelbar zu spüren. Meine Tochter sah ihn zum ersten Mal und war auf Anhieb tief beeindruckt.

Mpapane kam freudestrahlend auf mich zu, begrüßte mich als alten Freund mit dem dreifachen Handschlag der Afrikaner und umarmte mich. Die anderen begrüßte er mit Händeklatschen. Offenbar hatte sich unsere Ankunft schnell herumgesprochen, denn buchstäblich in Scharen kamen Frauen und Kinder herbei, um uns mit Händeklatschen willkommen zu heißen.

Eine junge englischsprechende Schamanin forderte uns auf, ihr zu folgen. Wie sie zogen wir auf der Terrasse unsere Schuhe aus und betraten barfuß den Wohnraum. Er war eingerichtet mit einer Polstergruppe aus dunkelrotem Plüsch, Couchtisch und Anrichte. Wir bekamen Cola, Wasser, Erdnüsse und Kekse angeboten und wunderten uns über die bürgerliche Einrichtung und den Fernseher. Ein wenig beklommen warteten wir auf Mpapane. Ich trank meine Cola und schaute mir den befremdlichen Nippes auf der Anrichte an und das Porträt des Hausherrn, das über dem Sofa hing.

Da trat Mpapane ein und setzte sich freundlich lächelnd auf das Sofa. Es entstand ein etwas unbehagliches Schweigen, denn wir hatten keinen Dolmetscher. Irgendjemand kam auf die Idee, ein Lied zu singen, und belustigt hörte Mpapane sich unseren Gesang an. Dann überreichten wir ihm die mitgebrachten Geschenke. Für Mpapane hatten wir einen silbernen fünfarmigen Kerzenleuchter mitgebracht, für seine Frauen bunt bedruckte Blechdosen mit Süßigkeiten. Die junge Schamanin, die uns ins

Haus geführt hatte, trat in devoter Haltung mit gesenktem Kopf ein. Auf Knien rutschte sie die letzten Meter an seine Seite. Sie war offensichtlich von so vielen Weißen beeindruckt. Schüchtern und mit leiser Stimme übersetzte sie. Er bedankte sich für die Geschenke. Die Süßigkeiten werde er an seine Frauen verteilen, ließ er übersetzen, aber die schönen Büchsen werde er behalten und zum Aufbewahren für seine *muti*, seine Medizin, verwenden.

Wir stellten ihm Fragen, wie wir uns verhalten sollten. Er sagte, wir könnten uns in seinem Dorf alles anschauen, alles, was wir möchten, fotografieren und filmen, auch bei den Initiationsritualen. Aber sein Behandlungszimmer dürften wir nur betreten, wenn er uns dazu auffordere.

Ich hatte unsere Reise mit Jabolane und Percy vorher so geplant, dass wir die einmalige Gelegenheit hatten, an einer Initiation von vier Sangoma-Schülerinnen teilzunehmen. Wir würden etwas miterleben, was nur sehr wenige Weiße gesehen haben. Offenbar bereitete sich das Dorf schon seit Tagen darauf vor. Bei einem Rundgang sahen wir vier Ziegen, die an langen Leinen angebunden waren, für jede Adeptin eine. Sie wurden mit guten Kräutern gefüttert und bekamen regelmäßig frisches Wasser. Auch sah ich immer wieder eine der Einzuweihenden mit einer Ziege reden. Von den angehenden Sangomas hatte eine die Schule bei Mpapane durchlaufen, zwei andere waren mit ihren Lehrerinnen und eine mit ihrem Lehrer hergekommen.

»Denn wenn du als Sangoma Schüler hast, gehst du zur Einweihung mit ihnen zu deinem Lehrer, der dann die Initiation vornimmt. Sie werden also von ihrem spirituellen Großvater eingeweiht«, erklärte uns Mpapanes Meisterschüler Ngwenya am Abend auf Englisch. »Alle Sangomas, die seine Schüler waren, werden benachrichtigt, damit sie kommen, wenn es ihnen möglich ist. Wir Sangomas werden damit an unsere eigene Initiation erinnert und vertiefen die Beziehung zu unseren Spirits. Wir erneuern unseren Kontakt zu unserem spirituellen Vater, tanken hier, wo wir lange gelebt und gelernt haben, Kraft und treffen unsere Freunde und Kollegen. Wir haben dann auch Gelegenheit, uns untereinander auszutauschen. Unsere Präsenz und Kraft erhöht die spirituelle Energie der Einweihungsriten um ein Vielfaches.«

Wie aufgeladen die Atmosphäre war, konnten wir alle spüren, denn es waren sicher fünfzehn Schamaninnen und Schamanen versammelt.

Am Abend dröhnten die Trommeln. Von Jabolane und den vier Adeptinnen war nirgendwo etwas zu sehen. Die anderen Schamanen und Schüler, insgesamt ungefähr fünfzig Personen, waren in einem großen Hof zusammengekommen, auch wir gesellten uns dazu. Ngwenya führte in der Abwesenheit seines Lehrers offenbar das Kommando. In kleinen Gruppen tanzten die Schamanenschüler zu den aufpeitschenden Rhythmen der Trommeln. Dabei hoben sie immer wieder das rechte Bein bis in Brusthöhe und stießen es klatschend auf den Lehmboden. Immer schneller, immer eindringlicher wurden die Trommeln, die die Geister der Ahnen riefen. Dann und wann sprangen ein oder zwei Schamanen in die Gruppe der Tanzenden und heizten mit beeindruckenden Einlagen die Stimmung noch mehr auf. Eine magische Atmosphäre breitete sich aus, in der das Denken aufhörte, die Grenzen zu den Menschen um mich herum, zur Natur, zu den Klängen und Gerüchen sich auflösten, und an die Stelle meines abendländisch-rationalen Ichs trat das Gefühl, mit allem verbunden zu sein.

Die Frauen Mpapanes hatten ihre Betten geräumt, und später am Abend bekamen wir in verschiedenen Häusern jeweils zu viert ein winzig kleines Zweibettzimmer zugewiesen. Eine Kerze warf tanzende Schatten an die Wände. Eng aneinandergedrückt, versuchten wir einzuschlafen, während draußen weiter die Trommeln dröhnten.

Trommeln holten uns auch kurz vor Sonnenaufgang wieder aus dem Schlaf. In einem großen Badezimmer, das mich an einen Hamam erinnerte, hatten die Frauen riesige Kübel warmen

Wassers bereitgestellt, und wir bekamen nun die Gelegenheit, uns nach Geschlechtern getrennt gründlich zu waschen. Ich war mir durchaus bewusst, welch enormen Aufwand das für die Frauen bedeutete.

Nach dem Frühstück mit Tee, Toastbrot, Marmelade und Erdnussbutter besichtigten wir den Kraal, begleitet von Ngwenya. Dort herrschte geschäftiges Treiben. Halbwüchsige Mädchen, nur mit bunten Hüfttüchern bekleidet, fegten mit Reisigbesen den gestampften Lehmboden des Dorfes. Vor der Küche stampften vier andere, etwas ältere Mädchen, ebenfalls mit nacktem Oberkörper, jeweils zu zweit in riesigen Holzmörsern den Mais für den »Papp«, das polentaähnliche Grundnahrungsmittel in Afrikas Süden. Abwechselnd stießen sie die oberarmdicken Stößel krachend nieder, im Rhythmus und begleitet von einem Lied, das unendlich viele Strophen zu haben schien. Die Küche war ein großer quadratischer Raum, in dessen Mitte ein Pfahl stand, um das Grasdach zu tragen. Sie hatte drei große Türöffnungen. »Damit der Rauch abziehen kann«, sagte Ngwenya. Es wurde auf einem offenen Feuer gekocht, in großen und kleinen gusseisernen Kesseln, die auf drei Füßen standen, damit man die brennenden Scheite darunterschieben konnte.

»Da Mpapane einundzwanzig Frauen hat, kochen abwechselnd immer zwei eine Woche lang das Essen für die ganze Familie und die Schüler«, erklärte er weiter. »Wenn eine Frau ihre Regel hat, kann sie nicht kochen. Sie bleibt in ihrem Haus und darf nicht einmal in die Küche kommen. Eine andere übernimmt für sie die Küchenarbeit. Sie müssen um fünf Uhr beginnen, das Frühstück für die Kinder zuzubereiten, die zur Schule gehen. Danach für den Rest der Familie und die Schüler. Die Kinder helfen abwechselnd, den Mais zu mörsern, Gemüse zu putzen und Früchte zu schälen.«

Ein großer Saal mit gestampftem Lehmboden weckte unsere Neugier. An den Wänden waren waagerecht Stöcke angebracht, über denen Tücher in verschiedenen Farben hingen. Gegenüber dem Eingang war ein niedriger Tisch, der mich an einen Altar erinnerte. An drei Wänden hingen verschiedenfarbige Tücher.

»Dies ist der Zeremonienraum«, erklärte uns Ngwenya. »Hier wohnen die Ahnen von Jabolane. Hier finden die Rituale statt. Hier wird nachts getrommelt und getanzt, und hier rufen wir die Spirits unserer Ahnen. Denn die Ahnen lieben uns. Sie sind um das Wohlergehen ihrer Nachkommen besorgt und kennen die Gründe für alle Probleme und Schwierigkeiten und wissen, wie man sie behebt.«

Dann zeigte er uns die Hütte, die als Trockenraum und Lager für Kräuter, Rinden, Wurzeln und andere Zutaten diente und in der die Medizin zubereitet wurde. Vor der Hütte sah ich drei Schüler knien. Vor sich hatten sie jeweils ein Gefäß stehen, ein wenig kleiner als ein Eimer, gefüllt mit einer Kräuterbrühe. Beide sprachen halblaut einen Singsang vor sich hin. Mit einem kurzen, gebogenen Stock in der Hand rührten oder vielmehr schlugen sie die Flüssigkeit in dem Gefäß auf.

»Wie Rühreier schlagen«, meinte ich zu meiner Tochter.

»Oder Sahne«, antwortete sie.

Und tatsächlich bildete sich auf der Oberfläche der Flüssigkeit langsam eine Schaumschicht, die immer dicker und fester wurde. Schließlich stand wie die Krone eines gut eingeschenkten Biers etwa eine Handbreit dick eine weiße Haube auf dem Gefäß. Ich fragte Ngwenya, welchen Zweck das hätte.

»Du siehst doch die Kette aus den braunen, fingerdicken Wurzeln, die sie um den Hals tragen. Dieses Holz hat besondere Eigenschaften. Die Spirits der Ahnen lieben den Geruch und den Geschmack dieser Wurzel. Deshalb wird sie von den Thwasas, den Novizen, um den Hals getragen. Sie schützt sie gleichzeitig vor der Besetzung durch unerwünschte Kräfte, denn die Schüler sind während der Lehrzeit sehr offen. Diese Flüssigkeit enthält das Pulver aus dieser Wurzel. Wenn wir den Schaum aufschlagen, sprechen wir alle unsere Probleme aus, alles, was uns bedrückt, was wir nicht mehr brauchen können und nicht mehr haben wollen.«

Ich sah, wie die Sangoma-Schüler sich vorbeugten und den Schaum mit der Zunge aufleckten, so wie Tiere trinken. Dabei murmelten sie immer weiter ihren Singsang vor sich hin.

»Der Schaum ist die Lieblingsspeise der Spirits, jeder Schüler muss das mehrmals am Tag machen. Damit lockt er die Ahnen an, damit sie zu ihm kommen. Am nächsten Morgen ist dann der Rest der Flüssigkeit aufgeladen und angereichert mit den Problemen und Sorgen, die hineingesprochen wurden. Dann trinken die Schüler die Brühe und erbrechen sie anschließend mitsamt den Sorgen und Problemen. Wie fast alle Sangomas mache ich das auch einmal die Woche«, sagte Ngwenya.

Im Hof standen wohl zwanzig Trommeln in der Sonne. »Wenn sie warm werden, spannt sich das Fell, und sie klingen besser«, erklärte er uns.

Da die Tür offen stand, schauten wir auch in Mpapanes Behandlungszimmer hinein. Von außen, denn als einzigen Raum sollten wir ihn ja nicht unaufgefordert betreten. Der Boden war mit Bastmatten ausgelegt, denn fast alles findet hier auf dem Boden sitzend statt. Ein Tisch, auf dem ein Telefon und eine Glocke standen und Schreibzeug lag, vier Stühle, ein Sessel und mehrere Schränkchen und Regale waren die einzige Einrichtung.

»Wenn Mpapane morgens aufsteht und sich gewaschen hat, geht er als Erstes in den heiligen Raum zu seinen Ahnen. Er begrüßt sie und berichtet ihnen, welche Pläne er für diesen Tag hat. Dann geht er in seinen Raum und bekommt das Frühstück gebracht. Wenn seine Frauen und Kinder ihn tagsüber sprechen wollen, kommen sie dorthin. Auch die Schüler können zu ihm gehen und mit ihm besprechen, was sie bedrückt. Wenn er einem Schüler etwas zu sagen hat, läutet er die Glocke und lässt ihn rufen.«

Plötzlich lugten frisch gewaschene Kindergesichter um eine Hausecke und verschwanden juchzend, wenn sie sich von uns entdeckt fühlten. Wir waren für sie hochinteressant. Sie hatten Weiße wie uns noch nie so nah gesehen. Ein Mutiger stürmte nach vorn, er berührte unsere nackte weiße Haut und befühlte einen weißen Busen, der weich und warm war – etwas Bekanntes. Damit war das Eis gebrochen. Viele der kleinen Mädchen, selber noch Kinder, übernahmen bereits die Verantwortung für ein kleineres Geschwisterkind. Sie trugen die Kleinen auf den Rücken gebunden durch den Tag, wie sie es von ihren Müttern kannten. Fortan folgten die Kinder uns auf Schritt und Tritt und betrachteten uns neugierig.

Am Vormittag war endlich Percy angekommen. Ich freute mich, meinen alten Freund wiederzusehen. Außerdem waren wir froh, weil wir in ihm einen kundigen Übersetzer hatten, der uns alles erklären konnte. Es war der Tag der Einweihung, aber auf die Frage, wann genau es denn losgehen würde, zuckte er nur die Achseln und sprach: »Wir werden sehen.« Uns wurde einmal mehr eine Tugend abverlangt, über die wir »Westler« kaum noch verfügen: Geduld. Für die meisten meiner europäischen Begleiter bedeutete das eine ziemliche Herausforderung. Einer nach dem anderen kamen sie zu mir und wollten wissen, wann wo was geschehen würde. Aber das wusste ich natürlich selbst nicht.

Inzwischen hatten sich noch mehr Menschen eingefunden, Schamanen, Freunde und Verwandte der Adepten. Erst am Nachmittag schien sich etwas zu bewegen. Im Gänsemarsch verließ eine Gruppe das Dorf. Mpapane, Percy und zwei andere Schamanen führten die Ziegen fort. Wir folgten ihnen. Nach kurzem Fußmarsch kamen wir an einen Platz, an dem ein Feuer brannte. Rauchschwaden mit dem Geruch verbrannter Kräuter wehten uns entgegen, dröhnende Trommelschläge, schrille Pfiffe auf Trillerpfeifen und der Singsang der dort bereits versammelten Schamanen begrüßten uns. Wir setzten uns zu den anderen Gästen, Schülern und Schamanen in einen Halbkreis. Trommeln, Rasseln und Trillerpfeifen putschten die Atmosphäre auf. Einige der Schamanen tanzten und sangen.

In einer Reihe knieten nun die vier Schülerinnen, die Thwasas, vor »ihren« Ziegen. Die jüngste war vielleicht fünfundzwanzig Jahre alt, die älteste schätzte ich auf fünfzig. Man sah ihnen an, dass sie kaum geschlafen hatten.

»In der Nacht haben sie sich stundenlang in Ritualen auf ihre Einweihung vorbereitet«, erklärte uns Percy. Bis auf die roten

Tücher, die sie um die Hüften gewickelt hatten, waren sie nackt. »Thwasas tragen Rot«, fuhr Percy mit seiner Erklärung fort, »denn diese Farbe symbolisiert den Wandlungsprozess, den sie durchmachen. Sie geben ja ihre alte Identität auf und bekommen eine neue. Das Ich stirbt und wird neu geboren. Tod und Wiedergeburt.«

Vor den Novizen standen Eimer, halb voll mit Kräuterbrühe. Literweise tranken sie, um sich dann zwei Finger in den Hals zu stecken und die Brühe im hohen Bogen wieder auszuspucken.

»Das dient der Reinigung«, erläuterte Ngwenya.

Mpapane zog eine kleine Flasche aus der Tasche, füllte eine Flüssigkeit in eine Muschelschale und gab jeder der Schülerinnen etwas zu trinken.

»Was ist das?«, wollte ich von Percy wissen.

»Diese Medizin, die er in die Muschel gießt, verbindet die Thwasas mit der spirituellen Welt. Sie ist bereits in der Brühe enthalten, die sie trinken, um zu erbrechen. Auch die Ziegen müssen die Medizin trinken und schlucken, und sie wird somit in dem Blut der Ziege sein.«

Den Thwasas direkt gegenüber standen die Ziegen, die von je zwei Schamanen gehalten wurden. Jede der Adeptinnen hatte das Tier, das jetzt für sie geopfert wurde, tagelang mit besonders wohlschmeckenden Kräutern gefüttert und immer wieder mit ihm gesprochen. Sie hatte ihm erklärt, dass es geopfert würde, um ihre Einweihung zur Sangoma zu bewirken. Percy beugte sich über die erste Ziege und streute ihr Salz auf den Rücken. Er sprach lange in Zulu auf sie ein. Wie er uns später erzählte, habe er dem Tier und seinem Spirit erklärt, dass es sich für einen guten Zweck opfern würde. Die Sangoma, für die es sein Leben lassen sollte, werde eine Heilerin und Seherin werden, viele Menschen von ihren Krankheiten befreien und sie bei ihren Sorgen beraten. Sie werde zu einem Bindeglied zur Welt der Ahnen und den Hilfesuchenden zu innerer Harmonie verhelfen mit sich, ihrer Umwelt und den Ahnen.

»Ziegen sind Tiere, die hoch klettern, deshalb sind sie für uns Symbol für den Weg in die spirituelle Welt.«

Dann kroch die erste Thwasa auf allen vieren vor, bis sie unmittelbar vor der Ziege kniete. Diese blieb ganz ruhig, als Jabolane ihr unter das Kinn fasste, den Kopf hochhob und ihr mit einem Schnitt die Kehle durchschnitt. Die Schülerin legte ihren Mund an die Wunde und trank von dem aus der Kehle herausschießenden Blut. Ich war tief berührt von dem Frieden und der Selbstverständlichkeit, mit der dies alles geschah. Dann kroch die Thwasa auf Händen und Knien zu einem mit Medizin gefüllten Eimer, trank mehrere große Becher der grünen Brühe, steckte sich zwei Finger in den Hals und erbrach in hohem Bogen die Medizin mitsamt dem Blut. Dieser Vorgang wiederholte sich mit den drei anderen Sangoma-Schülerinnen, dabei geriet keine der Ziegen in Panik oder gab auch nur einen Laut von sich. Es schien fast so, als seien sie sich der Bedeutung ihres Opfers bewusst und stellten sich bereitwillig zur Verfügung.

»Ihr Tod ermöglicht sozusagen die Geburt der Sangomas«, sagte Percy später.

Dann wurde den Ziegen die Haut abgezogen. Die Bauchdecke wurde geöffnet und die Leber mitsamt der Gallenblase entnommen. Jeder der Adepten und Schamanen bekam ein Stück roher Leber mit etwas Salz zu essen.

»Die Leber steht bei uns als Symbol für Mut«, erklärte Percy. »Ein Sangoma darf keine Angst haben, die schlimmsten Krankheiten zu behandeln, sich mit fremden Spirits auseinanderzusetzen oder Schwarzmagier zu entlarven.«

Die Gallenblase wurde abgeschnitten und die Galle in einer Kalebasse gesammelt. Die Gallenblase wurde wie ein Luftballon aufgeblasen, zugebunden und am Nacken der Thwasas in Höhe des verlängerten Marks (Medulla oblongata) am Hinterkopf befestigt.

Als Nächstes holten sie die Mägen heraus und schnitten sie auf. Ihr Inhalt wurde in einer Tonschale gesammelt und ins Feuer gestellt. Die vier Einzuweihenden bekamen jede ein langes, hohles Schilfrohr, durch das sie den Rauch des kochenden Mageninhalts inhalierten. Der Rauch schien scharf und beißend zu sein, denn alle vier bekamen fürchterliche Hustenanfälle und mussten ständig Schleim ausspucken.

»Der Mageninhalt enthält auch die Medizin«, sagt Percy. »So kommt die Medizin auch über die Lungen zu den Thwasas. Sie sind nun vollkommen rein. Sie haben das nötige spirituelle Fundament kreiert, damit die Vermählung mit dem Spirit erfolgreich ist, und deshalb kann jetzt die spirituelle Formation für immer bei ihnen bleiben.«

An den Reaktionen der angehenden Sangomas könne Mpapane erkennen, ob sie sich an die strengen Regeln gehalten haben, erklärte uns Percy. Während der drei- bis vierjährigen Ausbildung dürften sie sich nicht die Haare waschen, müssten ihrem Meister unbedingten Gehorsam leisten, dürften nicht streiten, niemandem die Hand schütteln und müssten vollständig auf Sex verzichten. Sollten sie diese Gebote nicht befolgt haben, würde das Blut in ihrem Magen verklumpen, sie würden sterben oder sehr krank werden.

»Erst dann haben sie das nötige spirituelle Fundament, um sich erfolgreich mit den Spirits vermählen zu können.« Allen vier Ziegen wurden die Knochen der Kniegelenke entnommen, um sie dem Set ihres Knochenorakels hinzuzufügen.

»Das war der erste Teil der Prüfung«, erklärte Percy, »jetzt kommt der nächste.«

Die gesamte Gesellschaft kehrte wieder in den Kraal zurück. Auch dort dröhnten bereits die Trommeln. Mit ihren für Trancerituale typischen mitreißenden Rhythmen riefen sie die Spirits der Ahnen. Auf dem großen Platz des Dorfes setzten sich alle Anwesenden in einen großen Kreis. In der Mitte tanzten die Schamanen und Schüler, wobei sich einzelne Gruppen abwechselten und offenbar einander zu überbieten versuchten. Auch Jabolane tanzte trotz seiner vierundsiebzig Jahre mit einer ungeheuren Eleganz und Leichtigkeit. Ich war von seiner würdevollen Grazie begeistert.

Die vier Adeptinnen, die vorher bis auf das rote Hüfttuch völlig nackt waren, hatten sich umgezogen. Sie trugen nun Büstenhalter oder T-Shirts und reihenweise Ketten, Amulette und

Armbänder. Um die Hüften hatten sie über die roten nun auch bunte Tücher geschlungen, manchmal zwei oder drei übereinander, und mehrere Affenfelle, deren gestreifte Schwänze bis auf den Boden hingen. An den Unterschenkeln hatten sie breite, mit Nussschalen besetzte Bänder befestigt, die bei jedem Tritt klapperten. Alle hielten in der linken Hand den Dancing Stick, einen Holzstab mit einem dicken keulenartigen Kopf, und in der rechten eine kurze hölzerne Lanze. Sie schienen immer noch in einer leichten Trance zu sein. Die vier Schülerinnen tanzten nun in einer Reihe. Sie hoben und senkten den Tanzstock, sprangen ab und zu auf ein Bein, hoben das andere fast bis zum Kinn hoch und stampften dann den Fuß klatschend auf den Boden.

»In diesem zweiten Teil der Prüfung müssen die Schülerinnen einen Gegenstand finden, den ihr Lehrer vorher im Umkreis von etwa zweihundert Metern versteckt hat«, fuhr Percy mit seinen Erklärungen fort. »Sie werden tanzen, bis sie in Trance geraten, dann können sie sehen, was versteckt wurde und wo. Damit sollen sie ihre visionäre Kraft beweisen. Denn wenn später ein Hilfesuchender zu ihnen kommt, müssen sie auch sehen können, wo sein Problem liegt.«

Öfter rutschte eine Thwasa auf Knien zu ihren Lehrern, sprach ihn an und stellte ihm Fragen, die er immer mit der gleichen Formel beantwortete.

»Sie versuchen irgendwie zu erkennen, wo es ist«, erklärte Percy.

Dann kehrte sie zu den anderen zurück und tanzte weiter.

Eine der Schülerinnen lief los, gefolgt von einer schreienden und johlenden Kinderschar. Wenig später kehrte sie unter tosendem Beifall mit dem Fell »ihrer« Ziege zurück. Sie hatte es geschafft. Dann rannte eine andere los, kam aber mit leeren Händen zurück.

»Sie muss weiter tanzen, wieder in Trance gehen und es dann noch einmal versuchen«, erklärte Percy.

Inzwischen hatte eine dritte den für sie versteckten Gegenstand gefunden. Die Schülerin, die schon einen vergeblichen

Versuch hinter sich hatte, raste wieder los, aber als sie zurückkehrte, hatte sie wieder kein Glück gehabt. Die vierte angehende Sangoma brachte triumphierend und unter rauschendem Beifall und großem Geschrei die Hörner ihrer Ziege mit.

»Sie hat es geschafft«, sagte Percy. »Die Letzte hat jetzt nur noch einen Versuch. Wer seinen Gegenstand beim dritten Mal nicht findet, ist durchgefallen und muss noch ein Jahr hier bleiben.«

»Sie bleibt also sozusagen sitzen und muss eine Ehrenrunde drehen«, kommentierte meine Tochter.

Lange, lange tanzte die vierte Thwasa. Alle klatschten zum Rhythmus der Trommeln in die Hände, um die Energie weiter anzuheizen. Die Spannung stieg. Würde sie es schaffen? Dann lief sie los, gefolgt von kreischenden Kindern. Nach einer Weile kehrte sie freudestrahlend mit ihrem Gegenstand zurück. Tosender Applaus und lautes Gejohle. Alle waren zufrieden und führten einen wahren Freudentanz auf. Auch die Frauen unserer Gruppe wurden aufgefordert mitzutanzen und, weil sie sich genierten, einfach gepackt und in den Kreis hineingezogen.

Am Abend nahm Percy mich beiseite. »Heute Nacht gibt es noch eine Zeremonie bei der eigentlich kein Fremder dabei sein darf. Ich habe mit Mpapane gesprochen, und er wird dir ausnahmsweise erlauben teilzunehmen. Aber du sollst es den anderen nicht sagen. Es werden noch drei weitere Thwasas eingeweiht. Die drei haben Water Spirits, deshalb gehen wir zum Fluss.«

Ich folgte Percy bis vor die verschlossene Tür von Mpapanes Behandlungszimmer. Wir klatschten in die Hände, und von drinnen wurde uns mit Klatschen geantwortet: Wir durften eintreten. Auf dem mit Bastmatten belegten Boden saßen Mpapane, eine seiner Frauen, die ebenfalls Schamanin war, die drei Thwasas sowie die beiden Sangoma-Lehrer, die zwei von ihnen ausgebildet hatten. Wir setzten uns zu ihnen.

Die erste Thwasa kniete vor Jabolane nieder, der ein großes Messer in der Hand hielt. Auf ein Wort von ihm streckte sie die Zunge heraus, und er schabte mit den Messer über die Zunge, ritzte sie dann an, sodass ein wenig Blut austrat, und rieb ein weißes Pulver in die Wunde. Während er diesen Vorgang bei den anderen Thwasas wiederholte, erklärte mir Percy flüsternd, damit würde er dafür sorgen, dass sie immer die Wahrheit sagen, wenn sie heilen oder mit den Knochen arbeiten. Dann erhoben sich die Thwasas und verließen mit ihren Lehrern und Mpapanes Frau den Raum.

Wir blieben mit Jabolane zurück. Lange betete er voller Hingabe. Als wir schließlich in die stockfinstere Nacht hinaustraten, sah ich schemenhaft einige Menschen stehen. Taschenlampen leuchteten auf, und ich erkannte drei Thwasas, zwei Frauen und einen Mann. Sie hatten rote Tücher um die Hüften geschlungen, ihre Oberkörper waren nackt. Ein sehr junges Mädchen hielt drei Hühner im Arm, mit denen sie ab und zu redete. Mir war ein wenig unheimlich zumute. Was würde jetzt geschehen?

Wir verließen das Dorf, die Taschenlampen beleuchteten den Weg vor uns. Nach etwa einer Viertelstunde erreichten wir das Ufer eines Flusses. Nacheinander wurde nun den Hühnern der Kopf abgeschnitten. Ihr Blut wurde jeweils in einer Schale aufgefangen und das Huhn in hohem Bogen in den Fluss geworfen. Der zuständige Lehrer sprang sofort hinterher und holte es zurück.

»Es wird später gekocht«, erklärte Percy.

Dann tranken die Kandidaten ein wenig Blut aus ihren Schalen und reichten sie anschließend dem jungen Mädchen, das aus jeder Schale einige Tropfen trank.

Ein Novize watete nun in den Fluss, bis ihm das Wasser bis zu den Hüften reichte. Dort wurde er von vier Männern erwartet, die ihn packten, dreimal tief und lange untertauchten und dann aus dem Wasser trugen, auf eine Matte legten und mit einem weißen Tuch zudeckten. Der Thwasa schien das Bewusstsein verloren zu haben oder in tiefer Trance zu sein. Das Gleiche geschah mit den beiden anderen, und bald lagen alle drei unter den weißen Tüchern.

Ein Motorengeräusch ließ mich aufhorchen, und ich sah die Lichter eines Autos näher kommen. Es war ein Pick-up, auf den die drei Novizen aufgeladen und ins Dorf zurückgebracht wurden. Sie wurden im Zeremonienraum auf den Boden gelegt, die Trommeln dröhnten. Ich konnte den aufputschenden Rhythmus im ganzen Körper spüren, er versetzte mich in eine leichte Trance.

Mpapane betrat nun den Zeremonienraum, hob nacheinander bei jedem Thwasa das Tuch hoch und rieb ihnen etwas unter die Nase, das sie sofort aufweckte.

»Sie waren gestorben, und nun sind sie wiedergeboren«, erläuterte Percy. »Jetzt, wo sie ihr altes Ich hinter sich gelassen haben, sind sie qualifizierte Sangomas.«

Zum Abschied schenkte Mpapane den frischgebackenen Sangomas in einem ritualisierten Akt ein Sizinga. Dieses Instrument, das Ähnlichkeit mit einem Pinsel hat, bestehe aus mehreren magischen Komponenten, erklärte Ngwenya. Wichtigster Bestandteil sei die Nase einer Hyäne, die für ihren besonders gut entwickelten Geruchssinn bekannt ist. Dieses Instrument solle den Sangomas helfen, Schwarzmagier zu »riechen« und die Ursachen von Krankheiten herauszufinden.

Nach ihrer erfolgreichen Initiation erhalten die Sangomas ein Zertifikat von ihrem Lehrer. Daraufhin bekommen sie von den staatlichen Behörden eine offizielle Arbeitserlaubnis, sozusagen eine Zulassung als Sangoma. Sie können sich nun niederlassen, wo sie wollen. Meist wählen sie ihren Heimatort.

Eine Untersuchung des Institute of Natural Resources in Pietermaritzburg ergab, dass vierundachtzig Prozent der südafrikanischen Bevölkerung mehr als dreimal im Jahr einen Schamanen konsultiert. In Südafrika gibt es etwa dreihunderttausend praktizierende Sangomas und nur dreiundzwanzigtausend westliche Ärzte.

Ein Sangoma macht keine Unterscheidung zwischen körperlicher und psychologischer Behandlung. Sie besteht meist in Ritualen und Opfergaben, die den Unmut der Spirits besänftigen sollen. Außerdem werden dem Hilfesuchenden bestimmte Aufgaben gestellt, um Abhilfe zu schaffen. Er wird damit in die

Verantwortung genommen und muss an seiner Genesung oder an der Wiederherstellung der Harmonie mitarbeiten.

Die Aufgaben der Sangomas sind sehr vielfältig. Sie heilen Hilfesuchende von Krankheiten und Unglück, außerdem von Beschwerden, die durch Spirits oder unzufriedene Ahnen verursacht wurden. Mit dem Knochenorakel finden sie die tieferen Ursachen der Störungen heraus, die Gründe für die Disharmonie mit den Ahnen. Sie sind hervorragende psychologische Berater. Mit Hilfe der Bones können sie auch in Beziehungsfragen, beruflichen, geschäftlichen und sozialen Angelegenheiten beraten. Sie leiten Rituale zu Taufe, Geschlechtsreife, Heirat, Übergangszeremonien und Beerdigungen. Sie orten weggelaufenes Vieh und verlorene oder gestohlene Objekte. Sie beschützen die Mitglieder ihrer Gemeinschaft durch Muti, Schutzmedizinen und Amulette. Sie können Schwarzmagier entlarven und deren Opfer von Verwünschungen und Flüchen befreien. Darüber hinaus sind sie Hüter und Erzähler der Kosmologie und der Mythen ihrer Tradition.

Abuela Luz Teresa © Agusti

Abuela Luz Teresa

Mein Ticket mit Sitzplatzreservierung in der Tasche, schaute ich am Busbahnhof von Teotitlán de Flores Macón fasziniert zu, wie der Bus nach Huautla de Jiménez beladen wurde. Der Stauraum für die Koffer, Kisten und Kartons war schnell voll, daraufhin stieg ein Helfer aufs Dach, nahm weitere Koffer, Kisten, Taschen und Ballen in Empfang und verstaute sie dort kunstvoll. Einfache Käfige aus Zweigen, in denen Hühner gackerten, wurden nach oben gehievt, größere und kleinere Säcke und die Matratze für ein Doppelbett. Manches war so schwer, dass drei Männer nötig waren, um das Gepäck meiner Mitreisenden unter lautem Gebrüll und endlosen Diskussionen hochzuhieven. Möbelstücke, Heuballen, eine kläglich meckernde Ziege, bis auf den Kopf in einem Sack verschnürt, landeten auf dem Dach und wurden dort ordentlich festgezurrt. Mit einer Stunde Verspätung konnten wir endlich losfahren.

Der Bus war bei weitem nicht so bequem wie der komfortable Expressbus, mit dem ich am Vortag aus Mexico City gekommen war. Außerdem war er hoffnungslos überfüllt, die Federung völlig ausgeleiert, die Polsterung der Sitze alt und bis auf höchstens noch einen Zentimeter platt gesessen. Rumpelnd und schaukelnd quälte sich das Gefährt über die holprige, mit Schlaglöchern übersäte unbefestigte Straße. In endlosen Serpentinen mühte es sich die Sierra Mazateca hoch.

Der Fahrer hatte vor der Abfahrt dreimal das Kreuz geschlagen, sein Cockpit war mit einem guten Dutzend Heiligenbildern und anderen Devotionalien ausgestattet. Er fuhr nun wie ein Lebensmüder, kaum war der Weg einmal eben oder gar abschüssig, raste er mit Bleifuß durch die Kurven.

Manchmal fehlten nur noch Zentimeter bis zum Abgrund, und ich sah hundert Meter steil in die Tiefe. Immer wieder hatte ich Angst um mein Leben. Mir wurde flau im Magen, denn eine Kurve folgt auf die andere. Der Liter Wasser, den ich beim Zuschauen und Warten am Busbahnhof getrunken hatte, schwappte in meinem Magen hin und her.

In jedem Dorf hielten wir an. Passagiere stiegen aus und ein, Gepäckstücke aller Art wurden ab- und aufgeladen. Nach zwei Stunden gab es gottlob eine viertelstündige Toilettenpause, sie war auch dringend notwendig. Dann ging es weiter.

»Aquí necesitaremos un culo de madera«, stöhnte mein Sitznachbar. Hier bräuchten wir einen Hintern aus Holz.

»Mejor de hierro – besser aus Eisen«, erwiderte ich.

Nach weiteren zwei Stunden Busfahrt durch die karge Landschaft der Sierra kamen wir endlich in Huautla de Jiménez an. Auf Anraten eines befreundeten Ethnologen, der Abuela Luz Teresa früher einmal besucht hatte, mietete ich ein Zimmer in einer kleinen Posada. Der Besitzer Antonio war, wie mein Freund mir erzählt hatte, Hobby-Anthropologe, außerdem mit Abuela Luz Teresa befreundet. Er könne mir auch als Dolmetscher dienen, da sie kein Spanisch sprach.

Von meinem Vater hatte ich gelernt, Trinkgeld nicht nachher, sondern vorher zu geben. Ich gab Antonio also gleich bei meiner Ankunft eine Fünfzigdollarnote und richtete ihm Grüße von meinem Freund aus. Natürlich könne er sich an ihn erinnern, fing der fröhliche alte Mann sofort an zu plaudern. Er werde sich auch um mich kümmern wie um einen Sohn.

Als wir abends nach dem Essen noch im Patio, dem Innenhof der Posada, bei einem Glas Wein zusammensaßen, erzählte ich Antonio, was der Grund für meine Reise war. Ich hatte vor, bei Abuela Luz Teresa eine Pilzzeremonie zu machen.

»Bueno«, sagte er. »Kein Problem. Ich fahre morgen früh zu ihr und arrangiere das für dich. Die Aveleda, die Pilzzeremonie, findet übrigens immer am Abend statt und dauert die ganze Nacht.« Das wusste ich schon. »An diesem Tag musst du fasten, und du darfst vier Tage vorher und nachher keinen Sex haben, auch nicht mit dir selbst.«

»Das wusste ich noch nicht, aber es ist kein Problem«, antwortete ich. »Was wird das kosten? Und muss ich etwas mitbringen?«

»Du gibst ihr, was du für richtig hältst, aber sie nimmt nur Münzen«, antwortete er. Abuela Luz Teresa sehe sich als Priesterin und sage, eine Weise werde geboren, um zu heilen, und solle mit ihrem Wissen kein Geld machen. »Du bringst am besten Kerzen aus Bienenwachs, Copal – Harz zum Räuchern – und Chili mit. Manche bringen ihr auch noch Zigaretten oder andere Geschenke.«

»Hast du noch María Sabina erlebt?«, fragte ich ihn.

»Natürlich! Die Señora war hier in der ganzen Gegend bekannt und berühmt. Viele, die unsere Tradition nicht kennen, glauben, sie sei die einzige mazatekische Schamanin gewesen, die noch die alten heiligen Aveledas kannte und durchführen konnte. Dabei sind die meisten Schamanen in dieser Gegend Teil einer lebendigen Tradition. Zum Beispiel wird von allen mazatekischen Schamanen eine bestimmte Form des Gesangs verwendet, bei der jeder Satz mit einem kurzen *tso* (›Es sagt‹) endet. Das wird wie eine Interpunktion gesprochen, besonders wenn das Sprechen ins Singen übergeht ...«

Ich unterbrach Antonio nur sehr ungern in seinen ethnologischen Ausführungen, aber ich wollte mehr über die Pilzzeremonie erfahren.

»Ich habe an mehreren Aveledas teilgenommen, bei María Sabina und bei Abuela Luz Teresa, wobei ich oder Mitglieder meiner Familie mit den heiligen Pilzen geheilt wurden. An den Aveledas nimmt ja meist die ganze Familie des Kranken teil, auch die Kinder. Die schlafen bei dem Gesang der Priesterin aber immer sofort ein.«

»María Sabina ist ja später zu einer sehr umstrittenen Persönlichkeit geworden«, forschte ich weiter. »Ich habe gehört, dass manche sie als weise Kultfigur betrachteten, andere sie wegen der Vulgarisierung der heiligen Zeremonie heftig angriffen. Wie kam es dazu?«

»Im Jahr 1955 kamen zwei Amerikaner hierher. Der eine hieß, glaube ich, Wasson. Sie aßen bei María Sabina die Pilze. Die nächtliche Sitzung mit ihr beeindruckte sie so sehr, dass sie in einer bekannten amerikanischen Zeitschrift über ihre Erlebnisse schrieben. Sie waren, soviel ich weiß, die ersten Weißen, die an einer Pilzzeremonie teilnahmen.«

»Und dadurch wurden in den Sechzigern die Hippies aufmerksam?«

»Ja, María Sabina wurde unglaublich berühmt, und es galt als *de moda*, nach Huautla de Jiménez zu fahren und an einer der Zeremonien teilzunehmen. Die Beatles, Bob Dylan, der Entdecker des LSD [Albert Hoffmann], Mick Jagger und Pete Townsend, alle kamen zu dieser großen weisen Frau. Damals waren in den USA und Europa viele Menschen ›auf der Suche‹, wie man sagte, und María Sabina war berühmt für ihre unglaublichen Heilfähigkeiten, sie wurde als Hohepriesterin der halluzinogenen Pilze betrachtet. Bei uns im Dorf wurde sie ehrfürchtig ›die Señora‹ genannt. Durch sie wurden die Pilze auf der ganzen Welt berühmt, und unser bescheidenes Dorf wurde zum Pilgerort für Ausgeflippte und Prominente.«

Schließlich kamen buchstäblich Tausende von Hippies und ließen sich in großen Zeltlagern außerhalb des Dorfes nieder, berichtete Antonio. Das trug zur Amerikanisierung der mexikanischen Jugendlichen in dieser Gegend bei. Taxis in der Gegend trugen ihr Konterfei, und T-Shirts, auf denen sie zigarrerauchend abgebildet war, wurden ein Kassenschlager.

Dies verärgerte viele Bewohner und die Behörden, die Intellektuellen und auch die Schamanen. María Sabina wurde beschuldigt, aus Geldgier den Ausverkauf uralter Werte und die Vulgarisierung der Tradition der geheimen heiligen Avaleda-Zeremonie zu betreiben. Sie wurde mit Malinche verglichen, der Mätresse des Eroberers Cortez. Wie diese, hieß es in den Medien, sei María Sabina Komplizin bei der Zerstörung der alten mexikanischen Kultur durch Fremde. Sie wurde beschuldigt, sich benutzen zu lassen und verantwortlich zu sein für die Amerikanisierung und dafür, dass die mexikanische Jugend zu Hippies (*jipitecas*) und »Gringos« wurden.

1968 schickte die Regierung das Militär nach Huautla de Jiménez, um den Spuk zu beenden. Die Hippies wurden in die

USA abgeschoben und die heiligen Pilze zur illegalen Droge erklärt.

»Seitdem ist in unserem Dorf wieder Ruhe eingekehrt«, beendete Antonio seinen Bericht. »Ich muss aber zu María Sabinas Gunsten noch sagen, dass sie vor der Ankunft der ersten Weißen eine Vision hatte, in der sie sah, dass nicht mazatekische Fremde kommen würden, um Erfahrungen mit den heiligen Pilzen zu machen. Sie teilte diese Vision Cayetano García mit, dem Bürgermeister des Ortes, der auch Richter war. Er war es, der entschied, das geheime Wissen freizugeben. Und er brachte Wasson zu ihr.

Ihr Leben war von vielen Tragödien erschüttert. In einer Vision, die sie hatte, sah sie die Ermordung ihres Sohnes voraus, kurz nachdem er bei ihr gewesen war, und zwar als Vergeltung für die Mitteilung des geheimen Wissens. Ihr Haus und ihr kleiner Laden wurden niedergebrannt. Ihre beiden Ehen waren von Schwierigkeiten überschattet. Nach dem Tod ihres zweiten Mannes, der ebenfalls ermordet wurde, wie auch zwei ihrer Söhne, widmete sie sich vollkommen ihrer Aufgabe und wurde eine Savia, eine Weise.«

María Sabina litt sehr unter dem Stigma, mitschuldig zu sein an dem Ausverkaufstourismus und dem Verfall der Werte. Bereits in dem *Life*-Artikel wurde berichtet, dass sie selbst das Gefühl hatte, etwas Verbotenes zu tun. Abgelehnt und ausgestoßen verbrachte sie den Rest ihres Lebens vereinsamt und beklagte den Verlust ihrer Familie und der »heiligen Kinder«.

Antonio nahm ein schmales Heftchen und las mir vor, was ein mexikanischer Anthropologe aufgeschrieben hatte. María Sabina hatte ihm gesagt: »Früher haben mich die Pilze erhoben. Ich fühle das nicht mehr. Die Kraft hat sich vermindert. Die Pilze sprechen nun Englisch, ja, sie sprechen die Sprache der Fremden. Sie hatten einen göttlichen Spirit, sie hatten es immer für uns gehabt, aber die Fremden haben ihn verscheucht. Wohin ist er gegangen? Er wandert ziellos umher in der Atmosphäre, umher in den Wolken. Die Sprache ist verdorben und für uns unlesbar geworden.«

»Wie war sie überhaupt Heilerin geworden?«, fragte ich Antonio.

»Als sie zusammen mit ihrer Schwester María Anna die Hühner der Familie hütete, damit sie nicht vom Fuchs oder von Raubvögeln geholt würden, sah sie einige kleine Pilze. Ihr Großvater hatte ihr diese *teonanacatl* schon einmal gezeigt und mit großem Respekt von ihnen gesprochen. Die beiden Mädchen aßen die Pilze und hatten Visionen. Sie wurden von kleinen, fröhlichen Kindern in eine andere Welt mitgenommen, wo sie zusammen spielten, sangen und tanzten.

Sie hörten Stimmen wie aus einer anderen Welt, als ob ein weiser alter Vater ihnen Ratschläge gäbe. Anna und María aßen die Pilze daraufhin öfter, weil die schönen Visionen ihnen neue Hoffnung brachten, aber auch, um ihren Hunger zu stillen, denn sie waren arm und hatten nie genug zu essen. María Sabina hatte auch eine Vision, in der ihr verstorbener Vater ihr erschien, den sie kaum gekannt hatte.«

Antonio machte eine Pause. Der ansonsten vor Fröhlichkeit überschäumende Mann war ganz ernst geworden. Geduldig wartete ich auf die Fortsetzung seines Berichts.

»Die Kraft der Pilze erprobte María Sabina erstmals an ihrer kranken Schwester. ›Die heiligen Kinder führten meine Hände‹, sagte sie später. ›Sie heilten meine Schwester durch mich.‹ Dann wurde ihr Onkel sehr krank. Alle hatten Angst, er könne sterben. Sie war damals wohl etwa acht Jahre alt. Ihr Vater war da schon tot. Einige Schamanen hatten bereits versucht, ihn zu heilen, aber ohne Erfolg. María Sabina bat die *teonanacatl*, die Pilze, ihr zu helfen. Sie aß welche, nachts im Zimmer, in dem ihr Onkel im Sterben lag, und hatte eine Vision. Sie erzählte, die Pilze hätten sie mitgenommen in ihre Welt.

Dort fragte sie die ›heiligen Kinder‹, was ihrem Onkel fehle und wie sie ihm helfen könne. Sie hätten geantwortet, man müsse ihm andere Kräuter geben als die, die die Curanderos benutzt hatten, und beschrieben ihr ganz genau den Platz, wo sie die Kräuter finden könnte. Sie zeigten ihr die Pflanzen sogar und erklärten ihr, wie sie sie zubereiten solle. Am Morgen ging sie in die Berge und fand die Stelle, wo diese Pflanzen wuchsen, betete zu den Pflanzen und riss sie mit der Wurzel aus. Sie kochte sie in Wasser und gab den Sud ihrem Onkel. Und einige Tage später wurde er gesund.«

»Das muss für ein achtjähriges Kind ja eine ungeheure Erfahrung gewesen sein!«

»Es hat ihr Leben geprägt, und sie ist eine mächtige Curandera und große Savia geworden.«

Am nächsten Morgen richtete mir Antonios Frau beim Frühstück aus, ihr Mann sei bereits mit seinem Pick-up unterwegs zu der »Señora«, zum Mittagessen aber wieder zurück. Ich nutzte die Zeit, um auf den Markt zu gehen. Ich liebe Märkte, besonders in anderen Ländern gehe ich nur zu gern zwischen den Ständen umher, schaue mir die Menschen an und was an Waren angeboten wird.

Hier erweckte ein Stand mein besonderes Interesse, der mir vorkam wie eine Mischung aus indigener Apotheke, Hexenküche und Devotionalienladen: Das Sortiment bestand aus Kruzifixen, Figuren von Jesus, Maria, der Jungfrau von Guadelupe, Dutzenden verschiedenen Heiligenfiguren, Rosenkränzen und einträchtig daneben bündelweise Kräuter aller Art, Copal, eine Affenhand, ein Stück von einem Alligator, eine tote Eidechse, Zähne von Schakalen und andere Elemente tierischen Ursprungs, Muscheln, Kristalle, Pülverchen, Salben und Tinkturen gegen verschiedene Krankheiten, Liebestränke, Amulette, die vor dem *mal de ojo*, dem »bösen Blick«, schützen sollen, und alle möglichen Dinge, die Curanderos oder auch Brujos so brauchen. Ich kaufte Kerzen aus Bienenwachs und Copal. An anderen Ständen erwarb ich Zigaretten, Süßigkeiten, Kaffee und eine wunderschöne, mit vielen bunten Blumen bestickte Bluse.

Als ich vom Markt zurückkehrte, saß Antonio beim Mittagessen. Ich setzte mich zu ihm.

»Mañana a las seis de tarde – morgen Abend um sechs können wir kommen«, empfing er mich.

»Wunderbar«, erwiderte ich und bedankte mich für seine Hilfe.

Als er sein Mahl beendet hatte, zeigte ich ihm meine Mitbringsel und forderte ihn auf, mir etwas über Abuela Luz Teresa zu erzählen.

»Sie ist vierundachtzig Jahre alt und ebenfalls eine Savia. Sie lebt sehr zurückgezogen etwa eine Stunde von hier entfernt in der Sierra. Sie macht fast nie Aveledas mit Fremden, du hast es also ganz mir zu verdanken, dass sie dich empfängt, weil ich sie lange und gut kenne. Anders als María Sabina arbeitet sie auch mit den alten Göttern. Vor allem mit Tlaloc, dem Bringer des Regens. Es heißt, der habe die Pilze, die ja nur in der Regenzeit wachsen, mit dem Blitz erschaffen. Außerdem ruft sie Quetzalcoatl an, den blonden Gott mit den jadefarbenen Augen. Die *teonanacatl* sollen aus dem Blut seiner Wunden entstanden sein.

Natürlich betet sie auch zu Jesus, dem Espiritu Santo, der Virgen de Guadalupe und anderen Heiligen«, fügte Antonio rasch hinzu. »Abuela Luz Teresa ist eine bescheidene Frau, sie nennt die Pilze *angelitos*, ›kleine Engel‹. Ihre Weisheit verblüfft mich immer wieder aufs Neue. Sie hat ein entbehrungsreiches Leben hinter sich und viel leiden müssen. Ihr Mann verunglückte, als sie mit dem siebten Kind schwanger war, und sie musste ihre Familie allein durchbringen. Drei ihrer Kinder starben früh. Aber jedes Mal, wenn ich sie sehe, öffnet mir ihre liebevolle Güte das Herz. Ihre einfache Hütte besteht lediglich aus der Küche und einem Raum, der nur eine Tür, aber keine Fenster hat. Ich bin sicher, sie wird dir gefallen. Und ganz bestimmt kann sie dir helfen.«

Als wir am nächsten Tag im Auto saßen, dachte ich noch einmal über das nach, was Antonio mir erzählt hatte. Seine Versicherung, dass María Sabina »religiös korrekt« sei, hatte mir einmal mehr deutlich gemacht, dass ich bei aller Freundschaft doch immer noch als Angehöriger der Eroberkultur gesehen wurde. Die starke Vermischung von Glaubensvorstellungen und Praktiken überraschte mich nicht, sie war mir schon oft und auch in anderen Kulturen begegnet. Es gab sie bereits, bevor die monotheistischen Religionen sich dort ausbreiteten. In Lateinamerika wurden die Indios gezwungen, das Christentum anzunehmen. Es wurde ihnen bei Todesstrafe untersagt, die ihnen seit Jahrtausenden vertrauten Praktiken und Rituale auszuüben.

Die Indianer in ganz Lateinamerika, auch die Schamanen, vermischen christliche Glaubensvorstellungen und Gepflogenheiten mit ihrer präkolumbischen Religion und deren Praktiken. Vor allem in ländlichen Gegenden haben die Menschen ihren alten Göttern die Namen von katholischen Heiligen gegeben, und wer zum heiligen Antonius betet, meint damit in den meisten Fällen einen der alten Götter. Ich habe Indios gesehen, die in der Kirche vor einer Heiligenfigur knieten, vor der sie Opfergaben wie Blumen, Eier, Maiskolben und Schnaps ausgebreitet hatten, und so inbrünstig beteten, dass ich mich wie ein Voyeur fühlte und schnell hinausging. Nach der Konquista wurden alle zeremoniellen Pilzrituale verboten, da die katholischen Priester sie als Teufelswerk betrachteten, und viele Schamanen endeten auf dem Scheiterhaufen. Nach einiger Zeit wurde sogar bezweifelt, dass es diese Zeremonien überhaupt noch gibt.

Unterwegs hielt Antonio an, um mit mir einen Wasserfall und eine Höhle zu besichtigen. Er war rührend bemüht, mir die Schönheiten seines Landes zu zeigen.

Als wir schließlich in dem abgelegenen kleinen Haus ankamen, öffnete auf Antonios Klopfen hin eine kleine, alte Frau. Abuela Luz Teresa reichte mir kaum bis zur Achsel. Fast völlig weiße Haare umrahmten ihr Gesicht, das von ihrem harten, entbehrungsreichen Leben mit unzähligen Falten gezeichnet war. Es zeigte deutlich die Entbehrungen und das Leid, das sie hatte ertragen müssen, aber auch ihre Stärke. Sie begrüßte uns freundlich, führte uns in die Küche und bot uns Kaffee an. Ich überreichte ihr den Copal, die Kerzen und meine Geschenke. Sie hielt sich die Bluse vor und lächelte mich glücklich an.

»Muchisimas gracias«, sagte sie, wohl einige der wenigen Worten Spanisch, die sie sprach.

Wir mussten den Sonnenuntergang abwarten und tranken Kaffee. Ich bat sie, die Probleme zu heilen, die mein Magen mir verursachte. »Er bildet zu viel Säure, und mir ist oft übel. Die Ärzte konnten mir bis jetzt nicht helfen.«

»Wir werden sehen«, übersetzte Antonio.

»Du hast den Ruf, eine Savia zu sein«, fragte ich, um mit ihr ins Gespräch zu kommen. »Wie hast du dein Wissen erlangt?«

»Jenseits von unserer Welt, weit weg und gleichzeitig ganz nah, gibt es eine andere, für uns nicht sichtbare Welt«, dolmetschte Antonio ihre Antwort. »Die Welt der Toten, der *espiritos*, der Heiligen und der Engel. Dort ist Gott. In dieser Welt ist alles bekannt, was bereits geschehen ist, und auch das, was noch geschehen wird, ebenso wie das, was gedacht und getan wurde, und das, was gedacht und getan werden wird. Die heiligen Pilze nehmen mich bei der Hand und bringen mich in diese Welt, und sie sprechen zu mir in ihrer eigenen Sprache. Ich berichte nur, was ich höre. Es sind die *teonanacatl*, die zu mir sprechen, und ich verstehe sie. Ich stelle Fragen, und sie antworten. Wenn ich von der Reise zurückkomme, erzähle ich, was mir gesagt wurde und was sie mir gezeigt haben. Das ist alles.«

»Könnte diese Welt das sein, was wir das ›kosmische Bewusstsein‹ nennen?«, fragte ich.

»In eure Sprache übersetzt könnte es so heißen«, antwortete sie. »Je tiefer du in die Welt des *teonanacatl* eindringst, desto mehr zeigt er dir. Du siehst die Vergangenheit und die Zukunft, die eigentlich eins sind, denn beides ist schon geschehen. Auf unseren Reisen mit den *teonanacatl* haben wir Mazateken das Gefühl, ein magischer blauer Vogel zu sein, den wir den ›Vogel der Weisheit und der Freiheit‹ nennen. Wir unterbrechen unseren Flug nur für den Moment eines Wimpernschlags, um dem Hilfesuchenden Heilung, Hoffnung und ein Ziel zu geben.«

Ihre Tochter Luz María kam herein und wurde mir vorgestellt. Sie sollte an der Zeremonie teilnehmen und bat uns, in den anderen Raum zu kommen. Ich hatte das Gefühl, eine Kirche zu betreten. Neben den Figuren von Tlaloc und Quetzalcoatl standen da Figuren von Jesus, dem heiligen Antonius, der Virgen de la Guadalupe und ein paar anderen Heiligen, außerdem Blumen, eine Schale Wasser, mehrere Kristalle und Kerzen.

Abuela Luz Teresa ging zu ihrem Altar und begann, ihn herzurichten. Sie zündete die Kerzen und die Kohle in dem *brazero*, dem Räuchergefäß, an und gab den Copal hinzu. Dichte Rauchschwaden stiegen auf und erfüllten den Raum mit einem wunderbaren aromatischen Duft.

Sie ließ sich meinen Namen sagen und wiederholte ihn mehrere Male, um ihn sich einzuprägen. Dann stellte sie einen großen Porzellanteller mit etwa zwei Dutzend Pilzen auf den Altar. Jeweils zwei in jeder Hand, führte sie die Pilze siebenmal durch den aromatischen Rauch, machte über den Pilzen dreimal das Kreuzzeichen und sprach dabei mit einer melodiösen, aber sehr leisen Stimme auf Mazatekisch.

Manche Worte konnte ich verstehen: »Jesus, Virgen de Guadalupe, Spiritu Santo, San Pedro«, hörte ich sie sagen, »Tlaloc, Quetzalcoatl« – und zweimal meinen Namen.

»Sie segnet und weiht die Pilze«, flüsterte Antonio. »Sie ruft die *espiritos*, stellt dich vor und bittet um Unterstützung.«

Wir knieten vor dem Altar auf den Matten nieder, mit denen der Raum ausgelegt war. Eine feierliche, ja mystische Stimmung breitete sich aus. Auch ich betete zu meinen Schutzkräften, ich bat sie, mich zu begleiten, zu beschützen, zu führen und zu lehren. Dann gab sie mir und Luz María je drei Paar Pilze und nahm selbst fünf Paar. Als sie Antonio Pilze anbot, lehnte dieser jedoch ab. Er sei nicht, wie vorgeschrieben, fünf Tage enthaltsam gewesen. Wir begannen zu essen.

Die Pilze schmeckten sehr bitter, und während ich langsam kaute, fasste ich die Absicht, mich ohne Vorbehalte dem *espirito* des Pilzes hinzugeben und ihm jede Zelle meines Körpers zu öffnen. Abuela Luz Teresa rieb nun meine Arme ein: mit San Pedro – ein Halluzinogen aus einem Kaktus – und gemahlenem Tabak, vermischt mit Knoblauch und Limonensaft.

»Um dich zu schützen«, erklärte Antonio. »Sie bittet dich zu sagen, wenn du die Wirkung spürst!«

Ich weiß nicht, wie viel Zeit vergangen war, bis es so weit war. Wie ein Hauch kam sie zu mir und breitete sich langsam und, wie mir schien, vorsichtig in meinem Körper aus. Wie ein Prickeln spürte ich die Energie nacheinander in alle Organe dringen, zuletzt ins Gehirn.

»Es ist da«, sagte ich, und Antonio übersetzte.

Abuela Luz Teresa blies die Kerzen aus und setzte sich neben mich auf die Strohmatte.

»Die Dunkelheit wirkt wie ein Hintergrund für die Visionen«, flüsterte Antonio.

Mit leiser, melodiöser Stimme intonierte sie ihre uralten, heiligen Gesänge und klatschte dabei leicht in die Hände oder gegen ihre Beine. Ihr Gesang tanzte durch den Raum, das rhythmische leise Klatschen durchdrang meinen ganzen Körper und ließ ihn vibrieren. Ich war davon wie hypnotisiert.

Ihre Liedtexte, die Antonio mir am folgenden Tag übersetzte, hatten im Wesentlichen den folgenden Wortlaut:

»Frau, die donnert, bin ich, tso.
Frau, die tönt, bin ich, tso.
Singvogel-Frau, die bin ich, tso.
Adler-Frau, die bin ich, tso.
Wirbelnde Frau des Wirbelwinds bin ich, tso.
Frau der Sternschnuppe bin ich, tso.
Frau der Geburt bin ich, tso.
Ich bin eine Gesetzes-Frau, tso.
Ich bin eine Lebens-Frau, tso.
Ich bin eine Geist-Frau, tso.
Ich bin eine weinende Frau, tso.
Ich bin eine kleine Frau der großen Weite der Wasser, tso.
Ich bin eine kleine Frau der großen Weite der göttlichen See, tso.
Sie ist eine Morgenstern-Frau, tso.
Sie ist eine Orionstern-Frau, tso.

Sie ist eine heilige Frau, tso.
Sie ist eine Frau mit vibrierenden Flügeln, tso.
Sie ist eine Frau der guten Worte, tso.
Sie ist eine Frau der guten Worte, des guten Atems, des
    guten Speichels, tso.
Ich bin eine Frau, die in das Innere der Dinge sieht und
    erforscht, tso.
Ich bin eine grüne Frau, tso.
Ich bin eine Frau des Klaren, tso.
Keiner schüchtert uns ein, tso.
Ich bin eine Frau, die reinigt, tso ...«

Vor meinem inneren Auge entfalteten sich ständig wechselnde
Farbmuster, in denen ich umherflog. Über dem Altar sah ich
plötzlich ein blendend helles Licht. Ich fragte, was das bedeutete, und Antonio übersetzte, es sei das Licht des Heiligen Geistes, der gekommen sei, uns zu helfen. Ich fühlte eine starke
Präsenz, und mir wurde ganz andächtig zumute. Abuela Luz
Teresa hörte auf zu singen, und für eine Weile war es totenstill
im Raum.

Dann begann sie leise zu sprechen und zu singen, und obwohl ich nichts verstand, hörte es sich für mich so an, als würde
sie zu einem Baby sprechen und ihm dann ein Schlaflied singen.
Ich spürte, wie sie zärtlich meine linke Hand in ihre beiden
Hände nahm, und eine Welle von Wärme und Liebe überflutete
mich. Wie in eine andere Welt versetzt, fühlte ich mich geliebt
und empfand die äußere und innere Welt in einer strahlenden
Schönheit.

Ein starkes, wunderbares Gefühl von Glückseligkeit erfüllte
mich, und dicke Tränen rollten mir übers Gesicht. Es war mir,
als wäre ich heimgekommen, als hätte ich endlich das gefunden, wonach ich mein ganzes Leben vergeblich gesucht hatte.
Sie drückte leicht meine Hand und streichelte sie, und schlagartig änderte sich mein Gefühl vollkommen. Ich wurde von
abgrundtiefem Schmerz und grenzenloser Verzweiflung überschwemmt, ich begann zu schluchzen und dann haltlos und

laut zu weinen. Ich brauchte eine Weile, bis ich in der Lage war, tränenüberströmt zu fragen, was das zu bedeuten hätte.

»Du bist bei den Gefühlen, die du vor und nach deiner Geburt erlebt hast«, übersetzte Antonio.

Abuela Luz Teresa nahm nun einen Stock und begann, damit sanft auf die Erde zu klopfen. Es kam mir vor, als ob bei dem eigenartigen Geräusch, welches das Holz auf dem Boden erzeugte, die Erde erzitterte. Die Vibrationen übertrugen sich auf meinen Körper.

Wie auf Knopfdruck erschienen die Bilder vor meinem inneren Auge. Ich hatte meine Geburt schon während meiner Therapie in Coloman erneut durchlebt und wusste daher, dass ich ein unerwünschtes Kind war. Meine Mutter war so schwach und kränklich, dass meine zwei Jahre ältere Schwester während der letzten drei Monate der Schwangerschaft zu den Großeltern geschickt wurde. Mein Vater war schon dreiundfünfzig Jahre alt, die Ehe war bereits zerrüttet. 1933 befand sich Deutschland in einer schweren politischen und wirtschaftlichen Krise. Die Eltern und Schwestern meiner Mutter warfen meinem Vater vor, in dieser Lage meiner Mutter noch »ein Kind gemacht« zu haben, sei völlig verantwortungslos.

Die Brüder und Schwestern meines Vaters dachten ebenso. Schon im Mutterleib spürte ich, dass mich keiner wollte, mich keiner liebte. Ich wollte nicht geboren werden, und meine Mutter wollte mich nicht gebären. Es kam zu keiner Kooperation zwischen uns. Ich stellte mich tot, besonders wenn sie presste. Wurde der Druck für mich zu groß, stemmte ich meine Füße gegen die Fruchtblase und drückte die Beine durch, während meine Mutter sich verkrampfte. Mein Kopf war schon fast ganz draußen, aber die Schultern wollten nicht durch den Geburtskanal, ich steckte fest. Wie gesagt: Vierzehn Stunden dauerte der Kampf, bei dem es um Leben und Tod ging. Meine Mutter schrie vor Schmerzen: »Der bringt mich um!«, rief sie, und so kam ich schon mit dem Gefühl von Schuld zur Welt.

Diese Gefühle, dass mich niemand will, niemand liebt und ich Schuld trage, begleiteten mich fast mein ganzes Leben. Dabei war meine Mutter eine herzensgute Frau, die alles tat, um meine Schwester und mich zu umhegen und zu versorgen, aber sie war nicht in der Lage, zärtlich zu sein, zu schmusen, uns zu herzen oder zu drücken. Körperliche Zuwendung und Liebe waren für sie offenbar ein Gräuel. Ich erinnere mich, dass sie, als ich größer war, versteinerte und mich wegschob, als ich sie einmal in den Arm nahm. Der Schmerz und die Verzweiflung, als diese Bilder nun an mir vorüberzogen, waren unerträglich.

Wie Antonio mir am nächsten Tag berichtete, lag ich wie ein Embryo bestimmt eine halbe Stunde schreiend und schluchzend auf der Erde. Er habe Angst gehabt, ich stürbe, und dann sei ich – wohl vor Erschöpfung – eingeschlafen und erst nach etwa einer halben Stunde wieder aufgewacht.

Es war ein schmerzhafter Blasendruck, der mich geweckt hatte. Ein Poncho war über mich gebreitet worden, um mich vor der Kühle der Nacht zu schützen. Antonio musste mir helfen, aufzustehen und vors Haus zu gehen, denn ich torkelte wie ein Betrunkener. Mich fröstelte. Es war Neumond, und in der pechschwarzen Dunkelheit überfiel mich Angst. Aber als ich nach oben schaute, wurde ich von ehrfürchtigem Staunen ergriffen. Der Himmel war übersät mit Sternen. Das Firmament drehte sich langsam, wie ein riesiges Uhrwerk, und die Milliarden Sterne glitzerten in allen Farben. Wie eine riesige Spirale, in der ich zu fliegen schien. Alle Gefühle waren enorm intensiviert.

Beim Entleeren meiner Blase spürte ich, wie auch der emotionale Druck und Schmerz allmählich nachließen. Antonio musste mich festhalten, weil ich das Gleichgewicht verlor, und führte mich zurück ins Haus.

Abuela Luz Teresa hatte wieder zu singen begonnen. Oder sang sie immer noch? Ich streckte mich auf der Matte aus, und sie legte mir die Hand auf den Solarplexus. Begleitet von ihrem leisen Gesang begann sie, mit vorsichtigen, aber kraftvollen Bewegungen kreisend zu massieren. Allmählich arbeitete sie sich in meine Magengegend vor und massierte dort weiter, wohl um meine Beschwerden zu heilen. Dann spürte ich ihre Hand auf meinem Herzen, und wie am Anfang, als sie meine Hand genommen hatte, überflutete mich eine Woge von Wärme, Liebe, Zärtlichkeit und Verständnis, als hätte sich eine Schleuse geöffnet. Das Wohlgefühl war unbeschreiblich.

Ihr Gesang und die rhythmische Bewegung ihrer Hände führten mich wie an einem Silberfaden immer weiter in andere, ferne Welten. Die Visionen wurden intensiver. Ich sah wunderschöne, geometrische Muster, wie vielfarbige Teppiche. An griechische Tempel erinnernde Bauwerke in vollendeter Harmonie, Straßenzüge mit Arkaden, Paläste mit Gärten und Innenhöfen, alles in wunderschönen Farbtönen von Elfenbein, Bernstein, Türkis, Rubin, Gold und Silber. Ich fühlte mich wie in einer Märchenwelt. Pilze mit großen farbigen Schirmen verwandelten sich in Mandalas, deren Muster sich ständig und mit großer Geschwindigkeit veränderten. Schmetterlinge und Libellen in schillernden Farben flatterten in einem ekstatischen Tanz umher. Ich war erfüllt von innerem Frieden, eine himmlische Glückseligkeit erfüllte mich, und ich fühle mich wie ein Gott.

Langsam verloren die Halluzinationen an Intensität, und die Wirkung der Pilze ließ nach.

Ich strich mit den Händen über mein Gesicht und dann über den ganzen Körper, wie um mich seiner Grenzen zu vergewissern. Als ich sehr vorsichtig die Augen öffnete und mich im Raum umschaute, sah ich die Wände sich wie Membranen bewegen, als ob sie atmeten.

Ich setzte mich auf und saß Abuela Luz Teresa nun gegenüber. Es dämmerte bereits. Liebevoll schaute sie mich an, und Antonio übersetzte: »Du hast sehr gut gearbeitet, und die *angelitos* haben dir geholfen, einen ganzen Teil des Pakets abzutragen, das du bis jetzt schleppen musstest.«

Wir unterhielten uns noch eine Weile wie Freunde, die sich schon seit sehr langer Zeit kennen. Dann übermannte uns die Müdigkeit, und wir legten uns zum Schlafen auf die Matten.

Strahlend helles Licht weckte mich. Geblendet musste ich meine Augen gegen die Sonnenstrahlen abschirmen, die durch die offene Tür fielen. Die Wirkung der Pilze hatte nachgelassen, aber meine Wahrnehmung war nach wie vor auffallend verändert. Abuela Luz Teresa schlief noch, zugedeckt von ihrem bunten Poncho. Ich betrachtete sie, beeindruckt von der Güte und dem Frieden in ihrem Gesicht. Von Sonnenstrahlen überflutet, schien sie zu leuchten, sie kam mir vor wie vergoldet.

Luz María und Antonio waren schon aufgestanden. Aus der Küche hörte ich das Klappern von Geschirr und roch den Duft von frisch aufgebrühtem Kaffee. Als ich hineinkam, schlossen mich erst María und dann Antonio in die Arme und wünschten mir einen guten Morgen. Auch Abuela Luz Teresa gesellte sich nun zu uns, und auch wir umarmten uns. Die einfache, selbstverständliche und freundliche Atmosphäre der nächtlichen Erfahrung war immer noch in mir lebendig.

»Ich fühle, dass es ein wirkliches Privileg ist, dich kennengelernt zu haben und an deiner Zeremonie der heiligen Pilze teilnehmen zu können«, sagte ich. Sie lächelte nur.

Beim Frühstück sprach ich sie auf das traumatische Wiedererleben meiner Geburt an und fragte sie, ob sie es in mir gesehen und absichtlich hervorgerufen hatte.

»Ich habe deine Geburt sehen können und gefühlt und gesehen, welches große Bedürfnis nach Liebe und Akzeptanz in dir ist. Wie ein großes schwarzes Loch sah es aus. Ich brauchte gar nichts zu sagen. Mein Herz hat sich geöffnet, und als meine Hände deine Hand nahmen, habe ich dir das gegeben, was du brauchtest. Das hat das Erleben deiner Geburt in dir aufsteigen lassen«, sagte sie. »Selten habe ich jemanden so leiden sehen. Du hast sehr gut gearbeitet.«

»Ich hatte geglaubt, durch die Therapie, die ich gemacht habe, hätte sich das Trauma schon weitgehend aufgelöst«, wunderte ich mich. »Auch der mexikanische Schamane José Lopez Guido hat vor einem Jahr das Problem in mir gesehen und mich dreimal gezielt durch Trommeln und Hyperventilation dazu gebracht, in Trance die Erinnerung noch einmal heraufzuholen. Wie ein Vulkan brach es damals aus mir hervor. Der Schmerz war gewaltig, und er musste mich jeweils vorsichtig aus der Trance herausholen. Ich sei noch nicht vorbereitet, die ganze

Gefühlsballung zu durchleben, man müsse sie gemäß meinen Kräften dosieren, erklärte mir José.«

»So eine schreckliche Erfahrung ist wie eine dicke Zwiebel mit vielen Schichten«, antwortete sie. »Du musst eine nach der anderen abtragen.«

Ich fragte mich, ob dies wohl die letzte Schicht der Zwiebel gewesen war.

Zum Abschied schenkte sie mir ein aus buntem Garn gewebtes Täschchen. Als wir uns herzlich umarmt hatten, sagte sie: »Wenn du gehst, dreh dich bitte nicht mehr um.«

Percy Konqobe © Shamanism & Healing Association

Bonethrowing – das Knochenorakel

Ich hatte Percy und Mali gebeten, die Bones für mich zu werfen. Gleichzeitig sollte es eine Lehrstunde über das Bonethrowing werden. Eines Nachmittags riefen sie mich, und ich folgte ihnen zu einer mächtigen Schirmakazie am Rand des Dorfes. Dort richteten sie zunächst ihren Arbeitsplatz ein. Sie rollten eine Bastmatte auf dem Boden aus und schütteten das Set der Bones darauf, um es mir zu erklären. Auf beide Seiten legten sie ein Power-Instrument, links einen schwarzen Kuduschwanz mit einem Holzgriff und rechts einen Stab mit einem runden Knauf. Ich musste mich wie sie mit flach ausgestreckten Beinen auf die Erde setzen.

»Wie du siehst, enthält mein Set außer Knochen auch Muscheln und verschiedene andere Teile, einen Dominostein, eine Münze, einen Würfel und so weiter«, begann Percy. »Fast alle Teile sind doppelt vorhanden, weiblich und männlich. Die Knochen können auf bis zu sechs Seiten liegen, und jede dieser Seiten hat ihre eigene Bedeutung. Die Lage der Knochen zueinander zeigt uns die Beziehungen derer, die sie repräsentieren. Jeder Wurf bringt neue Konstellationen und bedeutet jedes Mal etwas anderes.«

»Woher habt ihr euer Bone-Set?«, erkundigte ich mich. »Ist es euch von eurem Lehrer geschenkt worden?«

»Als wir bei Mpapane das Lesen des Knochenorakels lernten«, erklärte mir Percy, »ist das Set langsam zusammengewachsen. Zu Beginn meiner Lehrzeit als Sangoma wurde, wie es Tradition ist, eine Ziege geopfert. Meine ersten beiden Knochen stammen aus den Kniegelenken dieses Opfertiers. Als Nächstes schenkte mir Mpapane einen Knochen, der alle Lehrenden repräsentiert, wie zum Beispiel den Sangoma, einen Lehrer oder einen weisen Ältesten. Eins für männliche, eins für weibliche. Mali als mein Mitschüler in der Sangoma-Schule hat einen Knochen ausgesucht, der für männliche Kollegen steht,

137

und eine Schülerin einen Knochen, der weibliche Kollegen repräsentiert.

Während der Zeit, in der ich mein Set erhielt, kamen weibliche und männliche Familienmitglieder und ratsuchende Menschen aus dem Dorf zu mir und wählten Knochen für bestimmte Aufgaben aus. Die Frau des Sangomas suchte einen Knochen aus, der für die Partner von Lehrern steht, und auch für ihre Kinder wählte sie welche. So geht es weiter, und das Set vervollständigt sich immer mehr. Den Knochen, der für den Häuptling, und den, der für die Polizei steht, mussten wir selbst aussuchen. Es kommen Knochen oder Muscheln hinzu, die für deine Kinder und Enkel sowie für die Eltern und Großeltern von beiden Seiten und andere Familienmitglieder stehen.

Das alles zieht sich über Wochen und Monate hin, aber so wissen wir von jedem Knochen ganz genau, welche Bedeutung er hat. Dieses ›Set‹ behält jeder von uns sein ganzes Leben lang. Wenn wir nun die Knochen werfen, erzählen sie jedes Mal eine andere Geschichte.«

»Die Bones sind für uns beide, wie für alle Sangomas, das wichtigste Diagnosemittel für Probleme aller Art«, ergänzt Mali. »Wir werfen die Bones nicht nur für eine Person, die Hilfe sucht. Wir können mit ihrer Unterstützung auch Lösungen für Probleme in einer Familie, einem Dorf, einer Firma oder einem Land finden. Politiker und Manager großer Firmen kommen zu uns, um sich Rat zu holen.«

»Manche allerdings erst, wenn es dunkel ist«, wirft Percy ein, »und man sie nicht erkennen kann. Als Nelson Mandela aus dem Gefängnis entlassen wurde, ging er nicht etwa zuerst zu seiner Familie, sondern zu seinem Sangoma, der ihn während der fünfundzwanzig Jahre seiner Gefangenschaft beraten und betreut hatte. Und das war nicht in der Nacht.«

»Wenn jemand kommt, der nicht körperlich, seelisch oder spirituell krank, vielleicht auch nur etwas durcheinander ist und keine Orientierung hat, dann kann das Knochenwerfen wie eine Medizin wirken. Denn es bringt alles in eine Ordnung, und er kann das Problem erkennen. Ihm wird gesagt, was er tun muss, wenn er nach Hause kommt, um seine Situation zu verbessern. Wenn er das befolgt hat, wird er nach einiger Zeit im Traum Licht sehen. Dann kommt er wieder, und wir arbeiten weiter, denn wir müssen herausfinden, was fehlt, bevor er krank wird. Da er körperlich, seelisch und auch spirituell gesund ist, hat er vielleicht nur zu viel Stress, oder er befindet sich in einer Phase des Umbruchs. Er ist konfus und verunsichert.

Die Bones werden nun alles aufhellen, und sobald er einmal versteht, was geschieht, weiß er, wann und wie er handeln muss. Er wird nicht mehr blind drauflosgehen, ohne zu wissen, wohin es führt. Man sagt: Wissen ist Macht. Wenn er also weiß, was er will, gibt es ihm die Kraft, jeden gewünschten Schritt zu tun, weil er weiß, warum er ihn macht und zu welchem Resultat er führen soll.«

»Wir können nur helfen, wenn wir genau wissen, wo das Problem liegt. Um dies herauszufinden, werfen wir die Knochen«, erläuterte Mali. »Haben wir das Problem erkannt, dann werfen wir die Knochen zu der Frage, was die Wurzel des Problems ist. Wenn wir das wissen, dann fragen wir die Bones, ob es eine Lösung für das Problem gibt. Und wenn es eine Lösung gibt, finden wir heraus, was wir oder der Ratsuchende dafür tun können. Wenn es keine Lösung gibt, finden wir heraus, was man stattdessen tun kann. Wir Sangomas erkennen aus der Lage der Bones das Problem und geben dem Ratsuchenden Antworten. Wir sprechen nicht gern von ›Patienten‹ wie ihr in Europa. Wir nennen sie ›Rat-‹ oder ›Hilfesuchende‹ und bezeichnen uns als ›Helfende‹.«

»Der Ratsuchende kommt zum Sangoma mit einem Problem, das sich in verschiedenen Formen äußern kann«, nahm Percy den Faden auf. »Auf der körperlichen Ebene, indem er krank wird, auf der sozialen, dann gibt es Konflikte mit seiner Frau, in der Familie, in seinem Berufsumfeld, mit Behörden, der Polizei und so weiter, oder auf der spirituellen Ebene, wenn sein Verhältnis zu den Ahnen oder zu den Spirits gestört ist. Probleme entstehen oft, weil ein Mensch sich einem Ruf oder einer Forderung der Ahnen zu entziehen sucht.«

»Wir Sangomas beschränken uns nicht auf die Behandlung der Symptome einer Krankheit«, warf Mali ein. »Sondern wir gehen dem Problem bis an seine Wurzeln nach. Das heißt, wenn wir beim ersten Wurf das Problem erkannt haben, der Ratsuchende uns seine Informationen gegeben hat und wir ein vollständiges Bild von der Person, ihrem Problem und dessen Wurzeln haben, können wir sagen: ›Das ist dein eigenes Muster. Es liegt vor uns, und es ist nicht unser Muster. Es kommt mit dir und von dir, weil du uns aufsuchst und um Hilfe und Rat bittest, und da es über das Orakel zu uns kommt, sind wir so etwas wie Empfänger oder Sensoren, die sehen, was in dir ist. Wir lesen es dir vor, damit auch du hören kannst, was es zu sagen hat.‹«

»Besonders bei Weißen merke ich oft, dass sie kein volles Vertrauen zu mir haben«, erklärte Percy. »Oder sie sind nicht wirklich bereit mitzuarbeiten. Dann muss ich ihnen erklären, dass sie es waren, die zu mir gekommen sind und um Hilfe bitten. Die kann ich ihnen nur geben, wenn sie meine Deutungen zumindest offenen Herzens anhören und mir sagen: ›Ja, das ist richtig.‹ Oder: ›Nein, dazu habe ich keinen Bezug.‹ Um zu einem Ergebnis zu kommen, muss der Ratsuchende bei meiner Diagnose mitarbeiten. Bei dir aber wird das nicht der Fall sein, denn ich weiß, dass du mir vertraust.

Wenn ein Ratsuchender zu uns kommt, in diesem Fall bist du das, bereiten wir uns zunächst vor. Wir sprechen zu unseren Ahnen und bitten sie um Mitarbeit und Klarheit – und auch zu deinen Ahnen, denn wir brauchen ebenso ihre Hilfe, weil sie dich am besten kennen.«

Percy und Mali zündeten Räucherwerk an, und Percy sammelte die Bones von der Matte auf und hielt sie nun mit beiden Händen über den Rauch. Er beugte sich vor, bis sein Mund die Knochen fast berührte, und sprach lange zu ihnen.

Nun baten sie mich, mein Problem zu schildern. Ich berichtete, dass ich die Früchte meiner Arbeit oft nicht ernten könne. Meine Ideen und Projekte seien oft durchaus realisierbar und hätten häufig auch sehr guten Erfolg. Aber auf der materiellen, ökonomischen Ebene setze sich das in den letzten Jahren nicht um. Auch in meinen Beziehungen komme es nach einigen Jahren des Glücks immer wieder zu schmerzhaften und abrupten Trennungen.

Percy hielt mir seine Hände mit den Bones hin, und ich musste darauf pusten. Dann warf er die Knochen auf die Matte. Percy und Mali deuteten nun auf verschiedene Knochen und Muscheln und unterhielten sich eine ganze Weile auf Zulu. Dann erklärte Percy, wobei er auf einen Knochen zeigte, der über die Matte hinausgerollt ist: »Das ist der Bone, der für deinen Vater steht. Er liegt außerhalb der Matte, das heißt, der Rest der Familie und die Ahnen sind nicht mit ihm verbunden. Die Stellung, in der er liegt, lässt darauf schließen, dass dein Vater mit sich und seinem Leben unzufrieden war und sich und sein Umfeld hasste, als er starb. Noch jetzt hat er das nicht überwunden. Insbesondere die Bones deines Großvaters väterlicherseits, die deiner Mutter, deiner Schwester und der Bone, der dich repräsentiert, weisen auf schwere Differenzen hin. Sein Leben scheint zerrissen gewesen zu sein. Es könnte sogar sein, dass er eingesperrt war. War er vielleicht im Gefängnis? Hat er vielleicht seine Familie verlassen oder verwünscht?«

Sogleich waren mir zahllose Beispiele präsent, die ihre Diagnose bestätigten. Vor meinem inneren Auge rollte die Geschichte meines Vaters und meines Großvaters ab. Mein Großvater hatte als Ulan in den Kriegen 1866 gegen Österreich und 1870/71 gegen Frankreich gekämpft. Von den Gräueln der Kriege und den fürchterlichen Erlebnissen beschämt und erschüttert, nahm er seinen Abschied. Er wurde als Rentmeister mit der Auszahlung der Renten beauftragt, so hatte er ein erträgliches Einkommen. Als Rittmeister stand ihm zusätzlich eine finanzielle Abfindung zu. In einem ehemaligen Kloster, das die Kirche zur Verfügung gestellt hatte, gründete er damit ein Waisenhaus in Karden an der Mosel. Zu den drei Söhnen, die er bereits mit seiner Frau hatte, wurden noch vier weitere Kinder geboren, zwei Söhne und zwei Töchter. Ein Sohn starb allerdings im Kindesalter. Mein Vater war das fünfte der lebenden Kinder.

Die Familie wohnte mit vierzig Waisenkindern in diesem Kloster, in dem sich auch die Einklassenschule befand. Sie nahm alle Mahlzeiten gemeinsam mit den Waisenkindern ein. Mein Großvater, geprägt von seiner konservativen katholischen Erziehung und seiner Militärzeit, führte ein strenges Regiment. Die guten Positionen in der Familienkonstellation waren bereits von den älteren Brüdern meines Vaters besetzt. Der Älteste wurde Lehrer, die beiden anderen Pfarrer, und die beiden Schwestern blieben ledig und führten später ihren Brüdern die Pfarrhaushalte. Mein Vater war von Anfang an das schwarze Schaf der Familie.

Als er achtzehn Jahre alt war, verliebte er sich in ein sechzehnjähriges Waisenmädchen und begann ein Verhältnis mit ihr. Damit machte er sich strafbar. Er floh 1898 nach London, um einer Gefängnisstrafe zu entgehen. Er verlor also zum ersten Mal alles: sein Zuhause, seine Eltern, seine Geschwister, seine Freunde und seine Liebe.

In London machte er Karriere in einer Bank. 1914 war er einer der Filialleiter der Deutschen Bank in London. Er war mit einer hübschen rothaarigen, grünäugigen Irin verlobt, deren Eltern eine Teeplantage in Indien besaßen und recht begütert waren. Beim Ausbruch des Ersten Weltkriegs wurde er interniert und verbrachte die Zeit bis kurz vor dem Ende des Krieges unter teilweise menschenunwürdigen Umständen in Internierungslagern. Seine Verlobte löste die Verlobung, sein Haus sowie sein Vermögen wurden beschlagnahmt. Er verlor also zum zweiten Mal alles.

Nach dem Krieg kehrte er nach Deutschland zurück und ging zu seinem Bruder, der Pfarrer in einem Weinort am Mittelrhein war. Er studierte an der Hochschule in Mainz Weinbau, pachtete die brachliegenden Weinberge des Pfarrhofs und begann eine Karriere als Winzer. Aus einem Lastenausgleichsfond bekam er 1923 eine größere Summe zugesprochen. Als das Geld ausgezahlt wurde, war es durch die Inflation gerade noch so viel wert, dass er sich einen Trenchcoat davon kaufen konnte. Das war das dritte Mal, dass er alles verlor.

1930 heiratete er meine Mutter, 1931 wurde meine Schwester geboren und 1933 dann ich. Da mein Vater Antinazi war und das auch offen aussprach, setzte die SA alles daran, ihn zu vernichten. Sie verprügelten seine Arbeiter und bedrohten sie und ihre Familien so lange, bis sie kündigten. Ohne Arbeiter musste er aufgeben. Das war das vierte Mal, dass er alles verlor.

Wir zogen nach Bonn, und mein Vater eröffnete einen Weingroßhandel. Damals war er bereits sechzig. 1944 wurde bei einem Bombenangriff auf Bonn unser Haus von zwei Phosphorbomben getroffen. Als wir unter lebensgefährlichen Umständen aus einem öffentlichen Luftschutzraum kamen, mussten wir hilflos zusehen, wie alles, was wir besaßen, verbrannte. Das war das fünfte Mal, dass er alles verlor.

Bei der Währungsreform 1948 verlor er neunzig Prozent seiner Barschaft, die in diesem Augenblick beträchtlich war, da er zum Weineinkaufen an die Mosel fahren wollte. Das war das sechste Mal, dass er alles verlor.

Von diesem Schlag erholte er sich nicht mehr. Seine Schulden waren erdrückend. Aus Verzweiflung versuchte er, sich das Leben zu nehmen. Er wollte sich im Rhein ertränken, wurde aber aus dem Wasser gezogen. Zufällig war sein »Retter« Arzt in der psychiatrischen Klinik, er lieferte ihn sofort ein. Eine Woche später verabreichte man ihm eine Serie von Elektroschocks. Das war das siebte Mal, dass er alles verlor. Denn danach war er wie ein lebender Toter, als hätte er keine Seele mehr. Er sprach kaum noch und schien für uns nicht mehr erreichbar zu sein. Die Familie hatte kein Geld mehr, um ihn in einer Privatklinik unterzubringen, und so verbrachte er die letzten vier Jahre seines Lebens in einer geschlossenen Anstalt unter absolut menschenunwürdigen Bedingungen. Der Weltmann, der Maßanzüge getragen, in den besten Hotels gewohnt und in den feinsten Restaurants gespeist hatte, teilte sich nun mit vierzig psychisch schwer gestörten Männern einen Schlafsaal und einen Aufenthaltsraum. Nach vier langen Jahren starb er. Zum achten Mal hatte er alles verloren, diesmal sein Leben.

Ich schilderte Percy und Mali die wesentlichen Teile der Geschichte meines Vaters. »Ihr seht also, wie genau ihr seine Situation beschrieben habt!«, sagte ich.

Die Bones des letzten Wurfs lagen immer noch auf der Matte, und plötzlich deutete Percy auf mehrere Knochen und Muscheln und sprach auf Zulu mit Mali.

Nach einer, wie mir schien, endlosen Diskussion sagte er: »Wir sehen hier Anzeichen dafür, dass dein Vater deiner Mutter schwer geschadet hat. Es könnte sogar sein, dass er vielleicht indirekt ihren Tod verschuldete.«

Ich war perplex, denn ich hatte ihm nicht gesagt, dass meine Mutter nicht mehr lebte. Tatsächlich hatte mein Vater meine Mutter mit Syphilis angesteckt, es ihr verschwiegen, sie aber unter einem anderen Vorwand zu einem ihm befreundeten Hautarzt geschickt. Der hatte sie behandelt, aber da es noch kein Penizillin gab, konnte er sie nicht vollkommen heilen. Jahre später starb sie an den Spätfolgen dieser Krankheit. Ich berichtete dies den beiden. Sie sahen mich voll Anteilnahme an. Eine Weile schwiegen wir.

»Jetzt willst du natürlich wissen, wie wir zu einer Lösung des Problems kommen«, meinte Percy schließlich. »Ich sammle nun die Knochen ein und spreche zu ihnen. Ich erzähle ihnen, was ich gesehen habe und was du bestätigt hast.«

Er schichtete die Bones auf und nahm sie in beide Hände. Dann sprach er lange zu ihnen in Zulu. Später berichtete er mir, dass er wiederholte, was ich ihm erzählt hatte. Nun warf er die Knochen nochmals.

»Bei jedem Wurf fallen die Knochen vollkommen anders«, kommentierte Mali. »Wir lesen die Lage der Knochen zueinander und die Lage der einzelnen Knochen.«

Wieder debattierten sie auf Zulu und deuteten dabei auf verschiedene Bones. Dann fragte mich Mali: »Hat dein Vater deine Mutter betrogen? Hat er andere Frauen gehabt? Hast du außer deiner Schwester noch andere Geschwister, zu denen du keinen Kontakt hast? Ist es möglich, dass dein Vater in seinem Wahn die ganze Familie mit einem Fluch belegt hat?«

Die erste Frage konnte ich, ohne lange nachzudenken, mit einem klaren Ja beantworten, denn ich wusste, dass mein Vater etliche Affären hatte. Bei der zweiten und dritten Frage musste ich sagen, dass mir davon nichts bekannt war. Mali sammelte die Knochen wieder ein, sprach zu ihnen und warf sie.

»Wir fragen jetzt: Wie kann dir, und damit deinem Vater, geholfen werden? Diesmal konzentrieren wir uns auf den Knochen, der für dich steht, den Hilfesuchenden. Und wir fragen nach der Entstehung des Problems, bis wir herausgefunden haben, wie und durch welche Umstände es entstanden ist. Dann schauen wir, was gut und was nicht gut liegt …

Wir sehen, dass du in zyklischen Perioden von fünf bis sieben Jahren immer wieder wirtschaftliche Probleme sowie Schwierigkeiten mit Beziehungen hattest.«

Nachdem ich das bestätigt hatte, fuhr Percy fort: »Das hängt mit deinem Vater zusammen. Dein Vater, das sehen wir hier, hat tatsächlich einen Fluch über die Familie ausgesprochen. Er konnte in seinem Wahn nicht verstehen, warum die Familie es zulässt, dass er in so unwürdigen Verhältnissen leben muss. Wir müssen ihn in den Familienverband zurückholen. Du wirst dies nicht direkt machen können, denn ihr beide könnt nicht miteinander sprechen. Du musst deine Mutter um Hilfe bitten, mit ihr kannst du reden. Sieh mal, wie nah eure Knochen beieinanderliegen.«

»Wie mache ich das?«, fragte ich verwundert.

»Bei diesem dritten Wurf«, erwiderte Percy, »schaue ich, wie der Knochen liegt, der dich repräsentiert. Ob er sich bewegt hat, ob er auf das reagiert hat, was bis wir bisher wissen. Wenn er immer noch nicht richtig liegt, müssen wir herausfinden, warum das so ist. Das mache ich so lange, bis die Energie und das Verständnis der Situation ihn in Bewegung bringen. Der Knochen soll so liegen, dass er einen Rat geben kann. Danach kann ich mich dann richten. In deinem Knochenorakel ist der ganze Familienbaum aufgefächert worden, der Zweig deiner Mutter und der deines Vaters. Wir können nun sehen, wer von deinen Ahnen unzufrieden ist, und können erkennen und sagen, welche Energien am falschen Platz liegen. Hier in deinen Bones wird sichtbar, dass die Ahnen väterlicherseits unglücklich sind. Dein Vater hat sich wohl ihnen gegenüber nicht respektvoll verhalten, und du hast die Kommunikation mit ihnen unterbrochen.«

»Wie heißt dein Großvater väterlicherseits?«, fragte Mali.

»Peter Johann«, antwortete ich.

Mali zeigte auf eine große Muschel: »Er ist ganz besonders unzufrieden. Wir müssen das Verhältnis zu den Ahnen sowohl für deinen Vater als auch für dich ausgleichen und ins Gleichgewicht bringen. Als Erstes musst du deinem Vater verzeihen, auch wenn dies in deinem Fall wirklich schwerfällt. – An welchem Wochentag ist deine Mutter gestorben?«

Ich erinnerte mich genau, dass sie an einem Donnerstag starb, denn es war an meinem achtzehnten Geburtstag.

»Du musst also an jedem Donnerstag eine grüne Kerze aufstellen und zu ihr sprechen. Dies musst du so lange tun, bis du von deinem Vater träumst. Im Traum müsst ihr, dein Vater und du, freundlich zueinander sein und miteinander sprechen. Erst dann kannst du direkt mit ihm reden.

Heilung ist nur möglich, wenn das Gesamtsystem wieder in Ordnung kommt«, sagte Mali abschließend und sammelte das Bone-Set ein.

Ich war aufgewühlt, aber noch nicht ganz zufrieden: »Wenn ihr die Bones werft, müssen ja Resonanzen entstehen. Die Art und Weise, wie sich die Knochen positionieren, muss in Beziehung stehen mit dem Hilfesuchenden und seinem Problem. Es muss eine Resonanz zu deinem gesamten Background haben, selbst wenn er dir nicht bewusst ist«, sage ich.

»Ganz genau«, sagte Percy.

»Das heißt, es geschieht eine Übertragung von psychischen Phänomenen, von nichtmateriellen auf etwas Materielles, nämlich auf die Bones«, fahre ich fort. »Die Grenze zwischen Materie und ›Nicht-Materie‹ ist für einen Moment aufgehoben. Heißt das nicht, dass letztlich alles mit allem verbunden, alles in allem enthalten ist? Eine holografische Welt. Denn wie sonst sollten die Knochen ›wissen‹, was mit dem Ratsuchenden los ist?«

»Ganz richtig! Unsere Schöpfungsgeschichte sagt: ›Erst als alles erschaffen war, kam der Mensch!‹ Du bist mit allem verbunden, was ist, alles ist Teil von dir. Alles da draußen ist wie ein Magnet, der einen Gegenpol sucht und sich mit gleichen Anteilen in dir verbinden will. Denn du, als Mensch, bist als Letzter auf diese Welt gekommen, du bist das jüngste Glied der Schöpfung. Deshalb will sich die Erde, das Wasser mit dir verbinden, alles will sich mit dir verbinden. Alle Bestandteile, aus denen du bestehst, haben eine Entsprechung in der Außenwelt. Und das gibt Auskunft für den, der sie lesen kann. Und aus all diesen Teilen entsteht das Bild dessen, was geschieht, so, wie aus Wörtern Sätze werden. Man muss sie nur lesen können.«

Als ich wieder zu Hause in München war, zündete ich jeden Donnerstagabend eine grüne Kerze an, die ich neben das Bild meiner Mutter gestellt hatte. Ich kniete nieder und sprach zu ihr: »Mama, ich bin dein Sohn, du hast mich auf die Welt gebracht. Ich liebe dich. Ich verstehe dich und dein Leben. Ich weiß, dass du mein Bestes wolltest und willst. Du möchtest, dass dein Sohn ein Leben führt, in dem seine Arbeit belohnt wird, und dass er ein Leben führt, das seiner und seiner Familie würdig ist. Sprich mit meinem Vater, deinem Mann. Sag ihm, dass ich ihn um Verzeihung bitte und darum, auch mir zu verzeihen. Ich bitte dich von ganzem Herzen um diesen Liebesdienst, denn ich stelle mir vor, dass es auch dir nicht leichtfällt, mit ihm zu sprechen, nachdem er dich mit Syphilis angesteckt hatte, ohne dir etwas zu sagen, und damit deine lange Krankheit und deinen Tod verursacht hat. Wir können ihm vielleicht auch helfen, seinen Frieden zu finden.«

Neun Monate lang sprach ich jeden Donnerstag zu meiner verstorbenen Mutter. Ich kam dieser Aufgabe, die Mali und Percy mir gestellt hatten, mit der Zeit mit immer mehr Hingabe und Inbrunst nach. Während dieser Zeit erfuhr ich von einem Cousin meines Vaters, dass ich tatsächlich eine Halbschwester hatte, von der uns mein Vater nie erzählt hatte und die bereits gestorben war.

Dann kam der erste Traum: Ich sehe meinen Vater, der mich wütend und traurig ansieht, und plötzlich erscheinen zwei furchterregende Gestalten neben ihm. Mein Vater verändert langsam sein Aussehen und ist bald nicht mehr zu erkennen. Er ist zu einem Monsterwesen mutiert. Gemeinsam mit den beiden anderen kommen sie drohend auf mich zu. Verängstigt weiche ich in eine Zimmerecke zurück. Sie bedrohen mich nun direkt, und ich verteidige mich mit allen Kräften, schlage wild um mich, ohne jedoch jemanden zu treffen.

Schweißgebadet wachte ich auf.

Der nächste Traum ließ nicht lange auf sich warten. Darin arbeiten mein Vater und ich in seinem Weinkeller. Ich bin etwa vierzehn Jahre alt. Wir packen Flaschen ein. Ich mache die Arbeit nur widerwillig, denn eigentlich will ich mit meinen Freunden Fußball spielen. Ich bin langsam, und mein Vater verliert die Geduld mit mir. Er schimpft, und als ich freche Widerworte gebe, brüllt er mich an. Ich bleibe trotzig, und er gibt mir eine Ohrfeige.

»Du kannst mich ja gleich totschlagen«, sage ich voller Wut.

In diesem Moment wache ich auf.

Wenig später träumte ich wieder von meinem Vater: Er liegt auf einem Bett, und ich sitze bei ihm. Nachdem wir uns eine Weile angeschaut haben, nehme ich seine Hand. Gerade will ich ihn ansprechen, als ich aufwache.

Dann geschah etwas, was mich völlig aus der Fassung brachte: In einer Meditation stehen plötzlich meine Mutter und mein Vater vor mir. Ich kann sie wirklich genau erkennen. Sie sehen so aus, wie ich sie in Erinnerung habe, bevor sie krank wurden. Beide schauen mich ernsthaft, aber freundlich an.

»Ego te absolvo«, sagt mein Vater.

Ich werde von Gefühlen überwältigt und beginne herzzerreißend zu weinen. Als ich mich nach einiger Zeit beruhigt habe, bedanke ich mich und sage ihnen, dass ich sie liebe.

»Ego te benedico«, sagen beide wie aus einem Mund. Sie geben mir ihren Segen, sagen, dass sie mich lieben, und sind plötzlich nicht mehr zu sehen, als hätten sie sich in Luft aufgelöst.

Danach fühlte ich mich befreit, als wäre mir ein Umhang aus Blei von den Schultern genommen worden.

Seitdem habe ich wie prophezeit tatsächlich nie mehr Geldprobleme gehabt. Ich habe kein Vermögen angehäuft, aber es war immer genug da, um angenehm leben zu können.

Hermano Vidal Ayala © Anthony Kawaja, http://www.inyourbodyoutofyourmind.com

Hermano Vidal Ayala

Auf der Suche nach dem Schamanen und Heiler Vidal Ayala reiste ich mit meiner Gefährtin Maria Rosa in die Cordillera Occidental in Peru. Unsere mexikanische Lehrerin Soledad Ruiz hatte uns von ihm erzählt, aber wir wussten nur, dass er in Ollantaytambo im Urubamba-Tal wohnte, gute zwei Autostunden von Cuzco entfernt.

Als wir mit dem Flugzeug in Cuzco angekommen waren, erkundigten wir uns bei der Touristenauskunft des Flughafens, wie man am besten nach Ollantaytambo komme. Der Mann am Schalter wollte uns gleich eine komplette Tour nach Macchu Picchu verkaufen, bei der unterwegs auch in Ollantaytambo eine Rast vorgesehen war. »Wir wollen nicht als Touristen nach Ollantaytambo«, klärte Maria Rosa ihn auf.

Natürlich wollte der Mann mit der selbstverständlichen Neugier der Lateinamerikaner wissen, warum wir denn dann dorthin wollten.

»Wir sind auf der Suche nach einem Heiler«, antwortete Maria Rosa.

Welchen Heiler wir denn suchten, fragte der Mann. – »Ach, den Abuelo Vidal!«, rief er hoch erfreut, als wir ihm den Namen genannt hatten, und ging hinaus, um mit einem Taxifahrer zu sprechen, der aus Ollantaytambo kam und draußen auf Kunden wartete. Er sollte uns zu Hermano Vidal bringen. Fünf Minuten später saßen wir im Taxi.

Cuzco liegt dreitausendvierhundert Meter hoch, die Luft ist sehr dünn, und die Sonne brennt unbarmherzig. Es ist die Hauptstadt der Inkas, und wir bewunderten die Indianerfrauen in ihren schönen bunten Trachten. Bald fuhren wir durch die einmalig schöne Landschaft des Andenhochlands, riesige kahle Berge in rötlichen Erdfarben. Jenseits dieser Berge befindet sich das große Amazonasbecken. Wegen der vielen Erdbeben ist diese Gegend nicht sehr bevölkert. Die Cordillera um Cuzco gilt den Inkas als das heilige Land ihrer Vorväter, das dem Himmel und den Göttern nahe ist. Aber alle Südamerikaner empfinden hier einen Hauch von Mysterium.

Ollantaytambo ist ein uraltes Dorf. Die Mauern der Häuser wurden aus den Steinen der Tempel, Paläste und Festungen der Inkas gebaut, die die spanischen Konquistadoren von den versklavten Indios hatten niederreißen lassen.

Als wir in den Ort fuhren, grüßte der Taxifahrer nach links und rechts und hielt ein paarmal an, um mit Leuten, die er offensichtlich kannte, ein paar Worte in Quechua zu wechseln. Vermutlich wusste das gesamte Dorf nach einer halben Stunde, wer wir sind und wen wir suchen. Wir fuhren noch ein kleines Stück auf einer Schotterstraße und kamen bald zum Haus von Vidal Ayala.

Die alte Holztür stand offen, und wir traten in einen Innenhof. In der Mitte sah ich einen alten Brunnen, gegenüber einen gepflegten Garten, links ein kleines, sehr sauberes Haus aus Lehm. Es war etwa fünf Uhr, und die Sonne des Hochlands überzog alles mit einem rotgoldenen Schimmer. Der Duft von gebratenen Zwiebeln und Knoblauch drang aus der Küche. Wir riefen und schauten durchs Küchenfenster. Das Geschirr in der Spüle ließ darauf schließen, dass mehrere Leute dort gegessen hatten. Niemand war zu sehen, aber das Haus wirkte keineswegs verlassen. Aus einem alten Radio erklang Musik. Im Garten neben dem Brunnen lag gewaschene Wäsche.

Ratlos standen wir in dieser seltsamen Stille. Dann beschlossen wir, eine Notiz zu hinterlassen. Doch da erschien eine Frau mit einem Baby auf dem Rücken und stellte sich als die Haushälterin Hermano Vidals vor. Er sei jedoch nicht da, sondern irgendwo in Bolivien unterwegs, und sie wisse nicht genau, wann er wiederkomme. Vielleicht morgen oder übermorgen. Wir gaben ihr einen Brief für ihn und fuhren zurück ins Dorf.

Ein Quartier bei einer Familie, die Zimmer vermietete, war schnell gefunden. Wir besuchten die Ruinen der Inkafestung und betrachteten den gegenüberliegenden heiligen Berg, den Menschen nicht besteigen dürfen. Dort hatten die Inkas eine

Schule für Sacerdotes, Priester und Schamanen, gebaut. Über dem Gebäude erhob sich ein riesiger Kopf. Im Halbprofil in den Berg gehauen, trägt er wie eine Inkamütze mit vier Spitzen einen kleinen Tempel mit vier Türmchen. Einem Wächter gleich, überschaut er das ganze Tal.

Inzwischen dämmerte es. Wenn die Sonne untergegangen ist, wird es hier auf einer Höhe von dreitausend Metern bitterkalt. Die Touristen waren in ihren Bussen abgereist. Auch die Kinder und Frauen, die versuchten, den Fremden alles Mögliche zu verkaufen, waren verschwunden. Wir waren als Einzige noch unterwegs.

Als wir über die Plaza gingen, kam aus einem Haus eine alte Indiofrau und sprach uns an. Sie kannte Vidal Ayala und erzählte uns, dass er sehr angesehen war als Curandero und Sacerdote. Er sei einer der wenigen, die noch die alten Rituale vollziehen können, die in der Tradition der Indios bis heute lebendig geblieben sind. Außerdem sei er der Einzige im Dorf, der gutes Brot backe. Das würde er auf dem Markt verkaufen, und davon lebe er.

Ihr Sohn zeigte uns später das größte Geheimnis des Dorfes: einen Meteoriten, der mitten in dieser Ortschaft liegt. Er sieht aus wie ein Felsen, und man würde ihn nicht als Meteoriten erkennen. Die Leute verehren ihn, denn er besitzt heilende Kräfte.

Da Hermano Vidal auch am nächsten Tag nicht zurückgekehrt war, fuhren wir nach Macchu Picchu, das etwa zwei Zugstunden entfernt liegt. Lange nachdem die Spanier die Inkas überfallen und unterworfen hatten, lebten in Macchu Picchu und anderen Städten, die den Spaniern verborgen blieben, Indios, die in absoluter Abgeschiedenheit ihre Kultur zu retten versuchten. Es kursieren Legenden, dass der große Schatz der Inkas hier irgendwo vergraben ist, entsprechend viele Abenteurer tummeln sich in dieser Gegend.

Am nächsten Tag waren wir beide krank. Maria Rosa hatte sich erkältet, und mich erwischte die Rache Montezumas auf dem Weg zum Frühstück mitten auf der Straße. Plötzlich, völlig unerwartet und ohne jede Vorwarnung, öffnete sich mein

Schließmuskel, und in mehreren Schüben entleerte sich literweise mein Darm. Meine weiße Hose war daraufhin überwiegend braun, und als wir schleunigst den Rückzug zu unserer Unterkunft antraten, hinterließ ich auf den etwa fünfzig Metern unübersehbare Spuren. Gott sei Dank konnte ich unser Zimmer vom Garten aus betreten, und die Dusche lag gleich neben dem Eingang. Daraufhin verbrachten wir zwei lange trostlose Tage in dem kleinen Zimmer.

Ollantaytambo liegt eingekesselt zwischen sehr hohen Bergen, und wir sahen nichts als Bergwände. Jeden Tag erkundigten wir uns, ob der Curandero schon zurückgekehrt sei. Die Ladenbesitzerin am Marktplatz, die Frau von der Post, die Besitzerin des kleinen Restaurants, wo wir jeden Tag aßen, alle Dorfbewohner warteten mit uns auf Hermano Vidal.

Eine Frau erzählte uns, sie hätte im Radio gehört, dass es in der Nähe eines etwa drei Stunden von Ollantaytambo entfernten Dorfs ein großes Treffen von Schamanen gebe. Vielleicht sei Hermano Vidal ja dort zu finden. Also entschlossen wir uns, dorthin zu fahren. Gegen meinen Durchfall hatte ich Imodium genommen, ein Mittel, das die Darmperistaltik lähmt, aber ich fühlte mich noch sehr schwach.

In kleinen schäbigen Bussen waren wir einige Stunden unterwegs und landeten schließlich irgendwo in einer Pampa aus Staub und Schmutz. Winzige, niedrige Hütten aus Palmstroh standen dort, wie sie sonst als Unterstände für Tiere dienen, um sie vor Regen und Schnee zu schützen. In jeder dieser Hütten saß ein Brujo oder Curandero und hielt Ordination. Einige der Brujos waren recht finstere Zeitgenossen und kamen uns äußerst suspekt vor. Sie hatten seltsame Gegenstände vor sich aufgestellt, Totenköpfe, Köpfe und Hände von Affen, Salamander, Eidechsen, Zähne und Körperteile von Schlangen und Alligatoren sowie allen möglichen anderen Tieren. Der Platz war fast menschenleer, und der Organisator, der in dem einzigen Zelt residierte, machte einen sehr dubiosen Eindruck auf uns. Ich fand ihn mit seinem abstoßenden Äußeren und seiner Art zu sprechen, seinen zusammengekniffenen Augen und seinem stechenden Blick alles andere als vertrauenswürdig. Als sich herausstellte, dass er Vidal Ayala gar nicht kannte, machten wir uns wieder auf den Rückweg.

Ich gebe nicht so leicht auf und habe viel Geduld, also beschlossen wir, noch ein paar Tage auf Vidal Ayala zu warten. Da wir beide uns aber immer noch ziemlich krank fühlten, wollten wir lieber in Cuzco bleiben. Dort fanden wir nach einigem Suchen eine sehr merkwürdige Pension: ein altes herrschaftliches Haus aus der Kolonialzeit mit einem großen Innenhof. Den beiden alten Damen, die sie führten, konnte man ansehen, dass sie schon bessere Tage erlebt hatten. Sie versuchten, das Haus in seiner heruntergekommenen Pracht von früher zu erhalten. Mir ging es immer schlechter, und als Maria Rosa im Reisebüro erfuhr, dass in den folgenden zwei Wochen alle Flüge und alle Zugtickets von Cuzco nach Lima ausgebucht waren, sank unsere Stimmung auf den absoluten Tiefpunkt. Denn das bedeutete, dass uns eine zweitägige Busreise in klapprigen, überfüllten Bussen bevorstand.

So lag ich in einem riesigen, düsteren, muffig riechenden Zimmer in einem Bett mit löchrigem Baldachin und halb zerrissenen Vorhängen. Ich wollte nur noch schlafen. Maria Rosa, der es inzwischen besser ging, versuchte über alle möglichen Schleichwege doch noch Tickets zu organisieren, mit denen wir aus Cuzco abreisen konnten. Am Abend ging es mir noch schlechter, und ich schleppte mich in eine Apotheke, um mir den Blutdruck messen zu lassen. Die Apothekerin wirkte beunruhigt, mein Blutdruck war beängstigend hoch. Sie empfahl, sofort einen Arzt zu konsultieren. Ich erkläre mich einverstanden, und sie rief einen Arzt an.

Es war zwar schon neun Uhr abends und Sonntag, aber er kam bereits nach kurzer Zeit, da er wusste, dass ich als Ausländer gleich bezahlen würde. Mein Zustand schien sehr ernst zu sein. Das Imodium hatte den Durchfall zwar zum Stillstand gebracht, aber die Bakterien, die ihn verursacht hatten, waren wohl im Darm geblieben und die Ursache für meinen Zustand.

Zusätzlich hatte ich Blutdruckprobleme wegen der ungewohnten Höhenluft. Der Arzt verschrieb mir mehrere Arzneien und ordnete an, ich solle die hundert Schritte zurück bis zur Pension auf keinen Fall zu Fuß gehen, sondern mit einem Taxi fahren.

Als ich endlich wieder im Bett lag, fühlte ich mich so schwach und energielos, dass mir der Gedanke kam, so müsse man sich wohl fühlen, bevor man stirbt. Aber ein Teil von mir wusste, dass meine Zeit noch nicht gekommen war.

Am nächsten Morgen gelang es Maria Rosa tatsächlich, zwei Flugtickets für den folgenden Tag zu organisieren. Sie hatte einfach den doppelten Preis dafür angeboten. Mir ging es etwas besser. Ich bat Maria Rosa, noch einmal in Ollantaytambo anzurufen und sich bei der Ladenbesitzerin nach Vidal zu erkundigen. Tatsächlich, berichtete sie, er sei wieder da. Ich wollte nicht abreisen, ohne Vidal gesehen zu haben, und bat Maria Rosa, mit einem Taxi hinzufahren und ihn zu holen.

Maria Rosa setzte sich also in ein Taxi und machte sich auf den Weg nach Ollantaytambo. Sie erzählte später, es sei ein wunderschöner Nachmittag gewesen, der erste vollkommen wolkenlose Tag seit unserer Ankunft. Man hätte all die mächtigen Fünf- und Sechstausender der legendären Cordillera Oriental sehen können, eine lange Kette schneebedeckter Gipfel.

In Ollantaytambo angekommen, hätten die Dorfbewohner ihr zugewinkt. Aber bei Vidal sei das Haus wieder leer gewesen. Sie habe sich zunächst in den Garten gesetzt, es sei genau dieselbe Stunde und dasselbe schöne Licht gewesen wie beim ersten Mal. Nach einer Weile sei die Haushälterin wieder gekommen und habe gesagt: »Ich habe Sie vorher im Dorf vorbeifahren sehen und gewinkt, aber dann merkte ich, dass Sie den Hermano gar nicht gesehen hatten.« Sie habe geantwortet: »Ich kenne ihn ja nicht.« Das schien sie sehr zu überraschen, aber dann beschrieb sie ihr Vidal. Sie habe sich wieder ins Taxi gesetzt, und nach ein paar Metern habe sie ihn auch schon kommen sehen.

Vidal war ein kleiner, bescheidener und unauffälliger Mann

von ungewissem Alter, er war ganz in Weiß gekleidet und trug eine Tüte mit Eiern. Maria Rosa berichtete mir später, ihr erster Eindruck sei gewesen, dass er wie ein niedlicher kleiner Zwerg ausschaue. Er war von einer Schar lachender Kinder umgeben, die offensichtlich großen Spaß mit ihm hatten. Sie stieg aus dem Auto und begrüßte ihn respektvoll. Er grüßte zurück, als seien sie alte Bekannte.

Während sie ihm zu erklären versuchte, wieso sie zu ihm komme, unterbrach er sie und sagte, er wisse schon, worum es ginge. Daraufhin sei er einfach ins Taxi gestiegen, habe den Fahrer zu seinem Haus fahren lassen, um seinen Medizinbeutel zu holen, und dort der verblüfften Haushälterin die Tüte Eier übergeben mit dem Hinweis: »Fang schon mal an, Brot zu backen. Ich fahre nach Cuzco und bin wahrscheinlich morgen wieder da.« Dann fuhren sie los.

Zu Maria Rosas Überraschung ging der Mond gerade auf, als sie die Enge erreicht hatten, die den Eingang zum heiligen Tal der Inkas bildet. Es sei einmalig schön gewesen, den großen orangefarbenen Vollmond über den grünen Feldern aufgehen zu sehen, während die untergehende Sonne von der anderen Seite alles in Gold badete. Vidal, der ihre Verzauberung bemerkte, sagte: »Wie für dich bestellt – als Gruß der Götter.«

Danach habe sie ihn gefragt, ob er einfach so in jedes Auto einsteigen und losfahren würde. Er habe geantwortet: »Nein, natürlich nicht. Es gibt Leute, die kamen, um mich zu suchen, und mich nie fanden; und ich weiß, ihr habt auch schon lange auf mich gewartet.« Dann erzählte er Maria Rosa, er habe am Morgen während seiner Meditation einen Adler fliegen sehen, da habe er gewusst, er würde an diesem Tag einen mächtigen Mann aus einer anderen Kultur treffen. Er sagte, er konnte erkennen, dass es sich um einen Ausländer handelte, weil es ein Adler gewesen sei und kein Kondor. Dann habe er auch den Impuls gehabt, seinen Medizinbeutel vorzubereiten, obwohl kein Heilungstag gewesen sei, sondern der Tag, an dem er Brot backe. Also war er nicht überrascht zu erfahren, dass ich krank war.

Maria Rosa sagte, es sei eine schöne Reise zurück nach Cuzco gewesen. Sie sei sehr zufrieden, Vidal getroffen zu haben. Sie habe gehofft, ich würde spüren, dass sie Vidal gefunden habe, und sie hätte sich meine Freude vorgestellt, ihn zu sehen.

In der Pension angekommen, ignorierte die sonst höfliche Besitzerin Maria Rosa völlig und stürzte sich auf Vidal. »Hermano«, rief sie, »es ist schon so lange her, seit wir dich hier gesehen haben!« Zu Maria Rosas Verwunderung umarmten sich beide herzlich, später erzählte sie mir, sie sei sicher, dass diese vornehme Dame nicht viele Menschen so umarmen würde wie ihn. Dann wies sie ihre Angestellte an, das Zimmer für Hermano Vidal vorzubereiten. Die Angestellte versuchte einzuwenden, das Zimmer sei an einen Touristen vergeben und in den von uns bewohnten Räumen sei doch Platz genug. Aber es half nichts, ein armer Tourist musste um halb neun Uhr abends in ein anderes Zimmer umziehen, damit Hermano Vidal in »seinem« Zimmer übernachten konnte. Danach kamen er und Maria Rosa zu mir herauf.

Ich erwartete ihn, denn ich wusste genau, dass Maria Rosa mit Vidal zurückkommen würde. Wir begrüßten uns sehr herzlich, es muss sehr anrührend ausgesehen haben, wie ein Riese und ein Zwerg einander umarmten. Obwohl es mir besserging, schickte Vidal mich sofort zurück ins Bett: »Da du morgen fliegen musst, haben wir wenig Zeit. Meine Behandlung wird deshalb sehr intensiv und schmerzhaft sein. Du bist ein tapferer Krieger. Ich kann dich einer Behandlung unterziehen, die sonst mehrere Tage dauern würde. Wenn es wehtut, dann schrei!« Zuerst aber musste ich mich ganz ausziehen.

Vidal nahm ein Kräuterbündel, übergoss es mit Alkohol und rieb meinen Körper von oben bis unten damit ab. Dann rieb er seine Hände mit Öl ein. Nun begann er, meine Füße mit einem spitzen Kristall zu bearbeiten. Ich schrie vor Schmerz, und plötzlich erschienen wie in einem Film im Zeitraffer die Traumata meiner Kindheit vor meinem inneren Auge. Vidal arbeitete mit einer unglaublichen Geschwindigkeit, Maria Rosa fungierte als Assistentin und kam kaum nach, ihm Öl oder Kristalle zu reichen. Etwas anderes verwendete Vidal für diese Behandlung nicht. Er begann, meinen rechten Fuß zu massieren. Er presste seine starken Finger tief in die Fußmuskeln, ballte seine Hand zur Faust und arbeitete mit den Fingerknöcheln. Ich schrie vor Schmerz laut auf.

Im rechten Fuß, sagte er, wären alle körperlichen Beschwerden zu erkennen. Er nahm einen langen spitzen Bergkristall und drückte ihn auf bestimmte Punkte in meiner Fußsohle. Dabei diagnostizierte er alle körperlichen Gebrechen und Krankheiten, an denen ich litt.

»Im Unterschenkel sind die emotionalen Probleme gespeichert, die mit dem Vater zusammenhängen, die müssen wir restlos beseitigen.«

Vidal bearbeitete also meinen Unterschenkel und zählte mir dabei im Detail alle Probleme auf, die ich als Kind mit meinem Vater hatte. Aus der Dunkelkammer meines Unbewussten tauchten in schneller Folge Bilder aus meiner Kindheit auf, die meinen Vater betrafen. Wie er mich einmal so verprügelte, dass ich Angst hatte, er würde mich totschlagen, alle Verletzungen und Enttäuschungen, die ich mit ihm erlebte, erschienen vor meinem inneren Auge, wie ich seine beiden Selbstmordversuche erlebte, die schreckliche Krankheit meines Vaters, den Aufenthalt in der Anstalt und seinen frühen Tod. Ich stöhnte und schrie immer wieder vor Schmerz, und in rascher Folge sah ich die Bilder vor meinem inneren Auge.

Auch die Behandlung des rechten Oberschenkels war äußerst schmerzhaft. Vidal erweckte hier die Ängste aus den äußerst traumatischen Erlebnissen wieder, die ich während des Zweiten Weltkriegs hatte. Viermal war ich Bomben oder Tiefffliegern, und damit dem Tod, nur um Haaresbreite entkommen. Ich sah, wie wir hilflos und entsetzt mit anschauen mussten, wie unser Haus abbrannte, erlebte wieder die Angst, als der Zug, in dem ich mit meiner Familie floh, nachdem wir alles verloren hatten, von zwei Tiefffliegern mit Bordkanonen beschossen wurde. Die explodierenden Geschosse knallten ratternd durch die Abteile des Zuges, und ich hörte die Schreie der verletzten und sterbenden Menschen um uns herum. Plötzlich schwiegen die Bordkanonen, und das Motorengeräusch der abdrehenden Lockheed P-38 Lightning wurde leiser, verstummte fast völlig, wurde dann aber wieder immer lauter. Sie hatten nur kehrtgemacht und kamen zurück, schon setzte erneut das Stakkato der Bordkanonen ein. Drei- oder viermal kehrten sie noch wieder, dann war es endlich vorbei, und wir lagen uns zitternd, aber Gott sei Dank heil und gesund, in den Armen.

Ein anderes Mal war ich mit drei Freunden mitten auf einem frisch gepflügten Feld, als zwei Mustangs im Tiefflug herandonnerten. Sie flogen immer tiefer auf uns zu. Ich konnte die Nase des ersten erkennen, sie war mit einem Tigerkopf bemalt. Ich konnte sogar das Gesicht des Piloten mit seiner braunen Lederkappe sehen. Und dann züngelten die MGs von oben auf uns herab. Wir warfen uns in die Ackerfurchen, ich schmeckte die feuchte Erde in meinem Mund und spürte, wie links und rechts neben den Einschlägen Erdklumpen hochspritzten. Dann, als die Tieffliger sich entfernten, rannten wir um unser Leben. Sie machten eine scharfe Kehre und rasten erneut auf uns zu. Wieder warfen wir uns in den Matsch, als das Geratter der MGs losbrach. Ich hörte den qualvollen Schrei meines Freundes, als seine Hand getroffen wurde, und war erleichtert, als wir einen Felsvorsprung erreichten, der uns Schutz bot. Mein Herz schlug bis zum Hals, meine Kameraden waren kreideweiß vor Angst. Ich hörte das immer leiser werdende Dröhnen der sich entfernenden Flugzeuge, dann das immer lauter werdende Weinen meines Freundes, an dessen zerfetzter, vom Blut triefender Hand drei Finger fehlten.

Vidal begann dann, den linken Fuß zu behandeln. Ich stöhnte und schrie, während er beschrieb, welche Eindrücke und Gefühle ich noch im Mutterleib erlebte. Vidal las in meinem Körper alle Gefühle und Emotionen, die dort gespeichert sind, als würde er wie in einem Buch mein ganzes Leben sehen. Die Bilder stürmten nur so auf mich ein. Die Unfähigkeit meiner Mutter, Gefühle zu zeigen, ihre Scheu vor Körperkontakt, ihre neun

Jahre dauernde, nicht enden wollende Krankheit. Ich sah, wie sie um unseren ovalen Esszimmertisch ging, die Hände vor die Brust gepresst, um den Schmerz an ihrem Herzen besser zu ertragen, als sie mir und meiner Schwester mitteilte, dass sie sterben würde und die Ärzte ihr höchstens noch ein Jahr gäben. Ich erlebte die folgende Nacht nach, in der ich in Tränen aufgelöst vergeblich Schlaf suchte. Ich sah mich versteinert an meinem achtzehnten Geburtstag an ihrem Totenbett stehen und spürte den Schmerz, die Trauer, aber auch die Erleichterung, ja Erlösung nach dem jahrelangen Leiden und dem Ringen mit dem Tod.

Im linken Oberschenkel fand Vidal Urängste vor Armut, Krankheit, Siechtum und Tod. Dann wies er mich an, mich umzudrehen. Plötzlich hüpfte der kleine Mann aufs Bett. Er beugte sich über mich und begann, mein Gesäß zu behandeln. Er presste seine Daumen zwei, drei Zentimeter tief in meine Muskulatur, drückte mit seinen Ellenbogen und setzte dabei das ganze Gewicht seines Körpers ein.

Dabei sagte er immer wieder: »Ja, du bist ein starker Krieger, andere wären schon ohnmächtig geworden. Du bist gut vorbereitet zu mir gekommen.«

Dann arbeitete er sich die Wirbelsäule bis zum Nacken hoch. Maria Rosa erzählte mir später: »Wenn er seine Daumen zurückzog, die tief eingedrückt waren, blieben weiße, blutleere Dellen zurück.«

Nachdem er den Nacken bearbeitet hatte, in dem, wie er sagte, sich der Alltagsstress manifestiert, musste ich mich wieder auf den Rücken drehen.

»Nun werde ich dein Herz öffnen«, sagte Vidal.

Zunächst fuhr er mehrmals mit den Fingern beider Hände von oben nach unten über das Brustbein. Dann wiederholte er die Bewegung mit den Knöcheln seiner Faust und verstärkte den Druck mit dem ganzen Gewicht seines Körpers. Der Schmerz war fast unerträglich. Ich krümmte und wand mich und schrie laut auf. Er drückte mit Kristallstäben bestimmte schmerzhafte Punkte in meinen Körper. Wenn ich vor Schmerz schrie, kommentierte Vidal ganz zufrieden: »Ja, du bist ein starker Mann, andere wären schon bewusstlos.«

Nach und nach behandelte er meinen ganzen Körper und benannte und beschrieb die Gefühle und Emotionen, die in den verschiedenen Stellen meines Körpers gespeichert sind, als könnte er wie aus einem Buch mein gesamtes emotionales Leben ablesen. Manche Emotionen, sagte er, kämen sogar noch von früheren Leben. Aber das sei nicht wichtig, wichtig sei nur, sie endlich zu lösen, damit ich sie loslassen konnte.

»Du bist ein guter tapferer Krieger«, sagte er immer wieder, vielleicht, um mir Mut zu machen und damit ich die entsetzlichen Schmerzen besser ertragen konnte. Einmal fuhr er mit der geballten Faust so tief in meine Magengrube, dass er bis zum Rückgrat vordrang, und machte dann eine Bewegung, als risse er etwas heraus.

Am Ende der Behandlung deckten Vidal und Maria Rosa mich liebevoll bis zum Hals zu. Ich sähe aus wie ein neugeborenes Baby, sagten sie, und ich blieb eingewickelt wie ein Kind in dem absurden Baldachinbett liegen.

Es war spät geworden, und Maria Rosa und Vidal verließen mich, um essen zu gehen. Maria Rosa berichtete mir später, sie hätten das Essen sehr genossen, und auch im Restaurant habe sie bemerkt, wie bekannt und respektiert Vidal war. Aber an seinem bescheidenen, freundlichen Verhalten änderte das nichts. Als sie ihr Essen bezahlten, schlug er vor, für mich eine Pizza zum Mitnehmen zu bestellen. Sie war der Ansicht, ich würde wahrscheinlich bis zum nächsten Tag durchschlafen, außerdem bezweifelte sie, ob ich die Pizza essen würde, denn seit einer Woche hatte ich nur Hühnerbrühe und kleine Portionen gekochten Reis zu mir genommen. Vidal habe sie aber ausgelacht.

Als sie mit der Pizza in die Pension zurückkehrten, saß ich vollständig bekleidet im Zimmer und wartete auf sie. Beide bestätigten mir, ich sähe geradezu blühend aus. Maria Rosa und ich konnten kaum fassen, dass ich noch vor zwei Stunden so krank war, dass ich kaum gehen konnte und an den Tod dachte. Und noch vor einer Stunde lag ich da, schwach wie ein Neugeborenes. Nun aber vertilgte ich mit großem Appetit die ganze Pizza. Danach unterhielt ich mich mit Vidal und lud ihn zu einem Seminar nach Mexiko ein. Nach einer Weile schlug er jedoch vor, wir sollten schlafen gehen, sonst würde es sich nicht mehr lohnen, denn wir mussten um fünf Uhr in der Früh aufstehen.

Wir frühstückten noch mit Vidal in dem dunklen Esszimmer der Pension, beobachtet von den düsteren Porträts der Ahnen und den traurigen Blicken der Madonnen aus der Kolonialzeit. Dann fuhren wir alle zum Flughafen. Beim Abschied umarmte Vidal uns herzlich, ging, ohne sich umzudrehen, und stieg in ein Taxi, um wieder nach Hause zu fahren. Als unser Flugzeug abhob, tauchte die aufgehende Sonne die Hügel um Cuzco in das wunderschöne orangefarbene Licht eines neuen Tages.

Taita Manuel © Agustiar

Taita Manuel

Von Peru flogen Maria Rosa und ich nach Ecuador. Ich wollte einige Schamanen aus diesem Kulturkreis kennenlernen und eventuell den einen oder anderen zu dem von der Shamanism & Healing Association geplanten internationalen Schamanentreffen einladen.

Freunde hatten mir Kontakte in Quito vermittelt, und schon bei der Begegnung mit diesen Ecuadorianern der gehobenen Mittelschicht, die ja keine *indigenas* waren, beeindruckte mich, mit welcher Selbstverständlichkeit sie über das Thema »Schamanismus« sprachen. So gut wie jedem waren Schamanen bekannt, viele hatten sie selbst um Rat und Heilung gebeten. »In unserem Land machen Indios vierzig Prozent der Bevölkerung aus, und ihre medizinische Versorgung wird zu siebzig Prozent von Schamanen geleistet«, erklärte mir ein Indio-Politiker.

Von verschiedenen Seiten wurde mir Dr. Arturo Chiriboga als exzellenter Schamanenkenner empfohlen. Er war Arzt, Chiropraktiker und Homöopath. Außerdem arbeitete er seit fast zwanzig Jahren mit Schamanen zusammen und war selbst ein von den Lakota-Indianern eingeweihter Sundancer.

Bei meiner ersten Begegnung mit diesem fröhlichen, ungewöhnlichen Mann entstand sofort eine große Vertrautheit. Arturo führte neben seiner ärztlichen und homöopathischen Praxis schamanische Rituale durch und versammelte eine Gruppe von Schamanenschülern um sich. Er hatte den Brückenschlag zwischen der westlichen Medizin und den traditionellen Heilkünsten der Schamanen bereits vollzogen und das alte Wissen in die neue Zeit gebracht. Spontan bot er mir an, mich mit einigen ecuadorianischen Schamanen in Verbindung zu bringen und mich zu einem von ihnen zu begleiten. Dort würde ich die *ceremonia de limpia de los cuatro elementos* kennenlernen, die »Reinigungszeremonie mit den vier Elementen«, die in weiten Teilen Südamerikas verbreitet ist. Sie dient der

Befreiung von krankmachenden negativen, parasitären Energien, der Austreibung von Fremdbesetzung sowie der Harmonisierung und der Aufladung mit Kraft, Mut, Glück und Zuversicht. Sie wird immer in der Nacht durchgeführt.

Zwei Tage später fuhren wir los. Unsere Reise begann am späten Nachmittag. Wir waren zu viert, Arturo wurde von seiner Frau Patricia und seinem Freund und Assistenten Santiago begleitet. Als wir in Quito aufbrachen, dämmerte es bereits. Unterwegs hielten wir mehrmals an, um noch verschiedene Dinge einzukaufen, die wir für die Zeremonie mitbringen mussten. Wir kauften einen Strauß roter Nelken, eine Zweieinhalb-Liter-Flasche hochprozentigen Schnaps, eine Flasche süßen Rotwein, Eau de Cologne, je ein Bündel *congona*, *tigradillo* und *juyunguilla* (Pfefferminz und andere Kräuter), Eier, fünf Päckchen Zigaretten, gemahlenen Zimt, drei Ingwerwurzeln, *palo santo*, ein hier gebräuchliches Räucherholz, Kerzen und Feuerholz. Wir fuhren zunächst nach Otavalo, von dort nach Cayambe und dann weiter in Richtung der Laguna de Cayambe.

Die letzten Kilometer waren eine abschüssige Piste. Von tropischen Regengüssen völig ausgewaschen, glich sie eher einem ausgetrockneten Flussbett. Es war eine abenteuerliche Fahrt, zumal Arturo bekifft war und wie ein Kamikaze fuhr. Immer wieder setzte unser Leihwagen auf Felsen und Steinen auf. Dann saßen wir wirklich fest und mussten das Auto mit vereinten Kräften aus einem Loch wuchten. Nur durch völlige Konzentration auf den Punkt der Zuversicht, wie ich es bei der mexikanischen Schamanin Soledad gelernt habe, gelang es mir, ruhig zu bleiben und nicht ständig daran zu denken, dass der Leihwagen zu Bruch gehen könnte und ich ein kleines Vermögen würde zahlen müssen.

Es war bereits eine halbe Stunde vor Mitternacht, als wir endlich bei einem kleinen Bauernhof anhielten. Es war stockfinster. Taita Manuel schlief offensichtlich schon.

»Er lebt hier ganz allein«, sagte Arturo.

Er ging auf das Haus zu, rief laut nach Taita Manuel und

wiederholte auch immer wieder seinen eigenen Namen. Nach einer Weile hörten wir die Stimme des Taita. Er beschwerte sich zunächst lautstark, dass er aufgeweckt wurde. Arturo erklärte, wir würden ihn bitten, eine Reinigungszeremonie durchzuführen, da wurde er jedoch langsam wach und beruhigte sich wieder.

Als er aus dem Haus trat, sah ich einen typischen Hochlandindio vor mir, klein, schmal und drahtig. Er war schätzungsweise sechzig Jahre alt, sein Gesicht war von der Sonne und der vielen Arbeit in Wind und Wetter gegerbt und unter dem Hut, den er nie abnahm, kaum zu sehen. Er trug die Arbeitskleidung eines Bauern, keinerlei Ketten, sichtbare Talismane oder sonstigen Kultobjekte, wie ich es sonst bei Schamanen oft gesehen hatte.

Taita Manuel verschwand kurz in seinem Garten, kehrte mit einem Kräuterbündel zurück und führte uns dann in einen Raum aus unverputzten Ziegeln, der Boden bestand aus gestampftem Lehm und das Dach aus Palmblättern. Eingerichtet war er, wie ich im Licht einer Kerze erkannte, mit einer wackligen Bank, einem abgesägten Baumstumpf und zwei Palmstrohmatten, die zusammengerollt an der Wand lehnten. In der Mitte des Raums sah ich die Asche einer Feuerstelle. Taita Manuel setzte sich auf den Baumstumpf, legte eine zusammengefaltete Zeitung vor sich, davor ein kleines Brett mit einer Kerze, die dem Raum ein schummeriges Licht gab, und breitete die Matten vor dem Brett aus. Wir ließen uns auf der Bank nieder.

Arturo erklärte »Taitito Manuelito«, wie er ihn nannte, wir drei Männer seien gekommen, um an einer *ceremonia de limpia* teilzunehmen, und überreichte ihm die für die Zeremonie erforderlichen Gaben, die wir mitgebracht hatten. Zunächst aber mussten wir jeder einen Dollar unter die Zeitung legen.

Dann begann Taita Manuel, die Zeremonie vorzubereiten. Zunächst sprach er ein für mich unverständliches Gebet in der Indiosprache Quechua. Wie Arturo mir später erklärte, bat er seine Hilfsgeister um Unterstützung: »Er betete zu den Kräutern und zu allen anderen Medizinen, die wir mitgebracht hat-

167

ten, Zimt, Schnaps, Wein, Ingwer, Nelken, Eiern und Tabak, und bat sie mit sehr viel Zärtlichkeit um Hilfe.«

Dann zündete Taita Manuel eine Zigarette an und rauchte von da an ununterbrochen bis zum Ende der Zeremonie. Bevor eine Zigarette zu Ende geraucht war, zündete er die nächste an ihr an, nahm dann noch ein oder zwei Züge und rauchte dann die neue Zigarette weiter. Immer wieder blies er den Rauch in die vier Himmelsrichtungen und über die ausgebreiteten Objekte. Er öffnete zunächst die vor ihm liegende Zeitung. Darauf lag etwas von der Größe einer Kinderfaust; ich dachte, es könne ein toter Frosch sein. Er hob die Zeitung hoch und schob dieses unbekannte Objekt in eine Schale, die rechts von ihm stand. Dann breitete er die Zeitung ganz aus. Sie diente ihm als *mesa*, als Altar. Daraufhin zupfte er langsam und vorsichtig die Blätter von den mitgebrachten Nelken und legte sie auf die Zeitung. Dies machte er langsam, vorsichtig und mit großer Sorgfalt – ja, Liebe – und einer bemerkenswerten Aufmerksamkeit. Ich spürte, dass Taita Manuel völlig in seinem Tun und ganz im Augenblick versunken war. Kein einziger Gedanke schien in ihm zu sein. Er war vollkommen Handlung, und seine Handlung war vollkommen. Mit einer Mischung aus Faszination und Bewunderung sah ich ihm zu und wurde geradezu andächtig. Wie gebannt schauten wir auf seine Hände, wir spürten alle die Magie, die von seinen Bewegungen ausging.

»Can you feel the magic?«, raunte mir Arturo zu.

Die Stängel der roten Nelken legte er beiseite und bildete aus den Blättern ein Herz. Dann nahm er eines der vier Kräuterbündel und begann, jeden einzelnen Stängel zu untersuchen. Er zupfte welke Blätter ab, kappte die Wurzeln, prüfte die Pflanzen auf Schmutz und entfernte sorgfältig alle Verunreinigungen. Dann putzte er die drei übrigen Kräuterbündel, und jede seiner Gesten ließ die gleiche Aufmerksamkeit und Liebe erkennen wie bei der Vorbereitung der Nelken.

Danach verließ Taita Manuel kurz den Raum. Arturo nutzte die Zwischenzeit, um mich nach meinem Eindruck zu fragen. Ich antwortete, wie fasziniert ich von Manuels Aufmerksamkeit war, seiner Bewusstheit und seiner Präsenz im Augenblick, und dass mich die Magie, die sich ausbreitete, auf einer tiefen Ebene ergriff und berührte.

Er kehrte zurück mit einem Ledersack, dem er eine Kristallkugel entnahm. Er legte sie in die Mitte des Herzens aus Nelkenblättern. Dann holte er vierzehn schwarze Basaltsteine aus dem Ledersack und ordnete sie kreisförmig um die Kristallkugel auf den Nelkenblättern an. Davor legte er drei Eier.

Manche der Steine waren bearbeitet, sie waren kugelförmig oder rund und flach, manche hatten die Form eines Beils und die einer Doppelaxt. Arturo erklärte mir später, es seien uralte Steine, Steinäxte, Bolasteine, Mahlsteine und so weiter, die teilweise noch aus der Zeit vor der Inkakultur stammten. Diese Steine hätten heilende Eigenschaften und absorbierten alle negativen Energien. Mit unveränderter Aufmerksamkeit, Sorgfalt und Liebe bestreute Taita Manuel nun die Steine, die Nelkenblätter und die Kräuterbündel mit Zimt. Ergriffen von der Magie des Augenblicks, schauten wir gebannt zu und bemerkten gar nicht, dass inzwischen eineinhalb Stunden vergangen waren.

Erst dann begann die eigentliche Zeremonie. Der Taita reichte jedem von uns eine Kerze. In knappen Worten wies er uns an, uns bis auf den Slip auszuziehen und mit der Kerze vom Kopf bis unter die Fußsohlen jede Stelle des Körpers abzureiben. Sein bestimmter Ton duldete keinen Widerspruch. Ich versuchte mit der gleichen Sorgfalt, Aufmerksamkeit und Bewusstheit vorzugehen, die ich bei Taita Manuel beobachtet hatte. Dann sollten wir die Kerzen an der bereits brennenden Kerze anzünden und nebeneinander auf dem Brett aufstellen. Währenddessen öffnete der Taita die Schnapsflasche, nahm einen großen Schluck in den Mund und sprühte den Schnaps wie ein Zerstäuber über die vor ihm liegenden Kräuter und Steine. Das Gleiche machte er mit dem Süßwein und sogar mit dem Eau de Cologne. Dann bot er uns Zigaretten an. Ich hatte als Nichtraucher Schwierigkeiten, besonders da die Zigaretten aus extrem starkem Tabak gemacht waren, aber es half mir nichts. Wir mussten auch ein wenig von dem Schnaps und dem Wein trinken. Bis zum Ende der Zeremonie wurden wir in kurzen Abständen immer wieder aufgefordert, zu rauchen und zu trinken.

Taita Manuel rief nun die Götter und Geister an. Ich hörte »Christo«, »Spiritu Santo«, »Santa Maria« und verschiedene christliche Heilige, hinter deren Namen sich auch hier die alten Götter verbergen. Wie alle »Taita« genannten Schamanen aus der Sierra war Manuel gezwungen, den Glauben seiner Vorfahren mit der katholischen Religion zu vermischen, da man ihnen die Ausübung ihrer Rituale verboten hatte. Die Berge und ihre Geister sind männlich oder weiblich und haben Namen von Heiligen. Imbabura zum Beispiel ist ein männlicher Berg, und sie nennen ihn »San José Francisco Imbabura«.

»Er ruft alle heiligen Orte dieses Landes an«, erklärte Arturo mir später. »Er ruft die Quellen der heiligen Wasser an, die sehr weit weg sind, in der Gegend von Baños. Er ruft den Wasserfall von Peguche an, die Thermalquellen von Chachimbiro, alle heiligen Orte; und da er beim Cotacachi wohnt, ruft er besonders die Mama Isabel Cotacachi an. Er singt und singt – so lange, bis er die Präsenz von allen Berggeistern spürt.«

Oft spricht er zu »Mama Isabel« oder »Mamiiita Isabeliiita«. Sie ist die Göttin des fünftausenddreihundert Meter hohen Cotacachi, der majestätisch und schneebedeckt die ganze Region beherrscht und Santa Maria Isabel, Coloma, Cotacachi, Guerrero oder kurz »Mama Isabel« genannt wird. Ich weiß von Arturo, dass sie seine bevorzugte Beschützerin ist.

Er nahm eine leere Flasche am Hals und ließ sie im Uhrzeigersinn vor der Kerze kreisen, die Arturo aufgestellt hatte. Immer wieder sprach er Arturos Namen und sein Alter aus, als wolle er Arturo den anwesenden Geistern vorstellen. Nach einer ganzen Weile hielt er inne und sagte: »Trucado, virado, cambiado – getauscht, gedreht, geändert.« Dann begann er, die Flasche in die andere Richtung kreisen zu lassen, und schaute dabei mit zusammengekniffenen Augen durch die sich drehende Flasche auf Arturos Kerze. Dabei sagte er Arturo im Detail, warum er gekommen war, worin sein Anliegen bestand, welche

Probleme er loswerden wollte und was er, der Taita, ihm zusätzlich zur Reinigung vorschlägt.

Danach wiederholte er die Arbeit mit der Flasche für Santiago und mich. Mir sagte er, ich sei hauptsächlich zu ihm gekommen, um zu lernen, er würde aber meine Füße und Unterschenkel reinigen, damit ich meinen Weg besser gehen könne. Dann forderte er uns auf, uns auf die vor ihm liegenden Matten zu setzen. Wir saßen nun nur noch eine Armlänge von der *mesa* entfernt.

Irgendwann ließ er uns aufstehen. Wir waren immer noch bis auf den Slip nackt. Er bot uns Schnaps an, aber ich trank nur einen winzigen Schluck, er brannte sich den Weg bis in meinen Magen. Der Taita besprühte uns von den Füßen bis zum Kopf mit der Spirituose. Dreimal von vorn und dreimal von hinten, danach besprühte er uns mit Wein, anschließend mit Eau de Cologne, einer übelriechenden billigen Sorte, und schließlich noch einmal mit Schnaps. Dann gab er jedem von uns ein Ei, mit dem wir uns von Kopf bis Fuß abreiben mussten, ohne es zu zerbrechen. Er stand auf, ließ sich die Eier geben, murmelte etwas auf Quechua, öffnete die Tür und warf die Eier in den dunklen Hof. Danach entzündete Arturo ein Feuer und ließ es bis auf eine kleine Flamme hinunterbrennen.

Taita Manuel warf eine Handvoll *Palo-santo*-Räucherholz in die Glut, und wir mussten uns breitbeinig über das Feuer stellen und uns von oben bis unten mit den dicken Rauchschwaden abreiben. Der Rauch war so dicht, dass ich Schwierigkeiten hatte zu atmen. Meine Augen tränten. Dann reichte er jedem von uns einen der Steine, auch damit mussten wir uns von Kopf bis Fuß abreiben. Nach und nach verteilte er die restlichen Steine, sodass jeder von uns dreien den Vorgang fünfmal wiederholte.

Manche Stellen meines Körpers schmerzten immer noch, besonders dort, wo Vidal Ayala traumatische Erlebnisse lokalisiert und behandelt hatte. An diesen Stellen rieb ich besonders gründlich, und wieder stiegen die Erinnerungen aus meiner Kindheit wie in einem Video in mein Bewusstsein. Diesmal wa-

171

ren sie weniger schmerzhaft, aber trotzdem musste ich manchmal laut weinen.

Immer wieder wurden wir zwischendurch mit Schnaps, Wein und Eau de Cologne besprüht. Meine Haut brannte von dem Alkohol, das empfand ich aber durchaus als angenehm, denn dadurch spürte ich die Kälte nicht. Wir befanden uns immerhin auf über zweitausendfünfhundert Metern Höhe, wo es nachts empfindlich kalt wird.

Taita Manuel besprühte jetzt erneut die Kräuter, nahm dann ein Bündel, teilte es in drei Teile und gab jedem von uns einen Strauß. Auch damit sollten wir nun unseren Körper gründlich abreiben. Er wies Patricia, die ja an der Zeremonie nicht teilnahm, an, uns die Rücken abzureiben, damit wirklich jede Stelle behandelt würde. Manuel drückte Arturo einen Mörser und Ingwerwurzeln in die Hand und wies ihn an, sie zu Brei zu zerstampfen. Diesen Brei gab er in die Schale, in der sich dieses Undefinierbare befand, das ich im Verdacht hatte, ein toter Frosch zu sein. Dazu goss er ziemlich viel Schnaps und ein wenig Wein. Von dieser Mixtur trank er, dann besprühte er die Kräuter damit, und auch wir mussten davon trinken und einen Mund voll über die Kräuter sprühen. Ich hatte große Mühe, gegen meinen Ekel anzukämpfen. Allerdings war diese Mischung aus Schnaps und Ingwer derart scharf, dass ich mir, um mich zu beruhigen, vorstellte, alle Bakterien stürben auf der Stelle darin.

Wieder stellten wir uns über das Feuer und rieben uns mit Rauch ab. Danach wurden wir besprüht und bekamen das zweite, dann das dritte Kräuterbündel zum Abreiben. Mir wurde bewusst, dass die Steine und die Kräuter dem Element Erde entsprechen, die verschiedenen Flüssigkeiten dem Wasser und der Rauch der Luft. Ich fragte mich, ob der Schnaps die Feuerreinigung versinnbildlichte oder ob die noch käme.

Taita Manuel nahm nun das letzte Kräuterbündel und teilte es in drei Teile. Er forderte Santiago auf, sich neben das Feuer zu stellen. Santiago hatte sich sein Unterhemd um den Kopf gebunden. Ich fragte mich, was das wohl zu bedeuten hätte.

Taita Manuel klopfte Santiagos Körper mit den Kräutern von oben bis unten, von vorn und hinten ab. Der zuckte am ganzen Körper und sprang von einem Bein auf das andere, als ob es ihm sehr wehtäte. Dann besprühte Manuel zuerst das Kräuterbündel, anschließend Santiago gründlich mit Schnaps und hielt das Bündel kurz ins Feuer, sodass der Alkohol sich entzündete. Er blies fest in die Flamme, und sie sprang auf Santiago über. Blaue Flammen züngelten über seinen ganzen Körper. Er tanzte, als stünde er auf glühenden Kohlen, und rieb sich mit beiden Händen über den Leib, um die Flammen zu löschen. Nun verstand ich, warum Santiago sich sein Unterhemd um den Kopf gebunden hatte: um zu verhindern, dass seine Haare Feuer fingen.

Dann war ich an der Reihe. Auch ich umhüllte meinen Kopf. Als mich das Kräuterbündel berührte, merkte ich zu meinem Entsetzen, dass es Brennnesseln waren. Es brannte fürchterlich, und auch ich zuckte und tanzte. Der Taita drückte mir das Brennnesselbündel in die Hand und sagte nur ein Wort: »Abreiben!« Bei dieser äußerst schmerzhaften Prozedur fragte ich mich, ob ich mich da einer Übung in Masochismus unterzog oder einer Probe für Mut, Selbstbeherrschung und Disziplin.

Dann kam die Feuertaufe, und Flammen züngelten über meinen Körper. Beißender Geruch von verbrannten Haaren stieg mir in die Nase. Es tat nur ein bisschen weh, allerdings musste ich größere Löschaktionen vornehmen, denn im Unterschied zu Santiago habe ich viele Haare auf der Brust und auf den Unterarmen, sie waren danach vollkommen versengt.

Als Letzter unterzog sich Arturo der Brennnessel-Feuerreinigung. Danach sammelte Taita Manuel alle Kräuter ein, die er zum Heilen verwendet hatte, und verließ den Raum. Er schloss die Tür hinter sich bis auf einen kleinen Spalt. Von draußen hörten wir seine Stimme, er sprach zu Mama Isabel, und plötzlich antwortete ihm eine Frauenstimme.

»Guten Abend, Taitito Manuelito, wie geht es dir?«

»Gut geht es mir, Mamita«, antwortete er, »ich bin beim Heilen.«

»Heilst du alle? Sind sie zum Heilen gekommen?«

»Sie sind zum Heilen und Lernen gekommen.«

»Gut habt ihr gearbeitet, die ganze Nacht habt ihr gearbeitet, gebetet, gereinigt. Ich bin sehr zufrieden mit euch.«

Dann berichtete sie, sie komme gerade aus Agua Santa, wo sie geheilt hätte, und von Peguche und anderen entfernten Orten, und jetzt sei sie da, um Taita Manuelito beim Heilen zu helfen. Der Taita antwortete ihr, wobei er sie zärtlich mit »Mamita Isabelita« ansprach. Dieser Dialog zwischen den beiden dauerte etwa fünf Minuten. Ich fragte mich, ob eine Frau da draußen war, die die Rolle von Isabel übernahm, oder war es der Taita, der die Stimme einer Frau nachahmte, oder war er von der Göttin »besetzt«, und sie sprach durch ihn, oder war es Mama Isabel selbst? Als wir später darüber diskutierten, sagte Arturo, er habe einmal beide Stimmen gleichzeitig sprechen gehört. Zuletzt sagte sie, sie sei gekommen, um uns Kraft zu geben.

Plötzlich öffnete Taita Manuel die Tür und forderte uns auf, in den Türrahmen zu treten. Es war so dunkel, dass ich nichts sehen konnte. Erst wurde ich dreimal von vorn und dreimal von hinten mit Schnaps besprüht, dann die beiden anderen.

Wir mussten jeder zehn Dollar unter die Zeitung legen, und der Taita vergewisserte sich bei Arturo, ob das Geld auch wirklich da lag. Dann teilte er der Mama Isabel mit, es sei alles in Ordnung und wir hätten auch sie bezahlt. Zufrieden verabschiedete sie sich.

Nun kam Taita Manuel wieder zu uns herein. Er gab jedem eine Handvoll Nelkenblätter, mit denen wir uns abreiben und sie dann aufessen sollten. Ich kämpfte wieder mit meinem Ekel, denn alle Anwesenden hatten mehrfach auf die Blätter gespuckt. Aber auch diesmal hoffe ich auf die desinfizierende Wirkung des Alkohols. Zum Schluss übergab uns Taita Manuel noch eine Handvoll Blätter mit der Anweisung, sie zum Frühstück mit Eiern als Omelett zu essen.

Die Zeremonie war zu Ende. Alle Zigaretten waren geraucht, die Schnaps-, Wein- und Eau-de-Cologne-Flaschen leer. Wir bedankten uns bei Taita Manuel und den Göttern und Geistern. Er packte seine wenigen Sachen zusammen und verschwand einfach in der Dunkelheit.

Die pechschwarze Tropennacht wich schon der Dämmerung, als wir wieder zum Auto zurückgingen und langsam losfuhren. Santiago saß am Steuer und ich neben ihm. Wir tauschten unsere Erfahrungen aus. Zu meiner Erleichterung erfuhr ich nun, dass das, was ich für einen toten Frosch gehalten hatte, die Nelkenblätter der letzten Zeremonie waren. Trotz der anstrengenden Nacht fühlte ich mich erstaunlich frisch, und meine Haut prickelte angenehm, ich befand mich in einem Zustand von Leichtigkeit, Wohlbefinden und Frieden.

Arturo beantwortete nun meine Fragen und erklärte mir das Reinigungsritual. Zunächst beschrieb er die Bedeutung der einzelnen Zutaten, die wir eingekauft hatten. »Taita Manuel betete erst zu den Kräutern, zur Brennnessel, zur *congona*, *tigradillo*, *juyunguilla* und allen anderen Medizinen. Er blies immer wieder Tabakrauch über sie und betete. Er sprach zu ihren *espiritos*, weckte und aktivierte sie. Die Kräuter ziehen fremde Energien an und nehmen sie auf. Da man den Indianern verbot, Feuer zu machen, haben sie es durch Nelken ersetzt, deswegen muss man rote Nelken mitbringen«, erklärte Arturo weiter. »Das Herz aus den Blütenblättern ist ein Symbol für das Feuer. Das Feuer, mit dem wir uns räucherten, musste ich als Nicht-Indio anmachen. Außerdem verwenden sie Kerzen statt Feuer. Die Kerze ist ein Kanalisator. Wenn man den Körper mit der Kerze abreibt, nimmt sie deine ganze Energie auf, und wenn du sie dann anzündest, sieht der Taita in der Kerze alles, was mit dir los ist, alles, was bei dir nicht in Ordnung ist.

Der Wein ist ein ›Versüßer‹, er macht das Herz süß, er macht das Leben süß, er macht süß, auf Quechua *mishki*, damit auch du mit Zärtlichkeit deinen Weg gehst. Der Taita besprüht dich mit Wein, damit deine Arbeit Geld und Erfolg einbringt und die alltäglichen Angelegenheiten glücklich verlaufen. Mit Eau de

Cologne sprüht er, weil die Taitas glauben, dass die Geister Wohlgerüche lieben. Also sprühen sie Kölnisch Wasser, damit man gute Geister anzieht. Die Eier nehmen die parasitären, krankmachenden Energien auf. Nachher werden sie auf die Erde geworfen, und damit werden die schlechten Energien der Erde übergeben. Der Zimt dient als Schutz, weil die Taitas sich vor Hexereien sehr in Acht nehmen. Wie überall gibt es unter ihnen solche, die Gutes, und andere, die Böses tun. Deswegen besprüht er zuerst alles, was man ihm mitbringt, und streut dann Zimt darüber, um das Böse zu vertreiben. *Palo santo* ist ein intensiv riechendes Holz, das starken, angenehm duftenden Rauch entwickelt, wenn es in die Glut geworfen wird. Mit Hilfe dieses Rauchs befreien dich die Taitas von schlechten Energien. Der Tabak hat eine sehr wichtige Funktion. Während der ganzen Zeremonie raucht der Taita ununterbrochen. Er gibt dir mit dem Tabak seinen Hauch, er gibt das Leben zurück. Er bläst den Rauch immer wieder über die auf der *mesa* liegenden Objekte. So aktiviert er den Lebenshauch, den Geist dieser Gegenstände.

Damit hängt auch eine bestimmte Technik des Sprühens zusammen. Man darf nicht vom Bauch aus sprühen, sondern nur mit der Kraft des Mundes, weil man nur so die Flüssigkeit atomisieren kann. Dazu braucht man viel Kraft in den Mundmuskeln. Die Taitas machen dabei ein kleines Geräusch – ›Puf, puf‹ –, weil sie auch ihren Lebenshauch damit hergeben. Sie geben dir ihren Lebenshauch, und mit Hilfe des Geistes potenziert sich ihre Medizin noch mehr. Sie nehmen den Mund voll Schnaps und sprühen von den Füßen nach oben, um den Geist zu heben. Sie reinigen alle Kanäle von unten nach oben, und dann versiegeln sie sie mit Feuer, damit nichts Böses mehr eindringen kann.

Sie teilen den Körper in sieben Ebenen auf, zuerst sprühen sie die drei unteren Ebenen und dann nochmals drei und dann eine. Auf der Körperrückseite wiederholen sie dies, und zuletzt kreuzen sie die Punkte, dann ist man auf allen energetischen Ebenen vollkommen offen.

Wenn der Taita die Flasche vor deiner Kerze rechts herum kreisen lässt und deinen Namen und dein Alter immer wiederholt, ruft er deinen Geist an. Er schaut dann in die Kerze, und wenn die Kerze ihm ein Zeichen gibt, ist dein Geist gegenwärtig. Er stellt dann deinen Geist den anderen Geistern vor. Er kann auch an der Kerze sehen, was mit dir ist. Er beobachtet genau, was mit der Kerze passiert, ob sie kaputt ist, ob die Flamme in die eine oder in die andere Richtung geht, ob die Kerze schmutzig ist, wie die Flamme brennt; und er weiß dann genau, was mit dir im Moment los ist.

Wenn er dann die Flasche in die andere Richtung dreht und sagt: ›Trucado, virado, cambiado‹, heilt er dich von allem Bösen, was dir widerfahren ist. Er löst alles auf, was nicht gut für dich ist. Er gibt denjenigen, die dir Böses getan haben, ihre Bosheiten zurück, und er wandelt Unglück in Glück um, er wandelt Krankheit um, er dreht alles um, er dreht und dreht.«

Ich erzählte Arturo, wie verblüfft ich war, als ich die Mama Isabel draußen sprechen hörte, und fragte ihn, wie er sich ihre Anwesenheit erklärte.

»Als Mama Isabel draußen war und sprach, sagte er, wir sollten rauskommen. Er sagte, er sei dabei, uns Kraft zu geben. Da war er die Mama, als er uns besprühte und uns Kraft gab. Es ist die Mama, die den Preis bestimmt, den er für seine Arbeit verlangen soll. Der Geist sagte auch, er komme vom Heilen und hätte mit José Francisco Imbabureño zusammengearbeitet. Zu mir sagte sie: ›Zahle gut und gehe gut, bete beim Aufstehen und bete beim Schlafengehen.‹ Man muss diese Männer verstehen, weil ihr Spanisch so schlecht ist und sie es mit Quechua mischen. Wenn sie von dir verlangen, dass du die Messe besuchst, meinen sie eigentlich, dass du einen Freiraum für dich brauchst, um zu lernen. Man hat ihre Weisheitskreise verboten, den Ältestenrat aus weisen Schamanen, und sie können nicht mehr zusammenkommen, um San Pedro zu nehmen, jenes Halluzinogen aus einem Kaktus. Die Kirche hat ihnen alles weggenommen, es blieben nur die Heiler übrig, die versteckt in ihren Häusern praktizierten, aber große Zeremonien mit ihrem Volk waren nicht mehr möglich. Die Heiler selbst haben dann die Leute zur Messe geschickt, weil die Messe die größte Ähnlichkeit mit ihren Zeremonien hatte. Deswegen schickt einen der Taita in die Messe, damit man die Evangelien hört, lernt und versteht.

Danach sagte Mama Isabel, sie sei gekommen, um uns Kraft zu geben. Das war wirklich das Besondere dieser Zeremonie, denn zum ersten Mal ließ er uns in seine Nähe. Wenn der Geist der Mama Isabel von ihm Besitz nimmt, erlaubt er normalerweise nicht, dass wir ihn sehen. Aber dieses Mal hat er die Tür aufgemacht und rief uns nach draußen, und der Geist hat uns besprüht. Er hat uns also als Geist des Berges besprüht, und das macht er normalerweise nie.«

Etwa eine Viertelstunde später erreichten wir die Teerstraße. Nach mehreren Kilometern sah ich in einiger Entfernung vor uns mitten auf der Straße zwei rote Punkte.

»Da, ein Tier!«, rief ich.

Die anderen hatten es nun ebenfalls bemerkt, und langsam fuhren wir näher. Im Scheinwerferlicht sahen wir, wie das Tier sich erhob und umdrehte. Es war ein großer Puma. Er schaute uns an, bis wir uns auf etwa zehn Meter genähert hatten. Wir konnten seinen rotbraunen Rücken, seine weißen Brust- und Bauchhaare und seine riesigen Tatzen bewundern. Er schien keine Angst zu haben. Langsam drehte er sich um und trabte elegant, lässig und majestätisch vor uns her, mitten auf der Straße. Mehrere Male schaute er sich um, als wolle er sich versichern, dass wir ihm folgen. Nach drei- bis vierhundert Metern rannte er plötzlich nach rechts, sprang die Böschung hinauf und verschwand im Dickicht.

Wir waren überwältigt. Meine drei Begleiter versicherten mir immer wieder, dass es in dieser Gegend keine Pumas mehr gab, denn die ganze Region ist fast flächendeckend für die Agrarwirtschaft erschlossen. Auch die Freunde von Arturo, die fünfzehn Kilometer entfernt eine Hazienda besaßen und bei denen wir übernachteten, bestätigten, sie hätten in ihrem ganzen Leben dort nie einen Puma gesehen und auch noch nie gehört, dass jemand einen Puma gesehen hatte.

Wir waren uns einig, dass dieses Erlebnis für uns ein ganz besonderes Zeichen war. Der Puma ist das wichtigste Krafttier der Hochlandindios, gefolgt von Kondor und Adler. Und er ist mein persönliches Krafttier. Wir nahmen diese Begegnung als Zeichen, dass unsere Reinigung erfolgreich war, den Segen der Götter und Geister hatte und dass die Kraft zu uns kommen würde.

Don Cesario © Shamanism & Healing Associatio

Don Cesario

Von Quito flog ich mit Santiago, einem peruanischen Freund und Schamanenschüler, nach Lago Agrio. Ich wollte den Schamanen Don Cesario besuchen, einen der Letzten seines Stammes. Ich hatte vor, fünf Tage bei ihm und seiner Familie im ecuadorianischen Regenwald zu verbringen, um mir ein Bild von seiner Arbeitsweise, seiner Ethik, seinem Ansehen in seinem Stamm und seinem Umgang mit Patienten zu machen. Und ihn eventuell zu einem Schamanentreffen einzuladen.

Bereits die Anreise war abenteuerlich. Wir nahmen einen »Bus«, der eigentlich nur ein klappriger alter Laster war, auf dessen Ladefläche schmale, unbequeme Bänke montiert waren und dessen eisernes Dach als Gepäckträger diente. An den Seiten der Ladefläche waren Stangen angebracht, von denen bei Regen Planen heruntergelassen werden konnten. Santiago und ich quetschten uns zwischen die Mitreisenden, Indios, die ihr umfangreiches Gepäck auf dem Dach festgezurrt hatten. Das Vehikel rumpelte über die mittlerweile gewohnten unbefestigten, mit Schlaglöchern übersäten Straßen bis nach Balivango. Zwischendurch hielt er immer wieder an, sodass wir für die fünfunddreißig Kilometer zweieinhalb Stunden brauchten.

In Balivango deckten wir uns mit Wasser und Proviant für fünf Tage ein, außerdem kauften wir Gummistiefel, die wegen des Regens und der Gefahr, von einer Schlange gebissen zu werden, hier unverzichtbar sind. Dann ging es auf der Ladefläche eines Pick-ups weiter. Nach eineinhalb Stunden Fahrt kamen wir in einen winzigen Ort am Rio Napo an, einem der Zuflüsse des Amazonas. Der Ort bestand eigentlich nur aus einem kleinen Sägewerk und einigen Bretterbuden. Von hier aus, war uns gesagt worden, würde täglich »um vierzehn Uhr« ein Boot flussaufwärts fahren.

Das Boot lag bereits da: ein aus einem Urwaldriesen gefertigter Einbaum. Von einem Bootsführer war allerdings weit und breit nichts zu sehen. »Arriba mas tarde – er kommt später«, wurden wir beruhigt. Also warteten wir. Wir warteten über zwei Stunden, bis endlich ein völlig überladener Pick-up vorfuhr und seine Fracht abgeladen wurde: Kisten, Tüten, Säcke, Gasflaschen, Getränkekisten, Käfige mit Hühnern, eine gefesselte Ziege, alles wurde nun mitsamt unseren Rucksäcken auf dem Boot sorgfältig verstaut, festgezurrt und mit einer Plane abgedeckt. Wir wollten kaum glauben, was alles auf dem etwa fünfzehn Meter langen und eineinhalb Meter breiten Einbaum untergebracht werden konnte.

Das Boot lag nun so tief im Fluss, dass der Rand nur noch wenige Zentimeter aus dem Wasser ragte. Ich fand das ziemlich beunruhigend, sagte mir dann aber, der Bootsführer, der ja jeden Tag den Fluss hinauf- und herabfuhr, würde schon wissen, was er tut. Schließlich verdiente er den Lebensunterhalt für sich und seine Familie mit dem Transport von Personen und Waren aller Art. Mit uns gingen noch etwa zwanzig Indios an Bord, und ich war überrascht, dass wir alle Platz fanden. Mit mehr als drei Stunden Verspätung fuhren wir endlich los.

Das Boot hatte einen starken Außenbordmotor, und wir kamen gut voran. Nach einigen Kilometern sahen wir links und rechts am Ufer die Bäume immer höher und den Regenwald immer dichter werden. Die gewaltigen Bäume, die bis zu siebzig Meter Höhe erreichen, machten tiefen Eindruck auf mich. An jedem Ort, jeder Ansammlung von Hütten hielten wir an, oft auch an einzelnen Gehöften, um Mitreisende aussteigen zu lassen und unter großem Palaver Waren aus- und einzuladen. Immer wurden wir schon erwartet, denn der Bootsmotor war schon von weitem zu hören. Meistens standen viele Kinder dabei und schauten zu, die Ankunft des Bootes schien die einzige Abwechslung am Tag zu sein. In der Nähe der kleinen Orte begegneten wir anderen Einbäumen, deren Insassen uns freundlich zuwinkten. Die Sonne ging allmählich unter und tauchte den Fluss und den Urwald am Ufer in ein zauberhaftes Licht.

»Der nächste Halt ist bei Don Cesario«, ließ uns der Bootsführer wissen.

Der Rio Napo, auf der Fahrt zu Don Cesario © Shamanism & Healing Association

Nach zwei weiteren Windungen des Flusses legte das Boot an, und wir stiegen aus. Wir kletterten eine hohe, steile Uferböschung hinauf, und dann stand Don Cesario vor uns, als hätte er uns erwartet. Er begrüßte uns freundlich und bat uns in sein Haus.

Don Cesario war ein kleiner, untersetzter Mann mit einem großen runden Kopf. Er gehörte zum Volk der Huao, das nur noch etwa fünfhundert Angehörige zählt. Sein Haus stand am Fluss, umgeben von dichtestem Dschungel, das nächste Dorf lag mehr als zwanzig Kilometer weiter flussabwärts. Es stand auf etwa eineinhalb Meter hohen Pfählen und war L-förmig angelegt.

Im kleineren Teil des Hauses befand sich der Schlafraum, in dem Don Cesario, seine Frau Doña Rosaria, sein Sohn mit seiner Frau und seine beiden Kinder schliefen. Er war geschlossen und hatte Wände aus geflochtenen Palmblättern, der größere Teil des Hauses hingegen war nach drei Seiten offen. Ein weit überkragendes Palmstrohdach diente als Schutz vor dem Regen, der dort täglich mehrere Stunden und oft in uns unvorstellbaren Mengen fällt. In diesem Teil des Hauses verbrachte die Familie ihren Tag. Dort gab es eine Küchenecke, in der ein Schrank für die Vorräte und Gerätschaften stand sowie ein Gasherd, die einzige Errungenschaft moderner Zivilisation. An einem langen Tisch mit zwei Bänken wurde gegessen und gearbeitet. Meist aber saßen die Familienmitglieder auf dem Boden oder mit baumelnden Beinen am Rand der Plattform. Sechs Hängematten wurden immer wieder von einem oder mehreren zu einer kurzen Rast oder zu einem Schläfchen benutzt.

Don Cesarios Familie lebte vom Fischen, Jagen, Sammeln und dem Anbau von Maniok, Mais, Bananen und verschiedenen Knollengewächsen. Die Männer zogen in der unendlichen Weite des Amazonas-Regenwaldes auf die Jagd oder fischten von ihren wendigen Einbäumen aus. Nur die Frauen betätigten sich als Töpfer, Weber, Stoffmaler und Kunsthandwerker.

Die Familie war fast autark. Gekauft wurden nur Gas, Zucker, Salz, Reis, Bohnen, Kaffee, Kerzen und Diesel für den

Bootsmotor. Ihr Hauptnahrungsmittel bestand aus Maniok, einer Wurzel, die sie auf einem kleinen Feld anbauten. Maniok ist im Rohzustand giftig, es wurde in einem komplizierten Prozess zu sagoähnlichen Granuli verarbeitet, aus denen ein essbarer Brei gekocht wurde. Die Zubereitung war Sache der Frauen. Zunächst wurden die oberarmdicken Knollen auf einer Reibe gerieben und dann in ein großes, längliches festes Segeltuch geschüttet. Dieses wurde an einer Seite an einem der Stützbalken des Dachs befestigt, und das andere Ende wurde gedreht, um den geriebenen Maniok auszuwringen. Alle Flüssigkeit musste entfernt werden, denn sie enthält die Giftstoffe. Die Frauen benutzten dazu einen starken Stock, um durch die Hebelwirkung mehr Kraft zu erzeugen. Dann wurde die noch feuchte Masse auf einem großen Blech über einem kleinem Feuer erhitzt, um noch die letzten Reste der Feuchtigkeit verdampfen zu lassen. Das dauerte Stunden, und der Maniok musste dabei ständig mit einer Art Rechen bewegt werden. Aus dem Maniok wurde dann ein süßer Brei zubereitet, der sehr schmackhaft war. Manchmal wurde er wie Hirse salzig gegessen. Außerdem gab es Fisch und gelegentlich ein erlegtes Tier sowie gesammelte Früchte, Pflanzen, Wurzeln und Kräuter. Wir probierten auch geröstete Insekten und Maden, die angenehm nussig schmeckten.

Als wir nun in Don Cesarios Haus gebeten wurden, hatten die Frauen bereits einen süßen Kräutertee für uns zubereitet. Wir setzten uns an den Tisch und überreichten unsere Geschenke. Für Don Cesario und seinen Sohn Lucio hatten wir ein Nachtfernglas mitgebracht, für die Frauen bunte Tücher und für die Kinder Süßigkeiten und einen Kreisel, den sie sofort unter großem Gejohle ausprobierten. Sie waren restlos begeistert und konnten gar nicht fassen, dass der Kreisel »sang«.

Ich erklärte Don Cesario mein Anliegen und erzählte von dem letzten Treffen, bei dem Schamanen aus fünfzehn Kulturen und fünf Kontinenten zusammengekommen waren, um sich auszutauschen. Ich zeigte ihm ein Album mit Fotos von den damals versammelten Schamanen. Er betrachtete die Porträts sehr aufmerksam, wollte über jeden etwas erfahren und stellte präzise Fragen. Ganz besonders fasziniert war er von dem damals vierundsiebzigjährigen südafrikanischen Schamanenlehrer Jabolane Mpapane, der einundzwanzig Frauen und über hundert Kinder hatte. Immer wieder fragte er mich nach ihm und nannte ihn den *multiplicador*, den »Vervielfacher«. Den müsse er kennenlernen, und er müsse seinem Volk, das vom Aussterben bedroht sei, Ratschläge geben, wie es wieder wachsen könne.

Als ich ihn fragte, ob er an der Teilnahme an einem Schamanentreffen interessiert wäre, äußerte er sich ausweichend: »Man wird sehen, man muss die *espiritos* fragen.«

In Don Cesarios Haus befand sich damals noch ein weiterer Schamane, Don Elichio. Er war sehr krank. Er hatte sich bei der Jagd verlaufen, war tagelang im Urwald umhergeirrt und hatte sich dann noch mit seiner Machete eine tiefe Wunde im Bein zugefügt. Als man ihn fand, war er dem Tode nahe. Er war einige Stunden vor unserer Ankunft zu Don Cesario gebracht worden, hatte hohes Fieber, und die Wunde war völlig vereitert.

Don Cesario hatte zuerst eine Kräutermischung und eine Handvoll Maden eines bestimmten Käfers auf die Wunde gegeben, berichtete sein Sohn. Die Maden würden die Wunde gründlich reinigen und alles vertilgen, was da nicht hingehöre. Nach einigen Stunden wurden die Maden entfernt und eine weitere Kräutermischung aufgelegt. Nun lag Don Elichio in einer Hängematte und wurde von der ganzen Familie gepflegt, er wurde gefüttert, massiert, und ständig war jemand bei ihm, manchmal auch die Kinder, die ihm nur liebevoll die Hand hielten und ihn streichelten. Es berührte mein Herz, mit wie viel selbstverständlicher Fürsorge und Liebe er umhegt wurde. Nach zwei Tagen ging es ihm besser, und er konnte schon zum Essen aufstehen und am Tisch sitzen.

Am nächsten Tag, der für Don Cesario bereits im Morgengrauen begann, kamen immer wieder Boote an, und sie brachten Menschen mit verschiedenen Krankheiten oder Anliegen, um sich behandeln oder beraten zu lassen. Don Cesario empfing alle mit bemerkenswerter Liebenswürdigkeit, behandelte sie oder gab ihnen Ratschläge. Ich durfte ihn dabei beobachten, und sein Sohn Don Lucio übersetzte ins Spanische. Viele Kranke bekamen Kräuter mit Anweisungen für die Anwendung zu Hause, außerdem gab er allen eine Aufgabe mit auf den Weg. Sie sollten zum Beispiel jeden Morgen um sieben Uhr eine Papaya essen oder jeden Abend ein Glas Wasser trinken, das den ganzen Tag zugedeckt in der Sonne gestanden hatte. Don Lucio erklärte mir, die Patienten sollten so lernen, Verantwortung für ihren Genesungsprozess zu übernehmen.

Don Cesarios Wissen über die Heilwirkung von Kräutern und Pflanzen war enorm. Als ich Don Lucio fragte, wer ihn das alles gelehrt hatte, antwortete er: »Die Pflanzen, hauptsächlich Ayahuasca.« Als Bezahlung brachten die meisten Patienten Naturalien mit, ein Huhn, Früchte, Gemüse, Maniok und so weiter, nur selten sah ich einen Geldschein.

Eine Frau wollte wissen, was sie machen sollte, weil ihr Mann oft von zu Hause wegblieb, sich betrank; und sie vermutete, dass er auch andere Frauen hatte. Don Cesario gab ihr Ratschläge, was sie machen soll: Sie sollte nicht schimpfen, zetern und keifen, sondern ihm ihre Liebe und Zuneigung zeigen, dann würde sie für den Mann wieder attraktiv. »Die Frau muss bei einem Mann die Fähigkeit zur Zärtlichkeit berühren«, sagte er. »Und wenn du nicht zärtlich zu dir selbst bist, kannst du Zärtlichkeit deinem Mann auch nicht beibringen. Du musst deine Zärtlichkeit entdecken. Du darfst deinen Mann nicht abweisen – Männer sind anders, aber sie sind eure Ergänzung. Ihr Frauen könnt den Männern Zärtlichkeit und Hingabe beibringen. Das kann aber niemals durch Härte und Vorwürfe gelingen, sondern nur mit großer Zärtlichkeit und Liebe. Männer glauben, dass sie die großen Jäger, Krieger und Eroberer sind, und sie sind stolz und eitel. Aber wenn eine Frau das Herz und die Seele des Mannes berührt, verwandelt er sich in ein ganz liebevolles Wesen.«

Er gab ihr Kräuter, die ihr helfen sollten, ihre Zärtlichkeit zu entwickeln, außerdem bekam sie die Aufgabe, täglich den

Punkt der Zärtlichkeit, der unter der linken Achsel am Brustansatz liegt, vor dem Schlafengehen fünf Minuten lang zu massieren.

Hoch zufrieden verließ sie das Haus. Ich war von seiner Weisheit, Lebenserfahrung und seinem psychologischen Einfühlungsvermögen tief beeindruckt.

Wenn zwischen zwei Patienten Zeit war, hatte ich Gelegenheit, Don Cesario Fragen zu stellen, wie er Schamane geworden war, wer sein Lehrer war, wie lange seine Lehrzeit gedauert hatte, wie er erzogen wurde und woher er sein enormes Pflanzenwissen hatte.

»Mein Lehrer Don Pacho hat mir als Erstes die Pflanzen gezeigt und erklärt, die man zur Zubereitung von Ayahuasca braucht. Die Grundsubstanz wird aus der Ayahuasca-Liane und den Blättern des Chacruna-Baumes gekocht. Um bestimmte Wirkungen zu erzeugen, wie Heilung, stärkere oder schwächere Visionen, Schutz vor schwarzer Magie und so weiter, fügen wir verschiedene andere Pflanzen hinzu, unter anderem Datura (Engelstrompete). Von den meisten Pflanzen gibt es verschiedene Arten, die jeweils eine andere Wirkung haben.

Ich musste auch lernen, wie diese Pflanzen angebaut und gepflegt werden. Datura hat in meiner Ausbildung eine große Rolle gespielt. Diese Pflanze kann, wenn man sie zu hoch dosiert, zum sofortigen Tod oder zu Wahnsinn führen. Mein Lehrer gab mir immer höhere Dosierungen von Datura zu trinken, und die Rauschwirkung wurde immer länger und stärker. Ich trank fast jeden Tag Ayahuasca. Viele Monate verbrachte ich ganz allein im Urwald, und ich musste eine strenge Diät einhalten. Alles, was ich gelernt habe, haben mir die Pflanzen selbst und ihre Geister beigebracht.«

Ich fragte Don Cesario nach seiner Initiation. »Don Pacho gab mir eine Ayahuasca-Mischung, und mein Rausch dauerte siebzehn Tage«, antwortete er. »Ich hatte große Angst. Denn entweder du stirbst, oder du wirst wahnsinnig, oder du überlebst – und dann bist du Schamane.«

Ich wollte mehr über Ayahuasca wissen, denn Ayahuasca-

Zeremonien spielen in der schamanischen Tradition Südamerikas eine große Rolle.

»Wer Ayahuasca trinken will, muss selbst die Verantwortung dafür übernehmen«, erklärte mir Santiago. »Das heißt, er muss sich der rituellen Behandlung aus freien Stücken anvertrauen. Er muss begreifen, dass er auch für seine Leiden und Krankheiten selbst Verantwortung übernehmen muss. Der Kranke ist es, der zu handeln hat, nicht der Schamane. Der Ayahuasca-Schamane hilft dem Kranken, wenn er es für nötig hält. Der Schamane überlässt es aber dem Patienten, mit Hilfe seiner eigenen Visionen sein Problem zu erkennen. Ayahuasca ist ein Mittel zur Selbsterkenntnis. Aber es ist auch ein Zugang zum Jenseits: Menschen, die Ayahuasca, Tabak oder andere Pflanzen konsumieren, gewinnen Einfluss auf die Geister des Jenseits, zum Beispiel auf die schwarzen Schatten Verstorbener, auf tausendjährige Geister oder auch auf boshafte Naturgeister, aber das ist schon schwarze Magie.«

Am dritten Tag unseres Aufenthalts sagte Don Cesario: »Morgen Nacht werden wir zu den *espiritos* reisen. Deshalb müsst ihr euch heute reinigen und morgen eine Diät einhalten.«

Er verabreichte uns eine Tasse mit einem Kräuteraufguss, der eine stark abführende Wirkung hatte, und für mehrere Stunden mussten wir in unmittelbarer Nähe des Plumpsklos bleiben, das unweit des Hauses stand. Am nächsten Tag bekamen wir am Morgen eine kleine Schüssel Maniokbrei. Zu Mittag aßen wir nur eine Banane, von da an mussten wir fasten.

»Ayahuasca verändert unsere Wahrnehmung und das Bewusstsein«, bereitete Don Cesario mich vor. »Dadurch kann es deine Widerstände aufweichen, und du kannst tief in deine Vergangenheit schauen. Alte, vergessene schlimme Erfahrungen können aufsteigen. Das kann sehr schmerzhaft sein, dich aber auch von bedrückenden Erfahrungen befreien. Es kann vorübergehend zum Verlust des Ichs führen. Ich sehe aber, dass du den Mut, die richtige Intention und die Stärke hast, diese Erfahrung zu machen, und du wirst nachher ein anderer Mensch sein.«

Don Elichio, dem es inzwischen erstaunlich gutging, ergänzte und bestätigte, was Don Cesario gesagt hatte: »Der Ayahuasca-Trinker trägt allein die volle Verantwortung für sich, seine Krankheiten und Probleme. Er muss handeln, nicht der Curandero. Dieser unterstützt und hilft dem Patienten, in seinen eigenen Visionen Probleme zu erkennen, Selbsterkenntnis zu entwickeln und einen Zugang zu anderen Wirklichkeiten zu finden. Wir Curanderos, die regelmäßig Ayahuasca trinken, können mit den Pflanzengeistern sprechen, sie um Rat und Hilfe bitten. Wir kennen gute und boshafte Naturgeister. Die guten helfen uns, die Krankheiten und Probleme zu bekämpfen, die durch Schadenszauber entstanden sind.«

Bei Sonnenuntergang baten uns Don Cesario und Don Elichio in die Zeremonienhütte, die etwa fünfzig Meter vom Haus entfernt mitten im Wald stand. Sechs Pfähle trugen ein Dach aus Palmstroh. In der Mitte war eine Feuerstelle, und an den Pfählen waren vier Hängematten befestigt. Die beiden Schamanen standen am Feuer, rauchten selbstgedrehte Zigaretten und bliesen den Rauch in die vier Himmelsrichtungen.

Zuerst nach Osten, dann drehten sie sich nach links nordwärts, dann weiter nach Süden, nach Westen und wieder nach Osten. Dabei sprachen sie leise Gebete in ihrer Sprache. Obwohl Santiago diese Sprache nicht verstand, kannte er als Schamanenschüler natürlich die Gebete. »Sie öffnen die vier Winde«, erklärte er mir und sprach die Gebete auf Spanisch mit:

Nach Osten: »Licht: Überflute uns aus deinem Zuhause.«

Nach Norden: »Absolutes Bewusstsein, sprich zu uns.«

Nach Süden: »Universeller Wille, versorge uns von deinem Willen aus.«

Nach Westen: »Aus deiner Großzügigkeit erhalte unsere Hoffnung, damit wir aus deinem Wissen schöpfen können.«

Gebet an den Herrn des Westens: »Vater des Westens, Herr des Hauches, bewege den Fächer meines Herzens, erhebe uns zu dir. Gib uns deine Kraft, o Herr.«

Gebet an den Herrn des Ostens: »Gib uns, o Herr, deinen Lebenshauch.

Gib uns, o Herr, die Macht deiner Stimme, damit wir von allen erhört werden.

Gib uns, o Herr, deinen Willen, damit wir dir treu sein können.

Gib uns, o Herr, dein Licht, um deinen Auftrag zu verstehen.

Gib uns, o Herr, dein Wesen, um deinen Willen in dieser Welt zu tun.

Gib uns, o Herr, das Leben, um dir zu dienen.«

Da ich das Gebet schon aus Mexiko kannte, bat ich Santiago, Don Cesario zu fragen, wo er es gelernt hatte. Wie sich herausstellte, hatte ein toltekischer Schamane es ihm beigebracht.

Santiago und ich legten uns in unsere Hängematten. Don Cesario begann leise, mit einer sanften, lieblichen Stimme zu singen. Bald fiel auch Don Elichio in den Gesang ein.

Santiago raunte mir zu: »Jetzt rufen sie die Götter.«

Als sie den Gesang beendet hatten, goss Don Cesario aus einer Fünfliterflasche eine schwarzbraune dickflüssige Brühe in einen Becher. Ayahuasca. Er trank als Erster. »Um uns zu zeigen, dass das Zeug nicht giftig ist«, erklärte Santiago. Den nächsten Becher bekam ich gereicht. Ich hatte bereits zu anderen rituellen Anlässen Ayahuasca getrunken und kannte den ekelerregend bitteren Geschmack. Deshalb kippte ich den Inhalt des Bechers in einem Zug hinunter. Es schmeckte einfach unbeschreiblich scheußlich. Don Elichio reichte mir gleich ein Glas Limonenwasser, um mir den Mund auszuspülen.

Als alle getrunken hatten, schloss ich die Augen und wartete. Ich wusste, es brauchte fünfzehn bis zwanzig Minuten, bis die Wirkung einsetzte, und ich wusste auch, dass der Rausch fünf bis sechs Stunden dauert. Ich war auch darauf gefasst, dass die Visionen so real, so heftig und unkontrollierbar wären, dass man wie in einem Strudel mitgerissen wird. Das Wichtigste war, keine Angst zu haben, denn sonst wird die Erfahrung zum Horrortrip.

Bei anderen Gelegenheiten, bei denen ich Ayahuasca genommen hatte, war ich in einem Haus, also in einem geschützten

Umfeld. Dieses Mal fand ich mich mitten im Dschungel wieder. Geradezu körperlich konnte ich die Nähe der unterschiedlichsten Geschöpfe spüren, die in unglaublicher Dichte diesen Lebensraum bewohnen. Die Laute unzähliger Tiere erzeugten eine permanente Geräuschkulisse von beeindruckender Intensität. Um uns rauschte und knisterte es, Äste knackten, Laub raschelte, ein Affe schrie schrill auf und rannte dann laut schreiend davon. Nachtvögel sangen, kreischten, trillerten, Frösche quakten in den unterschiedlichsten Tonlagen, Insekten summten, brummten, surrten, Grillen und Zikaden zirpten imposante an- und abschwellende rhythmische Gesänge. Es war ein unerhörtes nächtliches Konzert.

Mein Freund Jeremy Narby schreibt, der Regenwald des Amazonas sei die Region der Erde mit der bei weitem größten biologischen Vielfalt und Dichte. Es gebe dort die meisten Arten von Pflanzen, Bäumen, Insekten, Amphibien, Vögeln, Säugetieren etc. Wissenschaftler hätten auf einem Baum mehr Arten von Ameisen gefunden als in ganz Großbritannien, in einem Tal mehr Vogelarten als in ganz Nordamerika, auf einem Quadratkilometer mehr Arten von Bäumen als in Europa.[*]

Die beiden Schamanen hatten ihre Gewehre mitgenommen. Bedeutete das, dass wir hier nicht sicher waren? Könnten wir von wilden Tieren angegriffen werden, von einem Jaguar, einem Panther oder gar von einer Anakonda? Aber es brannte ein Feuer, und ich wusste aus meinen Erfahrungen in Afrika, dass kein Tier dahin geht, wo Feuer brennt. Doch ich fühlte mich auch behütet von meinen Schutzkräften, ob ich sie nun »Schutzengel«, »-tiere« oder »-geister« nenne, spielt keine Rolle. Die Kräfte waren da, ich rief sie und wusste, dass ich mich auf sie verlassen konnte. Also ließ ich mich vollkommen fallen und fasste die feste Absicht, mich ganz dem Geist des Ayahuasca hinzugeben. Ich wurde innerlich völlig ruhig, und nach einer Weile merkte ich, wie sich meine Wahrnehmung veränderte.

* Vgl. Jeremy Narby: *Die kosmische Schlange. Auf den Pfaden der Schamanen zu den Ursprüngen modernen Wissens*, Klett Cotta, Stuttgart 2007.

Die Geräusche der Nacht, besonders die der Insekten, nahmen eine unwirkliche Intensität an, sie wurden übermächtig, und auf einmal war ich selbst das Geräusch. Wie von einer Flutwelle wurde mein Körper von den psychoaktiven Substanzen überschwemmt. Mein Magen revoltierte gegen die gallenbittere Brühe, und ich war kurz davor zu erbrechen. Wie im Zeitraffer zogen ständig wechselnde Bilder, Formen und Farben an meinem inneren Auge vorüber.

Erinnerungen an die Kindheitserlebnisse, die ich in der vergangenen Woche bearbeitet hatte, rasten so schnell vorbei, dass ich mich an keiner festhalten konnte. Die Zeit schien sich aufzulösen, und alles, was wie in einzelne Facetten aufgebrochen immer wieder durch mein Bewusstsein raste, schien seine Bedeutung zu verlieren. Ganz allmählich liefen die Bilder langsamer, als hätte jemand die Geschwindigkeit gedrosselt und ließe sie auslaufen, bis sie schließlich zum Stillstand kamen. In diesem Augenblick leuchtete eine Einsicht auf. Alles, was ich in meiner Jugend an Traumata erlebt hatte, war nur auf einer untergeordneten Ebene von Bedeutung und hatte auch nur auf dieser Ebene Auswirkungen auf mein Leben. Meinem Wesenskern konnte es keinen Schaden zufügen, der war unversehrt und rein geblieben. Ich empfand eine ungeheure Erleichterung und öffnete mich mit völliger Hingabe dieser Ebene.

Plötzlich saß mir genau gegenüber ein großer Puma, mein Schutztier. Er schaute mich aufmunternd an, als wollte er mir sagen: »Mach dir keine Sorgen, ich passe auf dich auf.« Auch ein Adler saß auf einem Dachbalken der offenen Zeremonienhütte. Dann raschelte es neben mir, und ich sah auf meiner linken Seite vier geleckte Jaguare und auf der Rechten vier schwarze Panther. Sie bleckten die Zähne und knurrten, und erst als ich sie ansprach und ihnen sagte, ich sei ein Freund, sie mögen doch bitte freundlich zu mir sein, wurden sie zutraulich, legten sich hin, schnurrten, und einer kam sogar zu mir, um mir mit seiner großen rauen Zunge die Hand zu lecken.

Der Rausch entfaltete nun seine volle Wirkung, und ich kam in einen Zustand, der schwer zu beschreiben ist. Die Jaguare wurden auf einmal immer kleiner und immer zahlreicher, als wären es Tausende winzig kleine Tiere. Auch ich begann mich aufzulösen und nahm mich als eine Ansammlung unendlich vieler Moleküle wahr. Ich begann, mich mit allem, was mich umgab, eins zu fühlen, mit dem Dschungel und seinen Tausenden von Pflanzen, Tieren und den Millionen Insekten, aber auch der bestand bald nur noch aus Milliarden von Molekülen. Das, was ich einmal als »Ich« bezeichnet hatte, existierte nicht mehr, es war in der Biomasse des Regenwaldes, ja im ganzen Universum aufgegangen. Das Selbst verschmolz mit der Welt und bestand nur noch aus einem unbeschreiblichen Wohlgefühl grenzenlosen Aufgehobenseins.

* * *

Innerhalb von nur etwa einer Woche hatte ich in Peru, in Ecuador im Hochland und am Amazonas sehr intensive Erfahrungen gemacht, die in meiner Wahrnehmung bis heute eine Einheit bilden. Ich nenne sie »Meine südamerikanische Trilogie«. Akute körperliche Symptome, wohl verursacht durch die Höhe in Verbindung mit heftigem Durchfall, hatten zu einer intensiven Bearbeitung alter Traumata geführt und mir dazu verholfen, mich ein weiteres Stück von ihnen zu lösen.

Wäre ich Vidal Ayala nicht in letzter Minute, sondern unter »normalen« Umständen begegnet, hätte ich vermutlich einige Zeit an seinem Leben teilgenommen, um zu sehen, wie er arbeitet. Dass ich es hier nicht mit einem Brujo zu tun hatte, konnte ich ihm auf den ersten Blick ansehen: Liebevoll und freundlich, strahlte er eine positive Energie aus, auf die jeder in seiner Umgebung reagierte – Maria Rosa erzählte mir, die Kinder seien ihm scharenweise hinterhergelaufen. Auch weiß ich nicht, wie er vorgegangen wäre, wenn wir uns nicht erst in letzter Minute getroffen hätten. Die Rosskur, der er mich unterzog, fand ja unter großem Zeitdruck statt, denn am nächsten Tag mussten wir abreisen. Obwohl für mich in diesem Augenblick mein körperlicher Zustand im Vordergrund stand und alles andere ausblendete, befragte er mich nicht nach den Details des Krankheitsverlaufs, wie ein westlicher Mediziner es getan hätte. Er fragte mich gar nichts, sondern machte sich ans Werk. Für ihn ging es darum, die Wurzel des Übels herauszufinden, und zwar nicht auf der Ebene der körperlichen Symptome, sondern auf der emotionalen Ebene. Er sah die in meinem Körper abgespeicherten Emotionen und konnte sie konkret beschreiben, womit er eine Flut von Erinnerungen bei mir auslöste. Er ordnete den Körperzonen emotionale Erfahrungsbereiche zu und bearbeitete die emotionalen Traumata auf der körperlichen Ebene. In nur einer Stunde fühlte ich mich wie von den Toten auferstanden, und am nächsten Tag wunderte sich Maria Rosa, als ich im Flughafen munter vor mich hin pfiff. Mein Körper fühlte sich wund an wie bei einem heftigen Muskelkater, aber ich war wieder voller Energie.

Als ich mich zwei oder drei Tage später bei Taita Manuel der Reinigungszeremonie unterzog, hatte ich dieses Erlebnis mit keinem Wort erwähnt. Aber auch der Taita legte den Schwerpunkt auf meine Beine und Füße, »damit er seinen Weg besser gehen kann«. Ich verstand es so, dass die alten Lasten mein Leben erst dann weniger beeinflussen würden, wenn bearbeitet sei, was sich dort festgesetzt hatte. Während der Zeremonie spürte ich immer wieder die Schmerzen der ersten Behandlung bei Hermano Vidal Ayala, und auch die dort an spezifischen Stellen ausgelösten Emotionen und Bilder kamen in meinem Inneren wieder hoch. Aber ich fühlte mich danach wie befreit.

Bei dieser Begegnung mit Don Cesario einige Tage später waren die Schmerzen nun verschwunden. Schamanen bezeichnen die durch Halluzinogene herbeigeführten Zustände oft als »Seelenreise«, bei welcher der »Traumkörper« sich vom Körper und den darin festgehaltenen Emotionen und Erfahrungen löst und in Bewusstseinszuständen, in denen Zeit und Raum nicht existieren, andere Erfahrungen macht. Sie haben dafür verschiedene Namen, sie nennen es »Seele« oder »spirituelles Selbst«. Bei der Ayahuasca-Zeremonie erlebte ich, dass dieses spirituelle Selbst, mein Wesenskern, vollkommen unverletzbar ist. Er bleibt immer unberührt und rein. In diesem losgelösten Zustand waren Probleme nicht mehr existent. Ich konnte mein Selbst von außen sehen und erkennen, dass durch alles, was mir geschehen ist, durch alle Traumata mein Wesenskern nicht beschädigt wurde. Dieser ist mit allem verbunden. Zwar ist er ein winziger, aber auch ein einzigartiger Teil eines unendlichen und umfassenden Kosmos, mit dem er gleichzeitig eins ist.

Auf diese Weise ist mir sehr bewusst geworden, dass es eine Ebene oder Dimension gibt, in der meine Traumata gar keine Rolle spielen. Das macht es leichter, damit zu leben, wenn ich diese Ebene wieder verlasse. Schwere Traumata können vielleicht nie vollkommen abgebaut werden und beeinflussen das Leben, solange der Körper existiert. Meiner Erfahrung nach ist jedoch der Zugang zu diesem unzerstörbaren Selbst, auf welchem Weg auch immer, die Voraussetzung dafür, dass dieser Einfluss die Lebensqualität immer weniger beeinträchtigen kann.

Wie Don Cesario sind alle Schamanen der Ansicht, dass wir stets verantwortlich sind für das, was mit uns geschieht. Insofern tragen wir auch die Verantwortung für unsere Heilung, denn die Heilung findet in uns selbst statt. Meine südamerikanische Trilogie hat mich sehr eindrücklich erleben lassen, dass Heilung nicht einfach die Abwesenheit von Symptomen ist, die ein Heilkundiger auf irgendeine Weise »wegzaubern« kann. Vidal Ayala führte mir vor Augen, dass die Wurzeln auch akuter Symptome auf einer ganz anderen Ebene liegen können, er setzte mit seiner Arbeit auf dieser Ebene an. Er behandelte nicht meinen Darm und meinen Blutdruck, sondern die in den Muskeln und Faszien gespeicherten traumatischen Gefühle. Welcher europäische Arzt würde einen Patienten, der mit Durchfall zu ihm kommt, an den Füßen und Beinen behandeln? Alle drei Schamanen haben die uns geläufige Trennung in verschiedene Ebenen – die emotionale, körperliche, geistige und spirituelle – aufgehoben, auch wenn sie in ihrer Arbeit verschiedene Schwerpunkte gesetzt haben. Sie kennen diese Trennungen ebenfalls, für sie bilden sie aber letztlich immer eine Einheit. Nach den drei Stationen hatte ich das Gefühl, einen Heilungsprozess auf allen Ebenen durchlaufen zu haben. Durch die Arbeit mit allen vier Dimensionen erreichte ich einen Zustand von Ausgeglichenheit und Harmonie, von »Einheit« oder »In-der-Mitte-Sein«, ein Wohlbefinden, das Gesundheit in einem weit umfassenderen Sinn als »Abwesenheit von Krankheit« bedeutet. Es ist ein Zustand von Energie in der höchsten Form, die wir erreichen können. In der Arbeit mit den Schamanen habe ich gelernt, dass die Verantwortung zu übernehmen darin besteht, zur Wiederherstellung beziehungsweise Erhaltung der Gesundheit diesen ausgeglichenen Zustand immer wieder neu anzustreben.

Wenn ich in meiner Mitte bin, spüre ich meinen Wesenskern, und die vier Körper bilden eine harmonische Einheit. Diese zerfällt in ihre Teile, wenn ich dort nicht mehr bin.

Mali Goumede © Shamanism & Healing Associatio

Mali Goumede

Wir hatten das Afrika der Weißen hinter uns gelassen und fuhren im Zululand, einem der Homelands im Südosten Südafrikas, entlang der Grenze zu Swasiland auf Mosambik zu. Die wenigen Schwarzen, denen wir begegneten, blieben stehen und schauten uns mit einem Ausdruck ungläubigen Staunens nach. Wunderten sie sich über das Wohnmobil, in dem mein südafrikanischer Freund Percy, meine Lebensgefährtin Monika, Elsa, eine Freundin aus Deutschland, und ich unterwegs waren, oder über unsere Anwesenheit? Denn hierher kamen nur sehr wenige Weiße, deshalb gab es wohl auch keine komfortablen Asphaltstraßen mehr. Ein mit Schlaglöchern gespickter Schotterweg schlängelte sich nicht enden wollend durch das flache Land.

Unter einem weiten Himmel, wie ich ihn nur aus Afrika kenne, breitete sich das typische Buschfeld aus, Sichel- und Büffeldornbüsche, die trotz der trockenen Jahreszeit zwar verstaubt, aber erstaunlich grün waren, niedrige Bäume, Schirmakazien, Buschweiden und gelegentlich ein Baobab, ein Affenbrotbaum. Ab und zu sahen wir eine Gruppe strohgedeckter, runder Lehmhütten, daneben meist ein Kraal, in dem die Tiere nachts untergebracht werden. Der dichte Zaun aus Ästen und Dornengestrüpp schützt die Kühe und Ziegen vor Hyänen und anderen Raubtieren. Aber der Kraal gilt auch als heiliger Ort, denn hier werden die Tiere geschlachtet, die zu bedeutenden Familienereignissen wie Beschneidung, Hochzeit oder Beerdigung geopfert werden. Auch wichtige Beratungen unter Männern finden hier statt.

An einer Weggabelung sahen wir einen großen weißen Stein mit der Aufschrift »Mali Goumede« und einem Pfeil.

»Das ist er«, sagte Percy. »Das ist sein Name.«

Nach etwa drei Kilometern bot sich uns ein unerwartetes Bild: Eine Ansammlung von Steinhäusern hob sich blütenweiß gegen den strahlend blauen Himmel ab. Es mögen wohl zwei

Dutzend Häuser gewesen sein: flache, viereckige oder auch runde Bauten mit kastanienbraunen Sockeln und türkisfarbenen Vordächern, umrahmt von einem grasgrünen Feld und einem rot-gelb gestrichenen Gatter. Es kam uns vor wie ein in die Wirklichkeit gezaubertes Spielzeugdorf. Ein Junge öffnete das Tor, und wir überschritten die Schwelle zu Malis Welt.

Auf den hundert Metern vom Tor zu dem Platz, der uns zum Parken zugewiesen wurde, begleiteten uns etwa ein paar Dutzend Kinder, die sich neugierig um unser Auto drängten.

»Das sind fast alles Malis Kinder«, erklärte Percy. »Dieses Dorf ist Malis Dorf, denn fast alle der etwa hundertzwanzig Bewohner sind irgendwie mit ihm verwandt. Er hat bis jetzt neun Frauen und siebenundvierzig Kinder. Bei einigen der Frauen leben auch deren Verwandte, Brüder, Schwestern, Eltern, Onkel und so weiter – und dann noch alle möglichen Hilfskräfte, die aber meist auch um drei Ecken mit ihm oder einer seiner Frauen verwandt sind.«

Eine Ausnahme bildeten seine fünfzehn Schamanenschüler. Wie Percy war Mali Sangoma. Sie hatten gemeinsam drei Jahre Ausbildung in der Schamanenschule ihres Meisters Jabolane Mpapane absolviert. Das hatte sie zusammengeschweißt und zu Freunden gemacht. Sie besuchten sich regelmäßig, und Percy nutzte seine häufigen Besuche im Buschfeld, um sich mit Medizinpflanzen zu versorgen, die er in der Stadt nicht bekommt.

Wir stiegen aus und standen nun von Kindern umringt vor unserem Wohnmobil. Percy stellte uns einige von Malis Frauen vor. Priscilla, die er zuletzt geheiratet hatte, sprach recht gut Englisch, denn sie war ausgebildete Lehrerin. In der unnachahmlich herzlichen Art der Afrikaner schloss sie uns gleich in ihr Herz und umsorgte uns fortan wie eine Mutter.

Auf einmal bemerkte ich, dass die Kinder ruhiger wurden und zurücktraten, und als ich aufschaute, sah ich Mali kommen. Wie ein König schritt er auf uns zu. Um die Hüften trug er ein buntes, schön gemustertes Baumwolltuch und darüber, wie einen besonders großen Lendenschurz, ein Schimpansenfell, dessen Schwanz fast den Boden berührte. Über einem T-Shirt kreuzten mehrere Ketten seine Brust, sie liefen um den Hals und unter den Achseln durch. Auf dem Kopf trug er eine Schakalfellmütze, die am unteren Rand mit drei Reihen Kaurimuscheln verziert war. Eine faszinierende Ausstrahlung ging von ihm aus.

»Welch unglaubliches Charisma!«, flüsterte ich Monika zu.

Percy und Mali umarmten sich herzlich, schlugen sich gegenseitig auf die Schultern und auf den Rücken. Ihre unbändige Wiedersehensfreude beeindruckte mich. Dann begrüßte Mali mich zu meiner Verwunderung mit dem in Afrika unter Freunden üblichen dreifachen Handschlag

Die Frauen begrüßte er, indem er in die Hände klatschte. Percy hatte uns erklärt, was mit dieser Geste hier in Afrika gemeint ist. Viele Schamanen vermeiden die Berührung mit Menschen, die sie nicht kennen, wenn sie in einem sehr offenen Zustand sind, um nicht ihre Energie mit deren unbekannter Energie zu vermischen. Sie möchten deshalb nicht angefasst werden und klatschen lieber zur Begrüßung in die Hände. Das Händeklatschen kann aber auch eine Ankündigung sein. So wie wir an die Tür klopfen, klatscht man, bevor man einen Raum betritt, in die Hände. Das bedeutet dann: »Ich bin hier, kann ich reinkommen?« In den ländlichen Gegenden Afrikas steht die Tür wegen der Hitze ja meist offen, und oft gibt es ohnehin nur einen Vorhang. Wenn dann von drinnen ein Klatschen zu hören ist, heißt das: »Komm rein.«

Aber das Klatschen hat noch andere Bedeutungen. In einer Gesprächsrunde zum Beispiel klatschen die anderen in die Hände, wenn jemand gesprochen hat. Das ist nicht als Beifall gedacht, sondern will sagen: »Danke für deinen Beitrag, wir haben dich gehört.« Wenn jemand das Wort ergreifen will, klatscht er, um zu sagen: »Ich bitte um Gehör.« Kommt ein Schüler zu seinem Lehrer, klatscht er in die Hände, bevor er spricht, und wartet, bis der Lehrer ebenfalls klatscht und damit sagt: »Ich höre.«

»Ich werde euch nun eure Räume zeigen«, sagte Mali. »Folgt mir bitte.«

Er ging – nein, er schritt – vor uns her auf ein Haus zu. Wir zogen unsere Schuhe aus und betraten eine geräumige Wohnküche, eingerichtet mit einem großen Holztisch, um den zehn Stühle standen, einer Sitzecke mit mehreren Polstersesseln und einem Radiorekorder. »Wie wir es bei Percys weißen Freunden aus der *lower middleclass* in Johannesburg gesehen haben«, flüsterte mir Elsa zu. Dahinter befand sich ein Zimmer mit einem breiten Bett und einer Matratze auf der Erde.

»Das hier ist mein Schlafzimmer«, sagte Mali zu mir, »hier wirst du schlafen, in meinem Bett. Wenn ihr Liebe machen wollt, kann Monika in dein Bett kommen, aber schlafen muss sie auf der Matratze.«

Elsa bekam das Nebenzimmer zugewiesen. Er zeigte uns nun noch das Badezimmer, das in einem der anderen Häuser lag und nur von ihm und seinen Frauen benutzt wurde. Es hatte eine Badewanne und eine Toilette mit Wasserspülung.

»Folgt mir«, forderte Mali Percy und mich auf und ging in seiner unnachahmlichen, fast majestätischen Eleganz und Grazie voraus auf den Kraal zu, in dem einige seiner Kühe träge umherstanden. »Ich werde dir zu Ehren eine Kuh schlachten«, wandte er sich an mich. »Such dir eine aus.«

Ich wurde von einer Mischung widerstreitender Gefühle erfasst. Dass eine Kuh für mich geschlachtet werden und meinetwegen ihr Leben lassen sollte, machte mich nicht froh, gleichzeitig war ich mir durchaus bewusst, welche Ehre und welches Opfer dieses Gastgeschenk für Mali bedeutete. So bedankte ich mich erst einmal herzlich bei ihm und bat ihn dann, mir zu helfen, da ich keine Ahnung von Kühen hatte.

»Das ist eine sehr große Ehre«, sagte Percy, »das ganze Dorf freut sich auf das Fleisch und ist dir dankbar.«

Die Frauen wurden inzwischen von einer Horde Kinder »adoptiert«. Sie verteilten Bonbons und Lollis, die Kinder durften die blonden, feinen Haare von Monika und Elsa anfassen, sie knöpften ihnen sogar die Blusen auf, nahmen die Brüste heraus und staunten, wie weiß die waren. Sie verschenkten auch Luftballons an die Kinder und führten unter großem Gejohle

vor, was man alles damit machen kann. Wir waren alle überrascht, wie friedlich die Kinder miteinander umgingen. Wenn
ich mich an Geburtstagsfeste meiner Kinder erinnere, ging es da
immer sehr laut zu, alle brüllten durcheinander, und selten lief
das ohne Streitereien ab. Hier war es ganz anders, fast nie habe
ich die Kinder streiten sehen. Sie waren auch nicht laut und
schrien nicht herum. Sie wirkten ausgeglichen und in Harmonie.

Dem entsprachen dann auch ihr Verhalten und ihre Spiele.
Die Babys wurden, bis sie gut laufen konnten, von ihren Müttern, aber auch von Tanten und älteren Schwestern in einem
Tuch auf dem Rücken getragen. Sie berühren den Boden erst,
wenn sie laufen lernen, erklärte man uns. Sobald ein Baby
schrie, wurde ihm sofort die Brust gegeben, auch wenn es nicht
immer die der eigenen Mutter war. Jeden Abend, bevor die
Sonne unterging, war großes Waschfest. Im Hof wurden ein
Dutzend Waschschüsseln aufgestellt und die Kleinen von den
Größeren oft unter großem Gelächter liebevoll abgeseift. Bis
zur Geschlechtsreife waschen sich auch die älteren Kinder nackt
im Hof.

Monika und Elsa unterhielten sich natürlich auch mit den
Frauen. Sie wollten wissen, wie es ist, wenn neun Frauen sich
einen Mann teilen müssen. Für eine Europäerin ist das gar nicht
vorstellbar. Zu ihrem Erstaunen versicherten ihnen die Frauen,
durchaus glücklich mit der Situation zu sein.

»Wenn ein Mann mehrere Frauen hat, beweist das doch, dass
er wohlhabend, fähig, tüchtig und potent ist«, sagte Uluba,
Malis erste Frau. Sie nahm eine Sonderstellung unter den
Frauen ein. Sie konnte entscheiden, ob Mali noch eine andere
Frau heiraten durfte, und wenn ihr eine Kandidatin nicht gefiel,
hatte sie sogar ein Vetorecht. Priscilla war die bislang letzte
Frau Malis, als Lehrerin sprach sie wie gesagt Englisch und
konnte als Einzige schreiben und rechnen, dadurch hatte auch
sie eine Sonderstellung.

»Jeden Morgen setzen sich alle Frauen mit Mali zusammen«,
berichtete sie. »Wir besprechen dann, welche Arbeiten an die-

203

sem Tag anfallen, und wir Frauen verteilen die Aufgaben. So
kann sich eine um die Kinder kümmern, zwei andere um das
Essen. Die Feldarbeiten sind zum größten Teil Aufgabe der
Frauen, und die Männer betreuen das Vieh.«

Priscilla leitete den kleinen »Supermarkt«, den Mali eingerichtet hatte, sie bestellte die Waren, machte die Abrechnungen
und die Buchhaltung. Mit dem Lastwagen, den Mali angeschafft
hatte, wurden die Waren in der etwa hundert Kilometer entfernt liegenden Stadt abgeholt, denn in diese verlassene Gegend
wurde nicht geliefert. Außer den Lieferungen organisierte sie
Transporte für Dritte, denn damit sich die Anschaffung amorti-
sierte, wurde der Lastwagen auch vermietet.

»Die Frau, zu der Mali in der Nacht kommen wird, hat den
Nachmittag frei, um sich auszuruhen, zu baden, sich schön zu
machen und kleine Köstlichkeiten für das Liebesmahl vorzubereiten«, erklärte uns Melibene, eine noch sehr junge und besonders hübsche Frau.

Monika und Elsa wollten natürlich auch wissen, ob denn alle
mit den Leistungen Malis zufrieden waren.

»Er macht uns alle glücklich, seine Potenz ist einzigartig«,
versicherten alle Frauen einhellig. Eifersucht schien es nicht zu
geben.

Percy ergänzte später: »Es ist ja auch nicht so, dass immer
alle Frauen bereit sind für die Liebe. Zwei oder drei sind immer
hochschwanger, andere haben gerade ihre Regel, und Mali ist
auch in der Lage, zwei oder drei Frauen am Tag zu besuchen.«

Als Percy und ich Mali zu diesem Thema befragten, grinste
er: »Ich habe nur sehr wenig Sex, im Schnitt zwei-, dreimal am
Tag.«

»Du Angeber«, konterte Percy und lachte.

Es wurde Abend. Im »Rounddouble«, zwei runden, aus Lehm
gebauten, einander gegenüberliegenden Häusern mit spitz zu-
laufenden Strohdächern, begann das Leben der Nacht. Das
nach Osten gelegene Gebäude war das Zeremonienhaus. Es
war so groß, dass etwa fünfzig Personen an der Wand entlang

im Kreis sitzen konnten, und hatte einen gestampften Lehmboden. Der Eingang lag nach Westen. Von dort führte, wie ein ausgerollter roter Teppich, ein mit dunkelrot glänzendem Bohnerwachs behandelter »Weg« zu dem der Tür gegenüberliegenden Altar.

»Hier sind Malis Ahnen«, erklärte Percy. »Du musst immer die Schuhe ausziehen, bevor du hineingehst.«

Dem Zeremonienhaus gegenüber lag, wie als Spiegelbild, das andere Haus. Darin wurden die Gerätschaften aufbewahrt, die der Herstellung von Medizin dienten, waren Kräuter zum Trocknen aufgehängt, lagerten Wurzeln und andere Grundbestandteile. Die Häuser waren durch zwei halbrunde mannshohe Mauern verbunden, die einen Innenhof bildeten.

Im Zeremonienhaus ertönten zwölf große Trommeln. Sie riefen die Spirits. Der Rhythmus der dröhnenden Schläge war aufpeitschend, wild, und mir sträubten sich die Haare. Fast alle Bewohner des Dorfes hatten sich dort versammelt, auch einige kleine Kinder saßen bei ihren Müttern, nur der »rote Teppich« blieb ausgespart. Ich überlegte, ob das der Weg ist, auf dem die Spirits und Ahnen hereinkommen.

Die Sonne ging unter, und innerhalb von fünf Minuten war es stockfinster. Dumpfe Trommelschläge erfüllten die Dunkelheit, in der Luft hing der Geruch verbrannter Kräuter. Die Energie im Raum wurde dichter und dichter. Immer wieder sprangen Schamanenschüler in die Mitte des Raums und tanzten scheinbar losgelöst von jeglichem Gedanken zu den Rhythmen der Trommeln, sie riefen die Geister der Ahnen. Phasenweise hoben sie dabei das rechte Bein bis auf Brusthöhe und stießen den Fuß klatschend auf den Lehmboden. Nach einer Weile fiel einer nach dem anderen in Trance. Der ekstatische Tanz versetzte sie in einen Zustand, in dem die Spirits zu ihnen kommen und zu ihnen sprechen können. Wie trunken wankten sie nun durch den Raum. Von Zeit zu Zeit stürzte der eine oder andere zu Boden, sofort waren dann zwei Helfer bei ihm und deckten den in tiefe Trance Gefallenen mit einem farbigen Tuch zu.

»Jeder Schüler hat sein eigenes Tuch«, erklärte Percy später, »die Farbe ist nicht beliebig. Der Ahn, der dich in der spirituellen Welt repräsentiert, wird dir in Träumen oder wenn du besetzt bist, sagen, welche Farbe das Tuch haben muss. Meist sind die Tücher weiß, rot, blau kariert oder rot kariert. Aber es gibt auch blaue, grüne oder schwarze. Wenn du sie trägst, rufst du die Ahnen und sprichst mit ihnen. Wenn du das Tuch umhängst, bleiben sie länger.«

Andere fielen schweißtriefend vor den im Kreis Sitzenden in die Knie. Sie rutschten von einem zum anderen und gaben die von ihnen empfangenen Botschaften aus der Welt der Ahnen weiter: Hinweise, Warnungen, Aufträge. Mit einem Klatschen sprachen sie jeden Einzelnen an, und dieser bestätigte die Botschaft der Spirits ebenfalls mit Händeklatschen. Der Rhythmus der Trommeln wurde immer schneller und intensiver. Ich spürte die Magie, die sich in der Hütte ausbreitete, und mir war, als ob ich die Präsenzen wahrnehmen könnte. Ganz von dem Zauber des Augenblicks eingefangen, hörte mein Denken auf, und ich spürte, dass alles mit allem verbunden und vereint ist.

Mit einer Handbewegung ließ Mali die Trommeln verstummen. Augenblicklich herrschte tiefe Stille, nur der hechelnde Atem der erschöpften Tänzer war noch zu hören.

Er erhob sich und begann das Ritual. Der Raum war fast vollständig dunkel, aber Mali schien von innen heraus zu leuchten. Er rief seine Spirits und Ahnen. Natürlich sprach er Zulu, Percy übersetzte. Mali sang die ganze Geschichte seiner Familie, angefangen bei seinem Ururgroßvater der männlichen Linie. Es war ein Lied mit unendlich vielen Strophen. Wie in einem Wechselgesang fielen nach jeder Strophe alle in den Gesang ein.

»Ja, so ist es, er sagt die Wahrheit, das ist die Familie Goumede, das sind die Goumedes, das ist Mali Goumede mit seinen neun Frauen und seinen siebenundvierzig Goumede-Kindern, seinen vielen Rindern, seinen Ziegen, seinem Land, seinen Maisfeldern. Ja, ja, ja, so ist es.«

Mali war inzwischen nass geschwitzt, denn wenn die anderen den Refrain sangen, tanzte er. Immer wieder hob er sein Knie bis

Mali Goumede beim Ritual © Shamanism & Healing Association

zur Höhe seiner Brust und stieß dann den Fuß krachend auf den Lehmboden. Ich konnte die Erschütterung des Bodens direkt spüren. Der Schweiß lief ihm in Bächen über den ganzen Körper. Das Tuch, das seine Brust teilweise bedeckt hatte, war längst heruntergerutscht. Der Wechselgesang wurde immer dynamischer, um dann mit einem dreimal gesungenen und immer langsamer werdenden Refrain auszuklingen.

Es folgte eine lange Pause in absoluter Stille. Dann ergriff Mali wieder das Wort. Er stellte uns seinen Ahnen vor und erzählte ihnen, dass wir gekommen waren, um ihn nach Europa einzuladen, damit er dort lehre. Er fragte, ob sie es ihm erlauben würden. Er erhielt die Antwort, unser Besuch sei ein Zeichen, eine Botschaft dafür, dass eine neue Ära angebrochen sei. Die Zeiten des Okkulten seien vorbei, und das geheime Wissen müsse nun mitgeteilt werden. Wir müssten voneinander lernen, uns gegenseitig verstehen und Achtung voreinander haben. Die Ahnen priesen die Geister, die uns gesandt hatten, und dankten uns für die Ehre, die wir ihnen erwiesen, indem wir ihnen zeigten, wie sehr wir uns bei Mali zu Hause fühlten. Mali werde, wenn er eines Tages den großen Ozean überqueren würde, um uns zu besuchen, sich auch bei uns wohl fühlen.

Es war bereits hell, als wir aus dem Rounddouble kamen. Malis Gesicht hatte sich vollkommen verändert, es war zart, weich, ja ein wenig verletzlich geworden und strahlte eine tiefe Schönheit aus.

Malis Ruf als Heiler war nicht nur auf Zululand begrenzt. Von weit her kamen die Leute, um sich behandeln zu lassen. Tag für Tag saßen sie – oft bis zu einem Dutzend Menschen – unter den wenigen schattenspendenden Bäumen und warteten geduldig, bis sie an der Reihe waren. Oft blieben sie tage-, in manchen Fällen auch wochenlang.

Für Mali war Heilen eine spirituelle Aufgabe, bei der er ständig in tiefer Verbindung zu seinen Ahnen stand. Bei jeder Heilung betete er zu ihnen, bat sie um Unterstützung und Rat. Unsere Freundin Elsa, die uns auf unserer Reise begleitete, blutete nun schon seit acht Monaten ununterbrochen. Sie hatte in Paris und Genf die besten Spezialisten konsultiert und sämtliche nur vorstellbaren Untersuchungen und Tests über sich ergehen lassen. Alle mit demselben Resultat: kein Krebs, keine Geschwulst, kein Tumor. Aber die Blutungen ließen nicht nach, und mit ihnen blieb eine ständige Angst. Elsa war damals siebenunddreißig Jahre alt, in demselben Alter, in dem ihre Mutter an Gebärmutterkrebs gestorben war. Elsa war sich durchaus bewusst, dass es psychosomatische Gründe für diese Blutungen geben könnte. Aber was nutzte ihr diese Erkenntnis, wenn das an den Symptomen nichts änderte?

Bevor wir bei Mali ankamen, hatten wir in einem Naturreservat übernachtet. Als Percy und ich am Morgen einen Spaziergang machten, fiel sein Blick auf ein eigenartiges Gewächs, das nur wenige Millimeter aus der Erde hervorschaute. Er grub es aus und hielt in seinen Händen einen großen, schwarzbraunen, phallisch geformten Pilz. Bei genauerem Hinschauen fand er noch weitere fünf Pilze. Er bat mich um mein Messer und schnitt einen Pilz der Länge nach auf. Innen hatte er ein zartrosafarbenes Fruchtfleisch, das in Form und Farbe einer Vagina glich. Die Symbolik dieses »zweigeschlechtlichen« Pilzes war derart offensichtlich, dass es mich nicht erstaunte, als Percy meinte, mit dieser ihm unbekannten Pflanze heile man sicherlich Krankheiten der Sexualorgane.

Am selben Morgen war uns der Pilz noch ein zweites Mal begegnet: In dem Naturpark gab es einen Laden, in dem Bücher, Felle und afrikanisches Kunsthandwerk verkauft wurden. Dort war dieser Pilz auf der Titelseite eines Buches abgebildet, in dem wir lasen, dass es sich um eine der ältesten Pflanzen auf unserem Planeten handelt. Auf der Weiterfahrt vertraute Elsa Percy ihre Krankheitsgeschichte an. Percy versprach, Mali um Hilfe zu bitten oder nach unserer Rückkehr in Johannesburg selbst eine Heilung vorzunehmen.

Schon bald nach unserer Ankunft bei Mali hatte Percy ihm von Elsas Blutungen berichtet. Lächelnd, von Zeit zu Zeit verständnisvoll mit dem Kopf nickend, hatte Mali zugehört. Er hatte keine einzige Frage gestellt, sondern war ohne Kommentar verschwunden. Als er nach einer Weile wiederkam, hielt er in der einen Hand eine schwarze, fingerdicke, etwa zehn Zentimeter lange Wurzel und in der anderen einige Zweige mit zartgrünen Blättern.

»Das ist eine Mistelart«, erklärte Percy, »ein Parasit, der die Krankheit bekämpft, die auch in unserem Körper wie ein Parasit ist.«

Die Zweige hatte Mali unmittelbar zuvor im nahe gelegenen Busch geschnitten. Bei der Wurzel handelte es sich zu unserer Überraschung um unseren Pilz in getrockneter Form. Percy hatte ihn bis dahin auch nur getrocknet gekannt. So begegnete uns der Pilz an diesem Tag ein drittes Mal. Dies, hatte uns Mali mitgeteilt, seien die Zutaten, die zur Herstellung von Elsas Medizin benötigt würden. Einer von Malis Schülern pflückte fein säuberlich die Blätter von den Zweigen, um sie anschließend in kleine Stücke gehackt auf einem Lederfell zum Trocknen in die Sonne zu legen. Vorher bespritzte er sie mit Wasser.

»Das löst einen Gärungsprozess aus, der ein hochgiftiges Molekül der Mistel in zwei nicht giftige Teile aufbricht«, erklärte Percy.

Mali hatte fünfzehn Schüler, sie verbrachten drei bis vier Jahre bei ihm. Diese Männer und Frauen entschlossen sich nicht aus freiem Willen, Sangomas zu werden, sie wurden von ihren Ahnen auserwählt.

»Fast alle wehren sich zunächst dagegen, aber der Call, der Ruf, ist mächtig«, erläuterte Percy. »Er bricht wie eine Naturgewalt über den Erwählten herein und zeigt sich durch Krankheit, Schmerzen, psychische Störungen, Zustände nervöser Spannungen sowie in Träumen und Visionen. Es kann sein, dass er oder sie ihre Arbeit verlieren oder dass die Familie auseinanderbricht. Der Mensch hat die Kontrolle über sein Leben verloren. Er weiß nicht mehr, was mit ihm geschieht, bis zu dem Augenblick, in dem er seinen Call akzeptiert.«

Laut Percy sind viele der verrückten Farbigen, die uns vereinzelt auf unserer Reise begegneten, auserwählte Sangomas, die nicht dem Ruf ihrer Vorfahren gefolgt sind und deren Geist sich verwirrt hat, da sie nicht dazu in der Lage waren, die Kräfte, die in ihnen wirken, zu kontrollieren und zu kanalisieren. Wenn der Auserkorene seinen Call angenommen hat, wird er einen Traum haben, der ihn zu seinem Lehrer führen wird. Auch dieser ist durch einen Traum oder eine Vision auf seinen neuen Schüler vorbereitet worden und erwartet ihn bereits. Es beginnt eine Lehrzeit von mindestens drei Jahren, in der strenge Regeln herrschen.

Der Tag eines Sangoma-Schülers fängt vor Sonnenaufgang an und endet nachts, wenn die Trommeln schweigen. Sie sind ihrem Meister unbedingten Gehorsam schuldig. Die Adepten dürfen nur einmal im Jahr ihre Familie besuchen, müssen sich zu zweit oder zu dritt einen Raum teilen und ihre Verpflegung selbst organisieren. Während der ganzen Zeit dürfen sie keinen Sex haben und sich die Haare weder schneiden noch waschen. Stattdessen schmieren sie sich eine Mischung aus Öl und rotbraunen Mineralien ins Haar. Sie tragen immer eine Kette aus daumendicken Wurzeln um den Hals. Diese Wurzel hat besondere Kräfte. Sie zeigt den Geistern und Ahnen, dass der Novize auf sie wartet und sie einlädt. Gleichzeitig schützt er die Schüler vor unerwünschten Spirits, die ihren Zustand besonderer Offenheit ausnutzen könnten, um sie zu belästigen oder zu besetzen.

In der Grundausbildung zum Sangoma werden die Schüler durch fast tägliche Reinigungen auf die Ankunft eines Spirits oder Ahnen vorbereitet. Sie lernen, die gesamte Persönlichkeit eines Heilung Suchenden in seinem familiären und sozialen Umfeld zu betrachten und nicht nur den erkrankten Teil. Sie lernen, ein Problem mit Hilfe ihrer Spirits und der Spirits der Hilfesuchenden zu durchdringen. Sie üben das Sehen und die magischen Rituale, die einen Heilungsprozess begleiten.

Sie erfahren die Wirkung der unterschiedlichen Heilmittel an sich selbst, lernen, Heilpflanzen zu finden, sie zu präparieren und zu dosieren.

»Es gilt, alle Ursachen kennenzulernen, die einen Menschen

krank machen, um ihn wieder heilen zu können«, erläuterte Percy. »Sie fangen an, ihr Ego zu überwinden, denn sie müssen begreifen, dass ihnen selbst keine Macht gegeben ist. Sie sind nichts als ein Werkzeug jener Kraft, die sich durch sie zum Ausdruck bringt. So lernen sie, sich zu läutern und Platz zu schaffen für die Geister, die sie bewohnen wollen. Sie verstehen nach und nach, dass ihre Aufgabe darin besteht, zu dienen und zu helfen. Außerdem lernen die Schüler, Vergangenheit und Zukunft aus dem Knochenorakel zu lesen.

Der Weg vom Novizen zum Sangoma ist lang und entbehrungsreich und von vielen Prüfungen und Initiationen begleitet. Doch hat man ihn einmal beschritten, gibt es kein Zurück mehr. Die Ahnen haben gewählt. Man folgt ihnen oder versinkt in Wahn und Besessenheit.«

Am folgenden Tag ließ Mali uns in sein Behandlungszimmer kommen. Er hockte an der Nordseite des Raumes auf dem Boden. Als wir Platz genommen hatten, betete er in alle vier Himmelsrichtungen und brannte Räucherstäbchen ab, dann rief er seine Vorfahren an, damit sie ihm bei der Heilbehandlung durch ihre Anwesenheit Schutz und Hilfe gewährten.

Seine Medizin gewann er aus Kräutern, Wurzeln, Sträuchern, Bäumen, Tieren und Mineralien. Diese Grundsubstanzen wurden in oft höchst komplizierten Verfahren zubereitet und dann getrunken, gegessen, geraucht, inhaliert, auf die Haut geschmiert, subkutan geimpft, als Bad oder Waschung verwendet.

»Sie haben alle eine spirituelle Bedeutung, oft auch eine symbolische Entsprechung, zum Beispiel wird Löwenfett benutzt, um mutig zu machen«, erklärte uns Percy. Die *muti*, Medizin für und gegen alles, von körperlichen und psychischen Krankheiten bis zu Arzneien gegen soziale Probleme und spirituelle Schwierigkeiten, Liebestränken und Glücksbringern, waren in zahllosen Töpfen, Büchsen, Dosen und Flaschen in seinem Behandlungszimmer gelagert – alle unbeschriftet. Es waren sicherlich sieben, acht Dutzend, und trotzdem fand Mali mit einem Griff immer sofort die richtige Medizin.

Mali hatte einem der Schüler den Auftrag erteilt, die Medizin für Elsa weiterzubearbeiten. Dieser hatte die eine Hälfte der Blätter, die gestern zerhackt und getrocknet worden waren, in einen großen Holzmörser geworfen und zerstampft. Dann siebte er den Inhalt des Mörsers erst durch ein grobes, anschließend durch ein sehr feines Sieb. Das, was in den Sieben zurückblieb, wurde noch ein weiteres Mal im Mörser zerstoßen. Auf einem großen flachen Stein wurde das Pulver dann mit einem anderen unten flachen und oben runden Stein zu einem grünlichen Staub zermahlen. Die andere Hälfte der getrockneten Blätter wurde in einem gusseisernen Topf über dem Feuer verascht, das heißt unter ständigem Rühren so lange erhitzt, bis schwarze Asche entstanden war. Percy erklärte mir, dass in weißer Asche alle Wirkstoffe verbrannt sind, in schwarzer Asche aber noch vorhanden seien. Diese beiden Pulver wurden dann im Verhältnis eins zu zwei vermischt und mit dem ebenfalls zermahlenen Pilz in einer Flasche mit Wasser angesetzt.

Mali machte Elsa darauf aufmerksam, dass er die eigentliche Behandlung erst am folgenden Tag vornehmen werde, denn zuvor müsse sie sich einem Reinigungsprozess unterziehen.

Später erklärte uns Percy: »Du musst wissen, dass wir drei Arten von Medizin haben: schwarze, die für Dunkelheit, Nacht, Krankheit, Schwierigkeiten und Gefahren steht. Weiße hingegen für Gesundheit, Reinigung und Erfolg. Rote Medizin hat die verbindende Farbe der Transformation. Um Elsa zu entgiften, benutzen wir schwarze Medizin, dann für die Transformation rote. Und am Schluss die weiße, um sie zu stärken.«

Wir staunten über die Parallele, die die Bedeutung dieser Farben für südafrikanische Schamanen mit der Alchemie in Europa hat.

Als ich früh am nächsten Morgen vor dem Frühstück mit Percy zu Malis Behandlungszimmer kam, war eine der Schülerinnen dabei, fünf Eimer zur Hälfte mit lauwarmem Wasser zu füllen. Anschließend gab sie in jeden Eimer zwei gehäufte Esslöffel grünes Pulver und rührte die nun grünliche Brühe mit einem Stock um. Dann holte sie einen sechsten, leeren Eimer und schüttete die Brühe zuerst in den leeren Eimer und dann wieder zurück. Das wiederholte sie dreimal. »Um das Wasser und die gemahlenen Kräuter optimal zu vermischen«, erläuterte Percy. Die gleiche Prozedur führte sie mit den anderen vier Eimern durch.

Inzwischen waren auch die beiden Frauen zu uns gekommen.

»Ist das für uns?«, fragte ich neugierig.

»Natürlich«, antwortete Percy. »Jeder bekommt einen Eimer.«

»Was ist da drin? Und was sollen wir damit machen?«, wollte Elsa wissen.

»Es ist Wasser mit Kräutern, die eine reinigende Wirkung haben und außerdem einen leichten Brechreiz auslösen. Es befreit den Magen von Schleim, der sich zwischen den Zotten der Schleimhaut festsetzt und so die optimale Verwertung der Medizin und auch der Nahrung behindert.«

»Müssen wir das etwa alles trinken?«, fragte ich entsetzt.

»Wirst du schon sehen«, antwortete Percy.

Jeder von uns bekam also einen Eimer, einen großen Becher, ein Ziegenfell und eine Rolle Toilettenpapier überreicht. Dann folgten wir Percy und der Schamanenschülerin Duduzile im Gänsemarsch zum Rand des Dorfes. Wir Europäer fühlten uns äußerst unbehaglich.

Percy und Duduzile legten das Fell vor sich hin und knieten darauf nieder, den Eimer stellten sie vor sich.

»Schaut, wie Duduzile und ich es machen, und dann macht ihr es genauso. Und denkt dabei an alles, was ihr nicht mehr braucht, was ihr loswerden wollt, und lasst es los – spuckt es einfach aus.«

Percy nahm seinen Becher, tauchte ihn in den Eimer und trank ihn aus, ohne abzusetzen. Das wiederholte er noch zweimal. Dann spuckte er auf Zeige- und Mittelfinger und führte sie zwischen den Lippen ein und aus, um sie einzuspeicheln. Anschließend schob er sich die Finger tief in den Rachen, und ein dicker Strahl schleimigen Wassers schoss aus seinem Mund. Nachdem er sich dreimal übergeben hatte, war sein Magen leer, und er begann abermals zu trinken. Duduzile machte es ebenso.

Leicht angeekelt kniete ich vor meinem Eimer, in dem etwa fünf Liter lauwarme, grünliche Suppe auf mich warteten. Ich füllte meinen Becher und kippte den Inhalt hinunter, und das dreimal hintereinander. Während ich meine Finger einschleimte, spürte ich bereits den leichten Brechreiz und rief mir schnell in Erinnerung, was ich loswerden wollte. Kaum hatte ich mir die Finger in den Hals gesteckt, brach auch schon in hohem Bogen ein Strahl aus meinem Mund.

»Gar nicht so schlimm«, ermunterte ich Elsa und Monika, nachdem ich mir den Mund abgewischt hatte. »Das Zeug schmeckt überhaupt nicht übel.«

Auch sie begannen nun, aus ihren Eimern zu trinken. In den kurzen Pausen rief ich mir alles ins Gedächtnis, was ich nicht mehr brauche. Bei mir ging die ganze Prozedur ziemlich schnell, und auch ich war bald fertig.

»Sieh nur den Schleim!«, sagte Percy, und tatsächlich, da, wo ich hingespuckt hatte, war das Wasser bereits versickert, und eine dicke Schicht weißen Schleims bedeckte den Boden. Da mein Magen leer war, hatte ich das Erbrechen als gar nicht eklig empfunden.

Während die Frauen noch mit der grünen Brühe kämpften, gingen wir schon zur Küche. Ich hatte einen unglaublichen Hunger.

»Das ist normal nach dem *vomiting*«, sagte Percy.

Priscilla hatte bereits Toast gemacht und die Pfanne auf den Ofen gestellt, um uns Eier zu braten.

»Für jeden vier«, bat Percy.

Heißhungrig schaufelten wir unser Essen in uns hinein. Auch die Frauen kamen hungrig zurück.

Als wir noch beim Frühstück saßen, erschien Mali und gab Elsa eine Flasche mit einer braunen Flüssigkeit. Davon sollte sie vom folgenden Tag an dreimal täglich eine Tasse trinken, bis sie aufgebraucht sein würde.

An diesem Tag bekamen wir kein Mittagessen, sondern nur eine Tasse Tee mit einer Messerspitze schwarzen Pulvers, das wir gründlich einrühren mussten.

»Ungefähr in zwei Stunden fängt die Wirkung an. Ihr solltet euch für etwa drei Stunden nicht sehr weit von der Toilette entfernen«, erklärte Percy. »Der Darm hat eine Oberfläche von der Größe eines Tennisplatzes und ist voller Zotten. Zwischen denen setzen sich Schleim und andere Verunreinigungen fest. Das muss alles raus, damit die Medizin dorthin geht, wo sie hinsoll. Wenn ihr euch entleert, sprecht aus, welche Verhaltensmuster und Eigenschaften ihr nicht mehr braucht, was ihr loswerden wollt.« Mehrere große Kannen Tee standen bereit. »Viel Tee trinken!«, fuhr Percy fort. »Und nicht vergessen, dabei alles auszusprechen, was ihr loswerden wollt.«

Nach etwa eineinhalb Stunden sprintete Monika als Erste in Richtung Bad.

»Das Aussprechen nicht vergessen!«, rief Percy ihr hinterher.

»Hab ich ein Glück gehabt, dass nicht besetzt war!«, sagte sie erleichtert, als sie zurückkam. In Malis Haus gab es nämlich nur ein Badezimmer mit Wanne, Toilette und Wasserspülung. Außerdem stand im Hof abseits der Häuser eine als *the latrins* bezeichnete Anlage: drei – vorsichtig ausgedrückt – hygienebedürftige Plumpsklos und ein Pissoir. Da wir die Medizin zu viert eingenommen hatten, mussten wir auf genaues Timing achten. Etwa fünf Stunden später waren wir im wahrsten Sinne des Wortes fertig.

Für die Frauen war nun das Schlimmste vorbei, sie sollten nur noch in die Schwitzhütte und sich dann ausruhen. In der Schwitzhütte, deren Besuch zum Reinigungsritual gehörte, hockten die Patienten, nach Geschlechtern getrennt, nackt im Kreis um einen riesigen gusseisernen Topf, in dem im brodelnd heißen Wasser Kräuter zogen. Monika und Elsa erzählten später, eine Schamanenschülerin, die mit im Kreis saß, habe unentwegt in Zulu vor sich hin gesprochen und sie hätten sofort verstanden, dass sie wieder alles aussprechen sollten, was sie loswerden wollten.

Auf Percy und mich aber wartete noch eine Überraschung. Die Sonne ging allmählich unter, als Mali mit einer Büchse in der einen Hand und drei Rollen Toilettenpapier in der anderen erschien und uns bedeutete, ihm zum Rand des Dorfes zu folgen. Hinter einigen Büschen angekommen, überreichte er jedem von uns eine Rolle und zog ein Gummiklistier und drei Kanülen aus der Tasche. Er schraubte ein Röhrchen auf das Klistier, zog es aus der Büchse auf und überreichte es Percy: »Für ihn mit rotem Pfeffer«, scherzte er. Kurz darauf warf Percy, der sich hinter einen Busch gehockt hatte, den leeren Gummiball ohne Kanüle Mali zu, und nun war ich an der Reihe.

»Zusammenkneifen, bis du nicht mehr kannst«, rief mir Percy zu, und dann brach eine Kanonade von unfeinen Geräuschen los. Nach zehn Minuten war alles vorbei, und wir gingen erschöpft in die Schwitzhütte.

»War das heute die schwarze Medizin?«, fragte ich Percy.

»Ja, sicher«, sagte er, »das hast du doch wohl gemerkt.«

Fix und fertig fiel ich an dem Abend ins Bett und war schon eingeschlafen, als mein Kopf das Kissen berührte.

Am nächsten Morgen überreichte Mali Elsa nach dem Frühstück die Flasche mit dem angesetzten Pulver, nicht ohne vorher selbst von dem nach Erde schmeckenden Trank gekostet zu haben, um uns von der Ungefährlichkeit des Medikaments zu überzeugen.

»Jetzt ist dein Körper gut gereinigt, und die Medizin kann dahin gehen, wo sie gebraucht wird.«

Dann schickte er uns alle wieder zu seinem Behandlungszimmer. Dort standen bereits vier Eimer, voll mit grüner Flüssigkeit.

»Nein!«, protestierte Monika. »Nicht schon wieder!«

Aber Percy klärte uns auf: »Das ist der Glücksbringer, der lässt Wünsche Wirklichkeit werden.«

»Müssen wir das etwa trinken?«, fragte Elsa misstrauisch.

»Nein«, antwortete Percy. »Wir übergießen uns damit. Gestern haben wir alles gesagt, was wir nicht mehr brauchen, und heute bitten wir um alles, was wir haben möchten. Mit Maß und Bescheidenheit!«, fügte er hinzu.

Für rituelle Übergießungen standen hinter Malis Behandlungsraum zwei Häuschen, die großen Duschkabinen glichen, eins für Damen und eins für Herren.

»Das ist ja NLP pur«, sagte Monika, als sie nach der Prozedur wieder herauskam. »Die Amerikaner haben es den Schamanen abgeschaut, das Positive mit dem Aussprechen von Affirmationen herbeizuführen und das Unerwünschte mit Aussprechen loszulassen.«

Am vierten Tag brachte eine von Malis Frauen Elsa ein Glas mit einer undefinierbaren Flüssigkeit, die aussah wie öliges Wasser. Man hätte meinen können, es handle sich um klare Brühe, aber ganz offensichtlich schmeckte sie vollkommen anders. Nachdem Elsa das Glas in einem Zug ausgetrunken hatte, wechselte ihr Gesicht die Farbe. Von Percy erfuhr sie nämlich, dass sie gerade eine Konsommee der Ovarien einer Schimpansin getrunken hatte: »This is the time setter«, sagte er. »Das garantiert, dass die Periode in Zukunft pünktlich kommt.«

Einige Stunden später klagte sie über krampfartige Schmerzen im Unterleib. Percy zufolge war das ein gutes Zeichen, denn die Schmerzen seien der Beweis dafür, dass die Medizin wirke.

Die Sonne war schon untergegangen, als Priscilla kam und uns bat, ihr zu folgen. Mit einer Kerze in der Hand beleuchtete sie uns den Weg. Wir folgten ihr bis ins Badezimmer des Haupthauses. Dort wartete Mali in Begleitung einer seiner Frauen, die ebenfalls Schamanin ist. Zu viert standen wir nun in dem winzigen Raum, der nur von der Kerze schwach beleuchtet wurde. Mali bat Elsa, den Bauch freizumachen. Er hielt eine Rasierklinge in der Hand. Als Elsa zögernd ihre Bluse hochhob und die obersten Knöpfe ihrer Jeans öffnete, trafen sich unsere Blicke. Nackte Angst lag in ihren Augen, und auch mir schnürte es die Kehle zu.

Mali strich nun in Hüfthöhe über ihren Bauch. Auf eine Geste von Mali hin spannte seine Frau mit zwei Fingern an der von ihm angegebenen Stelle die Haut. Ruhig und sicher ritzte Mali einen ganz feinen, anderthalb Zentimeter langen Einschnitt in die Bauchhaut. Er wischte das austretende Blut ab und rieb ein schwarzes Pulver aus einem kleinen Döschen in die Wunde. Zum Schluss betupfte er die behandelte Stelle mit Krokodilfett. Insgesamt machte er sechs solcher Einschnitte wie einen Gürtel um ihre Hüften. Danach verbeugte er sich. Für ihn war seine Arbeit abgeschlossen. Auf seinem Gesicht lag ein zufriedenes Lächeln, und er schien nicht den geringsten Zweifel an der Wirksamkeit seiner Behandlung zu haben.

In den folgenden Tagen änderte sich nichts, die Schmerzen blieben, und die Blutungen verstärkten sich sogar. Percy war aber noch immer nicht beunruhigt. Auf unsere täglichen Hiobsbotschaften antwortete er stets mit einem abwesend wirkenden Kopfnicken. Irgendwann gaben wir es auf, ihn zu fragen, ob das denn normal sei. Keiner von uns sprach es aus, doch ich glaube, wir Europäer hatten aufgehört, an den Erfolg der Heilung zu glauben. Dennoch nahm Elsa mehr aus Trotz als aus Überzeugung ihre Medizin weiter.

Als wir aus Malis Dorf abreisten, hatte Elsa allerdings keine Schmerzen mehr, die Blutungen hatten zwar nicht vollkommen nachgelassen, waren aber weniger geworden.

Einen Monat später sahen wir uns in Paris wieder. Sie strahlte übers ganze Gesicht. Vierzehn Tage zuvor habe sie vollkommen pünktlich ihre Periode bekommen, und die Blutungen hätten danach aufgehört. Nach so vielen Monaten in Angst und Ungewissheit konnte sie es kaum glauben.

Dies alles ist nun viele Jahre her. Elsas Zyklus ist wieder regelmäßig, einige Monate dauerte ihre Periode noch länger als gewöhnlich, bald war sie jedoch wieder normal. Je weiter ihre Krankheit in die Vergangenheit rückte, desto schwächer wurde ihre Angst, jetzt ist sie nur noch der Schatten eines bösen Albtraumes.

Percy Konqobe © Shamanism & Healing Associatio

»Digging Medicine« – die Medizinsuche

»Let's go and dig medicine«, schlug Percy während unseres Besuchs bei Mali eines Tages vor. *To dig medicine* heißt, Heilpflanzen, Wurzeln, Kräuter, Blätter, Baumrinden und so weiter zu sammeln. Mali und zwei Schamanenschüler namens Dingiswayo und Thandiwe würden uns begleiten. Die beiden hatten schon alles vorbereitet, was wir mitnehmen mussten: zwei Körbe mit mehreren Tüchern und je einem Säckchen Maismehl und Tabak, zwei Buschmesser, ein Beil, eine lange Eisenstange mit Spitze, eine Schaufel, eine Spitzhacke und einen Grabstock. Bevor wir losgingen, knieten wir alle nieder, und Mali begann zu beten. Es war ein langes Gebet, und mehrmals beugten sich alle vor und legten die Stirn auf die Erde. Als wir das Dorf verließen und in Richtung Buschfeld loszogen, erklärte mir Percy, was es mit diesem Gebet auf sich hatte.

»Bevor wir Medizin sammeln«, erläuterte er, »beten wir zu unseren Ahnen und bitten um Unterstützung. Wir beten auch zu dem Spirit der Erde sowie den Spirits der Region, der Bäume und Pflanzen. Wir sagen ihnen, dass wir jetzt kommen und Geschenke mitbringen. Um Menschen, die Hilfe brauchen, heilen zu können, benötigen wir Medizin. Wir würden respektvoll und behutsam sein, und alles, was wir täten, sei zu einem guten Zweck. Du musst wissen, dass wir nicht einfach die Pflanzen nehmen, denn wenn die Medizin wirksam sein soll, müssen wir sicherstellen, dass der Spirit der Pflanze in dem Teil, den wir pflücken und mitnehmen, unversehrt bleibt. Die pharmakologischen Eigenschaften der Pflanze machen nur einen kleinen Teil der Heilung aus, den eigentlichen Effekt bewirkt der Spirit der Pflanze.«

»Ähnlich wie in der Homöopathie«, dachte ich.

»Deswegen gehen wir sehr behutsam vor und verwenden Ablenkungsmanöver und Tricks. Du wirst es nachher sehen.«

»Die Bäume und Pflanzen, ja die ganze Vegetation«, beteilige sich jetzt Mali an unserem Gespräch, »sind viele Milliarden Jahre älter als wir, also verfügt der Spirit der Pflanze über ein immenses Wissen. Und wir können uns das zunutze machen, wenn wir einen Zugang dazu bekommen.«

Nachdem wir etwa eine Viertelstunde gegangen waren, wurde die Vegetation immer dichter und wilder. Mali zeigte auf einen Baum. »Da, das brauchen wir!« Ich sah, dass an dem Baum mehrere parasitäre Pflanzen wuchsen, die Ähnlichkeit mit unserer Mistel hatten. Mali kniete nieder und begann in Zulu zu beten. Er bat den Baum und die Mistel um die Erlaubnis, sie zu pflücken. Er streute Maismehl unter den Baum und steckte eine Münze in die Erde. Dingiswayo stieg auf den Baum, Mali reichte ihm einen Geldschein. Mit diesem brach er die Pflanze ab, ohne sie direkt mit der Hand zu berühren, und warf sie auf ein Tuch, das Percy unter dem Baum ausgebreitet hatte. Auf die gleiche Weise brach er drei weitere »Misteln«. Mali hatte inzwischen mit dem Grabstock einen Pilz freigelegt und grub noch drei weitere aus.

In den Tüchern und Körben sammelten sich Kräuter, Blätter von Bäumen und Büschen, Blüten und Wurzeln. Dingiswayo und Thandiwe wurden jedes Mal einzeln gefragt, sodass es der jeweils andere nicht hören konnte, ob sie die Medizin kannten und für welche Beschwerden sie benutzt würde. Wenn sie es nicht wussten, bekamen sie die Aufgabe, in der Nacht so lange mit der Pflanze zu sprechen, bis sie ihnen antwortete, und das Ergebnis Mali zu berichten.

»Danach werden sie hinausgeschickt, um genau diese Medizin zu finden«, sagte Mali.

Percy suchte nach einem bestimmten Baum, dessen Wurzel er dringend brauchte. Stattdessen fand Mali einen seltenen Baum. Er entdeckte ihn schon von weitem und sprach Percy leise etwas ins Ohr. Dann zog er ein Messer aus der Tasche und schlich sich an, wobei er hinter Bäumen und Büschen Deckung suchte. Etwa zwei Meter von dem Baum entfernt hockte er sich verdeckt hinter einen Busch und lauerte.

»Dieser Baum hat einen sehr empfindlichen und misstrauischen Spirit«, flüsterte mir Percy ins Ohr. »Man muss ihn überlisten.«

Ich sah, wie Mali einen Stein hinter den Baum warf, gleichzeitig sprang er auf den Baum zu und rammte sein Messer ziemlich weit oben in den Stamm.

»Jetzt ist der Baum abgelenkt und beschäftigt«, erklärte Percy, »und wir können nehmen, was wir brauchen.«

Nach Gebet und Opfergabe machten sie sich zu dritt daran, mit dem Beil und den Macheten ein großes Stück von der sehr dicken Rinde abzuschälen.

»Wir müssen uns beeilen«, flüsterte Percy, »bevor der Spirit es merkt und sich aus der Rinde zurückzieht.«

Alle waren mit unserer Ausbeute höchst zufrieden. Den Baum, den Percy gesucht hatte, konnten wir allerdings nicht finden. Dennoch machten wir uns auf den Heimweg.

Wir waren schon ein gutes Stück gegangen, als Percy plötzlich erfreut aufschrie: »Ich habe ihn!« Er lief auf einen Baum zu. Auf das Gebet und dieses Mal ungewöhnlich reiche Opfergaben aus Maismehl, Tabak und Geldstücken folgte eine richtige Knochenarbeit. Percy benötigte einen bestimmten Teil der Wurzel. Dieser Baum hatte eine Pfahlwurzel, die fast senkrecht in die Erde ging. An der Wurzel bildet sich irgendwo in der Tiefe eine Knolle, groß wie ein Fußball. Auf diese Knolle hatte Percy es abgesehen. Ohne zu wissen, wie tief wir würden graben müssen, machten wir uns abwechselnd mit Spitzhacke und Schaufel daran, die Wurzel freizulegen.

Nach etwa einem halben Meter kamen wir nicht weiter in die Tiefe. Es dämmerte schon, und Mali schlug vor, die Arbeit für diesen Tag zu beenden und am folgenden fortzusetzen.

Am nächsten Morgen zog Percy los, um weiterzugraben. Er hatte sich von Mali zwei Arbeiter ausgeborgt, denn es war Schwerstarbeit, die jetzt auf ihn zukam. Als Percy zu dem Baum kam, betete er und brachte seine Opfergaben dar. Dann wurde gegraben.

Inzwischen war das Loch etwa einen halben Meter tief. Mit einer Eisenstange und der Spitzhacke wurde die Erde aufgebrochen und dann weggeschaufelt. Irgendwann ging das nicht mehr. Sie mussten von der Seite her einen schräg nach unten führenden Graben ausheben, um auf gleicher Höhe Platz zu haben und immer entlang der Wurzel weiter in die Tiefe zu kommen.

»Wir dürfen die Pfahlwurzel auf keinen Fall verletzen!«, mahnte Percy. »Sonst zieht sich der Spirit zurück.«

Bei der Hitze unter der prallen Sonne lief bald allen der Schweiß in Strömen über die nackten Oberkörper. Fuß um Fuß wurden das Loch und der Graben tiefer, aber die gesuchte Knolle war noch immer nicht zu sehen. Die Erde war ausgetrocknet, hart und steinig. Bei etwa zwei Metern waren die Arbeiter so erschöpft, dass sie eine Pause machen mussten. Percy erklärte mir, wozu er diese Medizin brauchte.

»Diese Knolle ist für den Baum wie ein Flüssigkeitsspeicher. In ihr ist aber nicht nur Wasser, sondern eine gewaltige Menge von Mineralstoffen und Aminosäuren enthalten. Wenn wir die Knolle verarbeitet haben, entsteht eine Medizin, die die körpereigene Abwehr stärkt und fast alle leichten Infektionen heilt.«

Nach weiteren anderthalb Metern rief Percy erfreut: »Wir haben sie! Da ist sie!« Ich sah eine hellgraue schwammige Knolle. Percy übernahm es jetzt, sie vorsichtig freizulegen. »Sie darf nicht verletzt werden«, sagte er, »sonst blutet sie aus und verliert wertvolle Flüssigkeit.« Die Feinarbeit erforderte großes Fingerspitzengefühl. Mit einem Messer und einer Maurerkelle legte Percy vorsichtig die Knolle frei, die etwa die Größe eines Medizinballs hatte. Erst dann wurde sie, nach einem weiteren Gebet, von der Wurzel getrennt.

Percy strahlte: »Sie ist schön groß, das gibt eine Menge Medizin.«

Wieder im Dorf, half ich ihm, die Knolle zu verarbeiten. Jeder von uns bekam eine Hälfte und schnitt sie auf einem Hackbrett zunächst in Scheiben, dann in daumendicke Würfel. Diese wurden dann auf einer Plastikfolie ausgebreitet und zum Trocknen in die Sonne gelegt.

Zwei Tage später zerstampften wir sie in großen Holzmörsern und zermahlten dann die Brösel auf einem Mahlstein zu Pulver. Meinen Teil der Medizin übergab ich Mali, der sich strahlend bedankte.

Don José Matsuwa © Shamanism & Healing Associatio

Don José

Der Weg des Schamanen ist ohne Ende.
Ich bin ein sehr alter Mann und doch ein Baby,
das von Ehrfurcht erfüllt vor dem Mysterium
der Welt steht.

Don José

Don José Matsuwa, ein Huichol-Indio aus Mexiko, war der erste Schamane, den ich spontan zum Schamanenkongress im Jahr 1982 einlud. Ich begegnete ihm bei einem schamanischen Ritual in Kalifornien, an dem er mit einem Schüler teilnahm. Don José war damals bereits hundertfünf Jahre alt, aber noch in bester Verfassung.

Er war klein, drahtig, lebhaft und sehr humorvoll. Als junger Mann hatte er eine Zeitlang beim Bau einer Bahnlinie gearbeitet. Bei einer Sprengung hatte man vergessen, die Arbeiter durch eine Sirene zu warnen. Viele Indios wurden schwer verletzt, Don José hatte den linken Arm bis zum Ellenbogen verloren, und die rechte Hand war verkrüppelt. Er konnte mit zwei Fingern gerade noch einen Löffel, eine Feder oder eine Zigarette halten.

Wir waren sofort sehr vertraut, es war, als ob sich unsere Seelen berührt hätten. Er nannte mich *mi hijo*, »mein Sohn«, und »adoptierte« später auf dem Kongress in Deutschland auch meine beiden Töchter als Enkelinnen. Mit seiner Arbeit auf dem Kongress hatte er großen Erfolg und wurde auch zum nächsten Kongress 1983 eingeladen. Mehrfach musste ich ihm versprechen, ihn in Mexiko zu besuchen.

Drei Jahre nach dem Kongress plante ich eine Reise nach Mexiko. Es gelang mir nicht, die Adresse Don Josés ausfindig zu machen. Ich wusste nur, dass er in einem winzigen, auf keiner Karte verzeichneten Dorf in der Sierra Madre Occidental lebte. Deshalb fasste ich die feste Absicht, dorthin zu fahren und ihn selbst zu finden.

Eine Absicht ist der erklärte Wille, zum Ziel zu gelangen, im Unterschied zu einem Wunsch, der unbestimmt, undefiniert ist, bei dem ungewiss bleibt, ob er in Erfüllung geht. Von der Verwirklichung einer Absicht bin ich unerschütterlich überzeugt und setze meine ganze Kraft für sie ein.

Don Juan Matus erklärt die Absicht so: »Im Universum gibt es eine unermessliche, unbeschreibliche Kraft, welche die Schamanen als Intention, Absicht – oder Wollen – bezeichnen; und buchstäblich alles, was im gesamten Kosmos existiert, ist durch ein Bindeglied mit dem Wollen verknüpft. Die Krieger sind immer bemüht, dieses Bindeglied zu klären, zu verstehen und es einzusetzen. Vor allem sind sie bemüht, es von der lähmenden Wirkung zu läutern, die von den gewöhnlichen Sorgen des Alltagslebens ausgehen. Auf dieser Ebene lässt sich Schamanismus definieren als Läuterung unserer Bindung an das Wollen.«[*]

Mein Freund, der Schamane Standing Eagle, hat das einmal so ausgedrückt: »Wenn ich einen Bogen mit Pfeil einige Zentimeter spanne, fliegt der Pfeil nur ein paar Meter weit. Wenn der Bogen ein Viertel gespannt wird, ein bisschen weiter. Aber nur dann erreicht der Pfeil sein Ziel, wenn ich die Sehne entschlossen und mit aller Kraft voll durchziehe.«

Urubundu hat es so ausgedrückt: »Wenn du einen Stein in einen See wirfst, sinkt er ohne Verzögerung auf den Grund. Dein Vorsatz führt dich zu deinem Ziel, wie der Stein sich durchs Wasser zum Boden senkt. Das Ziel zieht dich gleichsam an und lässt nichts zu, was dich von deinem Weg abbringt.«

Als ich mit meiner Lebensgefährtin Monika in Mexiko ankam, hatte ich als einzige Anhaltspunkte außer einem Foto, auf dem ich mit Don José zu sehen bin, die Informationen meiner Tochter, die auf einer Südamerikareise zusammen mit einer Gruppe von Amerikanern bei Don José gewesen war. Sie hatte mir erzählt, sie hätten in Tepic im Hotel Las Palomas übernachtet. Am nächsten Morgen seien sie mit einem Lastwagen

* Carlos Castaneda: *Das Rad der Zeit. Das Vermächtnis des Don Juan*, Fischer, Frankfurt a. M. 2000.

etwa fünf Stunden gefahren, bis sie an einem Fluss ankamen Dann seien sie mit einer primitiven Fähre übergesetzt, bergauf gegangen und hätten nach etwa vier Stunden Don Josés Dorf erreicht.

Schon die Busfahrt von Puerto Vallarta nach Tepic war ein Abenteuer. Wir hatten uns am Abend vorher Tickets besorgt, denn in diesen »Expressbus«, der lediglich in größeren Städten halten sollte, durfte man nur mit Sitzplatztickets einsteigen, Stehplätze gab es nicht. Als der Bus frühmorgens den Busbahnhof verließ, waren alle Sitzplätze besetzt. Aber sobald er den Stadtrand erreichte, hielt der Fahrer mehrmals an und ließ, um sich einen Nebenverdienst zu verschaffen, so viele Indios einsteigen, bis der Bus gerammelt voll war. Wir staunten auch hier, was die Menschen alles an Gepäck mit sich führten. Koffer, Taschen, riesige Säcke wurden auf dem Dach festgezurrt, Hühner in einfachen, aus Ästen gefertigten Käfigen, Ziegen mit zusammengebundenen Beinen, große Ballen Viehfutter, ein Fahrrad und noch vieles mehr. Die Leute quetschten sich in den Gang und zwischen die Sitze. Der Bus hielt auch nicht, wie angekündigt, nur in den größeren Städten an, sondern in fast jedem Dorf. So wurde die Verspätung immer größer.

Nach fünf Stunden, wir sollten laut Fahrplan bereits in Tepic sein, machten wir eine halbe Stunde Pause in einer kleinen Stadt. Wir konnten aussteigen, uns die Beine vertreten und auf eine übelriechende, schmutzige Toilette gehen. Fliegende Händler boten Getränke, Obst, Süßigkeiten und Essen zum Kauf. Nach dem kurzen Aufenthalt war der Bus so voll, dass eine hübsche Indiofrau mittleren Alters sich zwischen mich und die Sitzlehne meines Vordermannes drängte. Sie stand also mit einem Bein zwischen meinen Knien und mit dem anderen am Rand des Mittelgangs. Der Fahrer hatte eine Kassette mit zum Teil deftigen Witzen in den Radiorekorder eingelegt, und die Indios brachen immer wieder in lautes brüllendes Gelächter aus. Trotz des Lärms war Monika neben mir fest eingeschlafen.

Es war bereits nach Mitternacht, als wir im Hotel »Las Palomas« ankamen. Todmüde fielen wir ins Bett. Am nächsten Morgen ging ich mit dem Foto zur Rezeption, zeigte es der Frau, die dort arbeitete, und fragte sie, ob sie Don José kenne.

»Ja«, sagte die Señora, »er kommt ab und zu, meistens mit einem Gringo, auch manchmal mit einer Gruppe. Ich habe jedoch keine Ahnung, wo er wohnt. Aber ich kann Ihnen einen Rat geben. In der Nähe gibt es einen Park«, sie zeigte mir die Stelle auf einem Stadtplan. »Direkt daneben ist der Busbahnhof, wo alle Busse der verschiedenen Huicholengebiete ankommen und abfahren. Deswegen sind dort immer Huicholen, die warten.«

Voller Zuversicht gingen Monika und ich mit dem Bild zum Park. Dort saßen auf einer Bank unter einem Baum nur eine Indiofrau und ein Mann.

An ihren bestickten weißen Gewändern und dem Strohhut mit Bommeln erkannte ich sie sofort als Huicholen. Beide schliefen mit gesenkten Köpfen. Wir gingen auf sie zu, und als wir nur noch wenige Meter von ihnen entfernt waren, schaute der Mann plötzlich hoch, *und es war Don José!* Er erkannte mich sofort, sprang auf und kam über das ganze Gesicht strahlend auf mich zu, um mich herzlich zu umarmen. Er erzählte, er habe im Traum die Botschaft von seinen *espiritos* bekommen, er solle in die Stadt fahren und hier auf seinen Sohn warten. Auf welchen seiner Söhne, sei ihm nicht gesagt worden. Seine Intuition und meine Absicht hatten uns zusammengeführt.

Er stellte mir seine Frau vor, Doña Joséfa, eine schmale, kleine Frau mit sehr lebendigen Augen und einer starken Ausstrahlung. Wir gingen gemeinsam essen, und er lud mich erneut ein, ihn in seinem Dorf zu besuchen. Er werde dafür sorgen, dass der *alcalde*, der Bürgermeister, des Dorfes morgen früh an der Busstation sei und mich zu ihm bringe. In drei Tagen sei Vollmond, da habe man eine Peyote-Zeremonie geplant. Wir versprachen, Essen und Getränke mitzubringen. Da er in der Stadt noch einiges zu erledigen hatte, verabschiedeten wir uns. »Hasta mañana«, sagte er, umarmte uns und verschwand in einer Gasse.

Monika und ich gingen ins Hotel zurück, um eine Siesta zu halten. Ich hatte mit anderen Schamanen ähnliche Erlebnisse und natürlich bei Castaneda gelesen, dass dieser sich oft mit Don Juan traf, ohne sich vorher verabredet zu haben. Doch jetzt war mir so etwas gerade selbst passiert. Mein Gehirn lief auf Hochtouren. Wir diskutierten verschiedene Erklärungen und verwarfen sie alle wieder. Dann sagten wir uns einmal mehr, es sei besser, nicht alles erklären zu wollen und dem Erlebten die Magie und die Schönheit nicht zu nehmen.

Am Nachmittag machten wir einen Großeinkauf. Da ich wusste, dass Don José und seine Familie überwiegend von Tortillas und *frijoles*, schwarzen Bohnen, lebten, wollten wir ihnen etwas mitbringen, was sie sonst nicht oder nur selten zu essen bekamen. Wir kauften vier Hühner, viele Bratwürste, Büchsen mit Thunfisch, einen kleinen Sack Reis, Öl, Brot, Käse, verschiedene Konserven, Zucker, Dosenmilch, Kaffee, Tee, Wasser, Cola, Bier, Tequila sowie Schokolade und Bonbons für die Kinder und vieles mehr. Wir waren so beladen, dass wir uns mit einem Taxi ins Hotel bringen lassen mussten.

Die Señora an der Rezeption war begeistert, dass ihr Rat zu einem so verblüffenden Ergebnis geführt hatte. Sie half uns, die Kühlschränke in der Hotelküche vollzustopfen.

Aus Deutschland hatte ich Don José vier Stangen seiner Lieblingszigaretten mitgebracht, Gitanes mit Maispapier. Wir hatten also den Eindruck, gut gerüstet zu sein.

Die Huicholen leben sehr zurückgezogen als Bergbauern und Jäger in einem von tiefen Schluchten und Canyons zerfurchten Bergland im nordwestlichen Zentralmexiko, der Sierra Madre Occidental. Das Klima dort schwankt ständig zwischen Extremen. Das äußerst unwegsame Gelände macht es schwierig, die entlegenen Dörfer zu erreichen, deshalb sind die Huicholen einer der letzten vom Christentum und der Zivilisation wenig berührten Ureinwohnerstämme Mexikos.

Als wir am nächsten Morgen mit einen Taxi am Busbahnhof ankamen, erkannte Antonio, der *alcalde*, uns sofort. Kein Wunder, wir waren die einzigen Nichtindios. Er staunte über das, was wir alles mitschleppten, und organisierte sofort mehrere Männer, die uns später tragen helfen sollten.

Während der Fahrt erzählte Antonio, das Dorf, in dem Don José lebte, sei nicht mehr an derselben Stelle wie damals, als er mir davon erzählt hatte. Das alte Dorf hatte zu wenig Wasser, deshalb sei ihnen von der Regierung ein anderes Gelände zugewiesen worden, das ans Wassernetz angeschlossen war, und es gäbe nun mehrere Zapfstellen im Dorf. Statt der Hütten aus kleinen, in die Erde versenkten Baumstämmen mit Palmstrohdächern hätten sie sich viele Häuser aus selbstgemachten Lehmziegeln gebaut, denn in den Nächten könne es hier in der Sierra empfindlich kalt werden.

Als wir an unserer Haltestelle ankamen, wartete Don José bereits auf uns und umarmte uns herzlich. Trotz seines hohen Alters hatte er es sich nicht nehmen lassen, uns mit einem Esel abzuholen. Die Träger beluden den Esel unter freudigem Geschrei, nahm er ihnen doch nun die Lasten ab, und schließlich zogen wir los.

Von der Haltestelle aus waren es noch zwei Stunden bergauf bis zum Dorf. Don José ging voraus, dann kamen wir, gefolgt vom *alcalde* mit dem Esel und den anderen. Don José legte ein beachtliches Tempo vor.

»Wow«, schnaufte Monika, »der klettert ja wie eine Bergziege!«

Nach einer Viertelstunde ging mir die Puste aus, mein Herz schlug mir bis zum Hals, und ich fiel immer weiter zurück. Auch Monika hinter mir war völlig außer Atem. Der letzte vor uns Gehende rief nach vorn: »Die Gringos können nicht mehr.«

Schweißgebadet und keuchend setzten wir uns zur Rast auf den Boden, Don José hingegen war überhaupt nichts anzumerken, dabei war er fast doppelt so alt wie ich. Unvermeidlich wurden eine Menge Witze auf unsere Kosten gemacht.

Als wir an der Grenze des Landes ankamen, das zu dem Dorf gehörte, knieten alle nieder, küssten den Boden und sprachen ein Gebet. Monika und ich brachten zusätzlich noch eine *ofrenda* dar, eine Gabe von Tabak.

Don Josés Unterkunft war ein Einzimmerhaus in der traditionellen Bauweise aus aneinandergefügten, mit Palmstroh verflochtenen Stämmen und Palmstrohdach. Dort erwartete uns schon Doña Joséfa. Der *alcalde* verabschiedete sich und bat uns, ihn am Nachmittag in seinem Haus zu besuchen.

Wir luden den Esel ab und überreichten Don José die mitgebrachten Getränke, die Esswaren bekam Doña Joséfa, die sie gleich in die Küche in den halboffenen Anbau des Hauses brachte. Vor dem Haus, wo das Leben tagsüber stattfindet, hatten sich inzwischen auch andere Mitglieder seiner Familie eingefunden. Es herrschte große Aufregung wegen unseres Besuchs, mit Begeisterung wurden unsere Mitbringsel begutachtet. Colabüchsen wurden geöffnet, und alle prosteten sich lachend zu, tranken aber nicht, ohne vorher einige Tropfen auf die Erde und in alle vier Himmelsrichtungen gespritzt zu haben – *por los espiritos*. Mit einem kleinen Ritual stellte uns Don José auch seiner spirituellen Welt vor.

Ich holte die vier Stangen Gitanes aus meinem Rucksack. Strahlend vor Freude bedankte sich Don José überschwänglich und steckte sich sofort eine an. Einarmig und mit einer verkrüppelten Hand, ist das gar nicht so einfach. Er steckte die Zigarette in den einen und ein Streichholz in den anderen Mundwinkel, klemmte dann die Streichholzschachtel zwischen die Zähne, nahm das Zündholz, strich es an, ließ die Schachtel zu Boden fallen und zündete die Zigarette an. Dann setzte er sich auf den Boden und klopfte mit der Hand rechts und links neben sich, damit wir uns dorthin setzten. Seine Frau und seine Schwiegertochter gingen in die Küche, um ein einfaches Mittagessen aus Reis und Gemüse zuzubereiten. Monikas Angebot zu helfen wurde strikt abgelehnt.

»Was sind als Schamane und *anziano*, weiser Ältester, deine Aufgaben hier im Dorf?«, fragte ich ihn.

»Der Schamane, in der Huicholenkultur *mara'akáme* genannt, ist der Mittelpunkt in unserer Gesellschaft. Er ist Priester, Heiler, Hüter der Mythen und Ratgeber in einer Person«, antwortete er. »Als *mara'akáme* musst du stark und klug sein, ein umfassendes Heilwissen haben und viel von menschlicher Psychologie verstehen. Du musst dich dem Weg des *mara'akáme* vollkommen hingeben, die Gesundheit deines Stammes sichern und die Verbindung mit der spirituellen Welt aufrechterhalten. Ich bin also für das spirituelle Leben des Dorfes und das Wohlergehen seiner Bewohner verantwortlich.«

»Und natürlich für die verschiedenen Rituale«, warf ich ein.

»Wir Huicholen sind die Kinder des Mais. Der Mais ist eine heilige Pflanze, ja ein Gott, wie auch der Hirsch und der Peyote. Wir verehren und achten diese drei Gottheiten ganz besonders. Der Mais ernährt unseren Körper und ist gleichzeitig spirituelle Nahrung. Ich muss den Zeitpunkt für die Aussaat festlegen und dafür sorgen, dass nach dem Pflanzen der Regen kommt. Das ist dann ein großes Ritual. Wir danken dem Schöpfer, dass er uns den Mais geschenkt hat, und wir beten: ›Mutter Erde, wir danken dir, dass du uns erlaubst, deine Haut zu bepflanzen.‹ Wir gehen alle gemeinsam auf die Maisfelder und singen, beten, opfern und bitten um eine gute Ernte.

Vor der Ernte gibt es immer eine Zeremonie, die ich leite. Auch der Hirsch- und der Peyote-Geist haben ihre Zeremonien. Älteste sind bei uns Huicholen hoch geschätzt und gewürdigt. Alt kann jeder werden, aber nur wenige werden Älteste. Denn zum Ältesten wirst du durch deine Taten. Einer, der mit Würde alt wird, hat immer Menschen um sich, die seine Weisheit, Klugheit und Erfahrung nutzen, seinen Rat schätzen und die ihn lieben. Aber wer durch einmalige Erfahrungen gegangen ist, die andere in ihrem Leben nicht gemacht haben, wie zum Beispiel Reisen ins Unbekannte, der wird ›Ältester‹ genannt.«

»Was genau ist das Unbekannte?«, fragte ich. »Was ist daran so wichtig, dass der *mara'akáme* immer wieder dorthin geht?«

»Wenn wir ins Unbekannte gehen, wo nichts sicher ist und überall Risiken und Gefahren drohen, wo auch der Tod sein Reich hat, bleiben wir wachsam, aufmerksam und immer auf der Hut. *Mara'akáme* trauen sich in die erschreckende Einsamkeit des Unbekannten, weil sie Liebe zum Leben, Liebe zum Staunen, Liebe zum Geheimnis, unersättliche Neugier und sehr viel Mut haben. Und sie machen dies nicht aus Eigennutz und Habsucht, sondern um etwas Größeres zu finden. Für einen *mara'akáme* ist auch unsere Welt unheimlich, denn sie ist erstaunlich, ehrfurchtgebietend, geheimnisvoll und unergründlich. Für ihn zählt allein das Leben.«

Don José schwieg eine Weile und fuhr dann fort: »Das Leben erklärt sich aus sich selbst und ist vollkommen. Daher kann man in aller Demut sagen, dass es die Erfahrung aller Erfahrungen ist, am Leben zu sein. Der *mara'akáme* ist nur an das Unendliche gebunden. Fast alle anderen sind an ihre Mitmenschen gebunden. Das Selbstvertrauen des *mara'akáme* ist nicht das Selbstvertrauen des gewöhnlichen Menschen. Der gewöhnliche Mensch schöpft sein Selbstvertrauen und seine Sicherheit aus der Anerkennung seiner Mitmenschen. Der *mara'akáme* hingegen sucht Makellosigkeit in sich selbst und nennt es ›Demut‹. Die Demut eines *mara'akáme* ist nicht die Demut eines Bettlers. Der *mara'akáme* beugt sich vor niemandem, doch gleichzeitig erlaubt er niemandem, sich vor ihm zu beugen.«

Wieder hielt er inne und schien nachzudenken.

»Ein *mara'akáme* muss handeln, als wüsste er nicht, dass seine Handlungen sinnlos sind. Das nennen wir die ›kontrollierte Torheit‹ des *mara'akáme*. Persönliche Kraft ist ein Gefühl wie Glücklichsein. Man könnte es auch als ›Gemütszustand‹ bezeichnen.

Der *mara'akáme* gewinnt seine Kraft durch einen lebenslangen Kampf. Niemals bereut er, was er getan hat, denn die eigenen Taten als böse, hässlich oder schlecht herauszustellen hieße, dem eigenen Selbst eine ungebührliche Bedeutung beizumessen. Die Kunst besteht darin, was wir in den Vordergrund stellen. Entweder wir machen uns elend, oder wir machen uns stark. Der Energieaufwand ist der gleiche.

Alles wird möglich, und die abenteuerlichsten Ideen lassen sich verwirklichen, wenn ein *mara'akáme* lernt, das Geschwätz im Kopf zum Schweigen zu bringen. Die Welt, wie wir sie wahrnehmen, existiert ja nur im Kopf. Wenn man die Vorstellungen aufgibt, die da durcheinanderreden, bricht die Welt zusammen. Dann können außerordentliche Seiten von uns hervortreten, als wären sie von den Worten, die unser Gehirn ständig produziert, streng bewacht gewesen.«

»Wenn also jemand krank ist, niedergeschlagen oder Probleme hat, kommt er zu dir, und du schaust, wie du ihm helfen kannst. Wie muss ich mir das vorstellen?«, fragte Monika. »Wie machst du das?«

Don José stand auf, ging ins Haus und kam mit einem aus Maisstroh geflochtenen länglichen Kästchen zurück. Er öffnete es und nahm eine Adlerfeder heraus.

»Kennst du die?«, fragte er mich. »Erinnerst du dich noch?«

»Das ist doch die Feder, die wir dir 1982 beim ersten Kongress in Alpbach geschenkt haben.«

Ich erinnerte mich genau. Wir hatten bei den Kongressen allen Schamanen ein persönliches Geschenk gemacht. Ihm hatten wir die Schwanzfeder eines Alpenadlers überreicht. Er war damals ganz begeistert gewesen und hatte sich allein mit seiner Feder zurückgezogen. Wir sahen ihn über eine Stunde lang auf einer Wiese sitzen und ganz versunken auf die Feder in seiner Hand schauen. Als er zurückkam, sagte er: »Nun kenne ich die ganzen Alpen. Ich bin mit dem Adler überall herumgeflogen.«

Auch er erinnerte sich genau. Er bat Monika nun, sich vor ihn zu stellen, hielt die Feder in Augenhöhe vor sich und betrachtete sie mit zusammengekniffenen Augen durch die Feder, oder knapp an ihr vorbei. Lange, lange Zeit schaute er so. Hin und wieder verschob er die Feder, um einen anderen Körperteil zu betrachten. Anschließend zählte er alle ihre gesundheitlichen Probleme auf und fragte, ob er sie entfernen solle.

Lange arbeitete er mit der Feder. Nachdem er Monika durch die Feder betrachtet hatte, machte er vor ihrem Körper, meist ohne sie zu berühren, streichende und wedelnde Bewegungen, dann holte er einen dünnen, hohlen Röhrenknochen aus seinem Medizinkästchen, saugte damit an mehreren Stellen an Monikas Körper und spuckte jedes Mal etwas Schwarzes oder Braunes auf eine alte Zeitung. Monika sagte nachher, sie fühle sich völlig in Harmonie, und ihre Rückenschmerzen, die sie zuvor noch geplagt hätten, seien nun völlig verschwunden.

Nach dem Essen machten alle eine Siesta. Monika und ich legten uns auf unsere Schlafsäcke in den Schatten eines Baumes. José und seine Frau schliefen im Haus, und die Kinder wuschen das Geschirr.

Am Abend gab es ein großes Fest, zu dem auch der *alcalde* eingeladen wurde. Zwei Söhne Don Josés, Eusebio und Salvatore, wohnten mit ihren Familien im Dorf, und alle beteiligten sich an den Vorbereitungen. Für das Festmahl wurden fast sämtliche Lebensmittel herausgeholt und zubereitet, die wir mitgebracht hatten.

»Vorratshaltung ist hier wohl ein Fremdwort«, wunderte sich Monika. Es wurden außer unseren noch mehrere Hühner geschlachtet und gekocht, dazu gab es Reis, Tortillas, Gemüse und zum Nachtisch Obst. Die Kinder bekamen außerdem Schokolade und Bonbons. Zum Essen hatten wir uns alle auf den Boden gesetzt und löffelten die Speisen mit Tortillas aus Kalebassen. Danach holte Eusebio seine Geige, andere Familienmitglieder ihre Flöten, Rasseln und Trommeln. Zur Musik tanzten alle, die kein Instrument hatten, um das lodernde Feuer.

Als die Kinder müde wurden, brachten die Frauen sie ins Bett. Schließlich saßen nur noch die Männer und die erwachsenen Enkel Don Josés um das Feuer, und auf einen Wink von Don José brachten die Enkel das Bier und die zwei Flaschen Tequila. Als Erstes wurde der Tequila geöffnet, eine Tasse wurde gefüllt und zunächst Don José gereicht. Er steckte einen Finger hinein und spritzte je einen Tropfen Tequila in alle vier Himmelsrichtungen. Erst dann trank er einen Schluck und gab die Tasse an mich weiter. Ich machte es ebenso und reichte dann die Tasse Monika, die links neben mir saß. So machte die Tasse einmal die Runde, wurde von Eusebio, der über die Getränke wachte, wieder gefüllt, wieder herumgereicht, bis die Flasche leer war. Die Stimmung war nun wesentlich ausgelassener.

Nach drei Runden wurden die Bierbüchsen verteilt. Fast alle Indios hatten bald einen ordentlichen Rausch, und trotz des Feuers wurde es empfindlich kalt. Erst sehr spät gingen alle schlafen.

Einige Meter neben Don Josés Einzimmerhaus stand auf vier Pfählen der Maisspeicher in derselben Bauweise. Er war zu dieser Jahreszeit fast leer, dort sollten wir die Nacht verbringen. Wir kletterten mit einer Leiter hinein, und ich musste mich ducken, denn der Speicher war so niedrig, dass ich darin nicht aufrecht stehen konnte. Der Boden bestand aus aneinandergelegten Zweigen. Es war das unbequemste Lager, auf dem ich je geschlafen habe. Unter dem Stelzenhaus hatten sich inzwischen zwei Schweine eingefunden, die sich durch unsere Anwesenheit gestört fühlten und dies mit lautem Grunzen kommentierten. Direkt neben dem Speicher stand ein Baum, auf dessen Ästen sich die Hühner der Familie niedergelassen hatten. Auch diese fühlten sich durch unsere Gegenwart belästigt und flatterten und raschelten unruhig.

Die besenstieldicken Äste des Bodens drückten sich schmerzhaft durch unsere dünnen Isomatten. Außerdem wurde es immer kälter, und wir krochen zusammen, um uns gegenseitig zu wärmen. An Schlaf war gar nicht zu denken, denn unten pupsten, rülpsten und grunzten die Schweine, und mehrfach in der Nacht krähte ein Hahn direkt neben meinem Ohr, wie es sich gehört, jeweils drei Male.

Als wir kurz nach Sonnenaufgang vollkommen gerädert aus unserem Stall krochen, saß Don José in eine Decke gehüllt schon draußen, er zitterte und versuchte, sich von den ersten Sonnenstrahlen aufwärmen zu lassen. Ich wunderte mich, dass er so fror, und sah mir durch die Tür sein Haus genauer an. Tatsächlich hatten er und seine Frau nur jeweils eine dünne Decke. Bei näherem Hinschauen sah ich auch, dass Ritzen zwischen den Baumstämmchen, aus denen die Wände gemacht waren, klafften, durch die der Wind pfiff. Spontan beschlossen wir, ihnen bei unserer Abreise unsere Schlafsäcke zu schenken.

Am Vormittag besuchten wir den *alcalde*. Antonio bewohnte

on Josés Dorf © Shamanism & Healing Association

mit seiner Frau ein kleines, aus selbstgemachten Lehmziegeln gemauertes Haus, das ebenfalls nur aus einem einzigen Raum bestand. Wie viele Huicholen waren beide geschickte Kunsthandwerker. Antonio fertigte farbenprächtige traditionelle Garnbilder aus gefärbten Wollfäden, die in figuralen und geometrischen Formen auf mit Bienenwachs bestrichene Holzbretter geklebt wurden. Die leuchtenden Farben und Motive waren inspiriert von Träumen und Peyote-Visionen. Außerdem stellte er zeremonielle Gebetspfeile *(movieris)* her, etwa dreißig Zentimeter lange magische Instrumente, die mehrere rituelle Funktionen haben. Die zugespitzten Stöcke sind mit bunten Garnen umwickelt, wobei die Muster jeweils eine bestimmte Bedeutung haben, und am oberen Ende sind Federn befestigt. Ich habe bei einem anderen Schamanen gesehen, wie er in einer Reinigungszeremonie an der Drehung der Federn Energieblockaden seines Patienten erkennen konnte. Antonios Frau stellte Webarbeiten, Stickereien, Perlenarbeiten, Flechtarbeiten und *chuchuries* her, das sind gewebte und oft zudem noch bestickte Taschen, die nicht nur außerordentlich schön sind, sondern auch einen praktischen Nutzen und eine religiöse Bedeutung haben. Selten trifft man einen Huicholen ohne seine *chuchurie* an. Hoch erfreut verkauften sie uns einige ihrer Erzeugnisse.

Am dritten Tag unseres Besuchs war Vollmond, und für diesen Tag war das Peyote-Ritual geplant. Wir fasteten und tranken den ganzen Tag über nur Tee. Bereits vor Sonnenuntergang wurde der Platz hergerichtet. Ein Altar wurde aufgestellt, mit einem gewebten, handbestickten Tuch bedeckt, auf das Maiskolben in vier Sorten gelegt wurden, gelb, rot, schwarz und mehrfarbig. Außerdem wurden die Adlerfeder, die wir Don José geschenkt hatten, sowie Gebetspfeile dazugelegt.

Nach Sonnenuntergang, als der Mond aufging, begann das Ritual. Die vier Himmelsrichtungen wurden angerufen, die Sonne und der Mond durch Gesänge begrüßt und gefeiert. Großvater Feuer und Großmutter Erde wurden gewürdigt. Der Hirschgott wurde gerufen und alle *espiritos*, damit sie die Peyotisten beschützten und begleiteten und ihnen schöne Visionen gäben.

Don José, Doña Joséfa, zwei seiner Söhne und deren Frauen sowie Monika und ich nahmen an der Zeremonie teil. Don José überreichte jedem ein geflochtenes Körbchen mit zehn Peyote-Knospen oder -Buds. Er selbst nahm sich ebenfalls eins und erklärte uns, dass diese Kakteen alle von der letzten sehr erfolgreichen Peyote-»Jagd« des Dorfes stammten und nicht etwa auf dem Markt gekauft worden seien, von daher seien sie auch spirituell besonders aktiv. Für die Huicholen ist der Peyote-Kaktus ein lebendes Wesen, deshalb sprechen sie von der »Jagd« und nicht von »Ernte«. Wir sollten die Buds so lange kauen, bis sie zu Brei würden, und erst dann schlucken.

Zunächst sprachen alle zu den Peyote-Buds, liebevoll priesen sie ihre Schönheit und ihre spirituelle Kraft. Die Frauen sprachen zu den Buds wie zu einem Baby. Ich biss also mutig in den ersten Kaktus. Sofort hatte ich einen gallebitteren Geschmack im Mund. Die Konsistenz ähnelt zunächst einer rohen Kartoffel, nach längerem Kauen wird sie wie Watte. Ich musste unendlich lange kauen, bis es ein Brei wurde, den ich dann schluckte. Es war sehr, sehr mühsam und schmeckte ekelhaft bitter. Beim sechsten und siebten Bud wurde es noch schwieriger, denn mein Magen rebellierte, und ich musste immer wieder aufstoßen, dass sich mir die Wangen blähten. Natürlich behielt ich den Brei brav bei mir und schluckte ihn wieder hinunter. Nach dem neunten war endgültig Schluss – jeder Bissen kam mir zwei-, dreimal hoch. Auch Monika hatte ihre Mühe und hörte nach dem siebten auf weiterzuessen.

Don José schlug nun vor, wir sollten uns hinlegen, also streckten wir uns auf unseren Schlafsäcken aus. Ich schloss die Augen und fasste die Absicht, mich vollkommen dem Geist der heiligen Pflanze hinzugeben und ihrer Kraft jede Zelle, ja, jedes Gen meines Körpers zu öffnen.

Bereits nach kurzer Zeit spürte ich eine immer deutlicher werdende Veränderung meiner Wahrnehmung. Die leisen Gesänge Don Josés hörten sich an wie Sphärenklänge aus einer anderen Welt, mein Geruchssinn wurde intensiver und feiner, und ich fühlte mich regelrecht überschwemmt von einer Flut von Farben.

Mein Körper fühlte sich leicht und schwebend an und dreimal so groß wie sonst. Er kam mir vor wie ein kleiner Zeppelin, der an einem Faden ein paar Meter über dem Boden schwebt. Ein feines und süßes Gefühl von Wohlbefinden durchdrang mich und versetzte mich in eine angenehme Ekstase. Dann schienen Zeit und Raum sich aufzulösen. Die intensiven Farben wurden nach und nach durch Bilder abgelöst. In Stein gehauene Tierfiguren, wie ich sie bei den Pyramiden und Tempeln der Tolteken und im archäologischen Museum in Mexico City gesehen hatte, erschienen vor meinem inneren Auge wie bei einem Breitwandfilm. Schlangen, Jaguare, Adler und die gefiederte Schlange Quetzalcoatl. Die Schlange im Museum ist zusammengerollt und hat den Kopf in der Mitte hochgereckt. Verblüfft sah ich, wie sich nun ihre Farbe veränderte – von Steingrau zu Beige, Hell- und Dunkelbraun. Sie begann sich zu bewegen und wurde lebendig, richtete sich vor mir auf und schaute mich aus ihren Schlitzaugen freundlich, aber durchdringend an. Zunächst hatte ich einen Anflug von Angst, aber als ich den engelhaften Gesang Don Josés hörte, verschwand die Angst sofort, denn ich wusste, dass er da ist, über mich wacht und mir Schutz gibt. Die Schlange hatte ihren Kopf nun auf gleicher Höhe mit meinem und schaute mir direkt in die Augen. Der Rest ihres Körpers bildete einen fast perfekten Kreis. Plötzlich beugte sie sich hinunter, öffnete den Mund, steckte ihren Schwanz hinein und schloss so das Rund. Wie gebannt schaute ich auf den Kreis der Weltenschlange.

Nebeneinander sitzend, erschienen mir dann der Adler, die gefiederte Schlange und der Jaguar. Im Unterschied zu der sehr naturnahen Skulptur der Weltenschlange sind diese Tiere eckig, kantig, abweisend. Als ich sie beim Besuch der Pyramiden gesehen hatte, kamen sie mir grausam, gewalttätig und furchteinflößend vor; nun empfand ich sie als freundlicher. Ohne Scheu konnte ich von einem Tier zum anderem gehen und auch wieder zurück. Bei längerer Betrachtung wechselten auch diese Tiere ihre Erscheinung, ihre steinerne Form löste sich auf, und sie wurden lebendig. Der Adler und der Quetzalcoatl sahen mich an, drehten gleichzeitig ihren Kopf von links unten nach rechts oben und flogen davon. Die Federn des Quetzalcoatl schimmerten von der Sonne bestrahlt in wundervollen Grüntönen.

Im selben Augenblick hörte ich ein Knurren und gleichzeitig den Gesang Josés. Auch der Jaguar wurde nun mit schwarzem Fell und bernsteinfarbenen Augen vor meinen Augen lebendig. Er hatte die Lefzen hochgezogen, fletschte die Zähne und knurrte mich an.

»Ich bin dein Freund, sei bitte nett zu mir«, sprach ich ihn an.

Sofort wich das Zähnefletschen einem, wie mir fast schien, freundlichen Lächeln. Er kam auf mich zu und strich wie eine Hauskatze um mich herum. Eine sehr große Hauskatze, denn er reichte mir bis zur Hüfte, und ich sah, wie sein Fell ständig seine Farbe änderte. Aus dem Schwarz des Panthers wurde das bräunlich gefleckte Gelb eines Jaguars und dann das rötliche Braun eines Pumas mit hellem Brustfell. Diese Metamorphosen wiederholten sich ständig. Mal war er ein Jaguar, dann wieder ein Panther und im nächsten Moment ein Puma. In Gestalt des Pumas war er besonders groß.

Ich ging in die Hocke und war nun mit ihm auf Augenhöhe. Er rieb seinen Kopf an meinem und leckte mein Gesicht. Ich spürte deutlich seine Zunge, fast so rau wie Sandpapier. Sein Atem roch stark und fremd, aber ich empfand keinerlei Ekel. Ich ging zurück an die Stelle, wo ich alle vier Tiere zusammen gesehen hatte. Sie erschienen mir nun in lebendiger Form. Wieder veränderte sich meine Wahrnehmung. Die Tiere wurden immer kleiner und schienen sich dabei zu multiplizieren. Aus dem einen Puma wurde ein ganzes Rudel, von dem jedes Tier nur noch so groß war wie ein Hund, dann waren es Dutzende so groß wie Mäuse und schließlich Tausende wie Flöhe, Millionen wie Staubkörnchen, Milliarden Moleküle, zu Trilliarden Elektronen – und dann war alles in der unendlichen Weite des

Universums verschwunden. Ich fühlte mich geborgen. Als ob ich eins war mit allem.

Aber während ich dies schreibe, wird mir bewusst, dass ich gar nicht mehr fühlen konnte, weil es mich gar nicht mehr gab. Ohne dass es mir bewusst geworden war, war mein Ich, wohl zusammen mit den Tieren, immer kleiner geworden und in der Unendlichkeit des Raums verschwunden.

Wie lange dieser Zustand anhielt, kann ich nicht sagen. Das Nächste, was in meinem Bewusstsein auftauchte, war der Gesang Don Josés. Er wurde abwechselnd lauter und leiser und schien von verschiedenen Seiten zu kommen. Ich glaubte nun auch seine Schritte zu hören, als ob er um mich herumtanzte. Die Wirkung der Pflanze schien allmählich nachzulassen. Meine Hände legten sich auf meine Brust und strichen dann über meinen Körper, wie um sich zu vergewissern, dass er wieder da war.

Als sie über mein Gesicht strichen, öffnete ich die Augen und sah, dass Don José wirklich um Monika und mich herumtanzte und mit der Adlerfeder und einem Pfeil in der Hand große ausholende Bewegungen machte, als ob er uns beschützte oder etwas abwehrte. Zum Abschluss segnete er uns und zog sich dann zurück. Die anderen waren offenbar schon vorher schlafen gegangen. Auch wir nahmen unsere Schlafsäcke und legten uns unter einen Baum. Da war es weniger hart als oben im Maisspeicher, und bald würde auch schon die Sonne aufgehen.

Alle schliefen bis zum Mittag. Dann saßen wir um ein Feuer und bedankten uns bei den Göttern und Geistern. Als ich meine Vision erzählen wollte, winkte Don José ab und erklärte: »Nur der *mara'akáme* erzählt seine Visionen, wenn er es für richtig hält, denn allein seine Visionen sind Botschaften der Götter und Geister. Alle anderen haben nur schöne Bilder ohne jede Bedeutung.«

Ich war ein wenig beschämt, weil ich meine Vision für besonders und wertvoll gehalten hatte. Aber ich akzeptierte es als eine Lektion in Demut.

Nach dem Essen mussten wir uns verabschieden, um den Bus zu erreichen. Don José ließ es sich nicht nehmen, uns zu begleiten. Dort standen wir uns gegenüber.

»Wenn du jetzt gehst, dreh dich nicht mehr um«, flüsterte er mir zu. Er stand auf einem Stein, sodass er mit mir auf gleicher Höhe war. Wir wussten beide, dass wir uns wohl nicht mehr wiedersehen würden, und waren sehr bewegt.

»Vaya con dios – geh mit Gott«, sagten wir wie aus einem Mund und mussten dann deswegen lächeln, obwohl unsere Augen ganz feucht geworden waren.

U Shein Sayagyi © Shamanism & Healing Associatio

U Shein Sayagyi

Von der außerordentlichen Heilkunst der burmesischen Heiler und Schamanen hatte ich schon viel gehört, aber ein Kontakt hatte sich nie ergeben. Ich entschloss mich deshalb eines Tages, selbst nach Myanmar zu fliegen, um dort einen Schamanen oder Heiler zu finden.

Ein Freund brachte mich schließlich in Verbindung zu einer ehemals wohl sehr reichen Familie. Es waren hochkultivierte Menschen, sie hatten alle in England oder den USA studiert und auch lange im Ausland gelebt. In einem wohlhabenden Viertel von Yangon (Rangun) wohnten sie inmitten eines Parks mit einem wunderschönen alten Baumbestand in einer großen Villa. Aber der Park war ungepflegt und verwildert, und dem Haus sah man an, dass es seit Jahrzehnten nicht mehr renoviert worden war. In dem tropischen, feuchten Klima mit seinen Regenzeiten verfällt alles noch schneller als in gemäßigteren Zonen. Früher, in den Zeiten des britischen Protektorats, waren die Mitglieder der Familie angesehene Ärzte, Anwälte und Ingenieure gewesen. Dem jetzt herrschenden Militärregime waren sie verdächtig. Aber trotz ihres offensichtlichen Geldmangels versuchten sie ein Leben in Würde zu führen. Sie waren tiefgläubige Buddhisten.

Ein junges Mitglied dieser Familie, ein Student, führte mich drei Tage durch die Stadt und zeigte mir die wichtigsten Sehenswürdigkeiten. Die Schönheit der Pagoden und die Allgegenwart der buddhistischen Religion machten großen Eindruck auf mich. Das Stadtbild von Yangon wird von buddhistischen Mönchen und Nonnen beherrscht, die vor allem morgens in rostroten oder rosa Gewändern mit ihren Bettelschalen durch die Straßen gehen. Diese heiligen Männer und Frauen machen etwa zehn Prozent der Bevölkerung aus. Fast jeder Burmese verbringt als Heranwachsender vier Monate, oft sogar ein ganzes Jahr, in einem Kloster, und viele Erwachsene ziehen sich jedes Jahr mindestens für drei Wochen in eines der vielen Klöster zurück.

Die auch bei uns bekannte Meditationsmethode »Vipassana«
stammt aus Myanmar und ist über Sri Lanka und Indien in den
Westen gekommen. Der Theravada-Buddhismus in Myanmar
ist Kennern der Religion zufolge der reinste. Er wurde in Myanmar zur gleichen Zeit eingeführt wie in Tibet. Bis dahin war mir
nur der Zen-Buddhismus vertraut.

Bald entdeckte ich, dass der Theravada-Buddhismus hier von
vielen schamanischen und animistischen Elementen durchsetzt
ist. Im ganzen Land finden wir Ideen und Praktiken, die es
schon gab, bevor sich der Buddhismus in Burma ausbreitete. In
allen Teilen des Landes stößt man auf den *Nat*-Kult, einen Geis-
terglauben mit seinen *nats*, *weikzas*, Devas, Dämonen, Drachen, Ahnen und so weiter. *Nat* bezeichnet eine Ebene von
übernatürlichen Wesenheiten, die das menschliche Leben zum
Guten oder zum Schlechten beeinflussen können. Diese Geister
können die Menschen besetzen, und diese Besetzung wird als
payoga bezeichnet. Die *nats* werden als Figuren verehrt, und
man bringt ihnen auf kleinen Altären Opfergaben dar, um sie
gewogen zu stimmen. Selbst meine Gastgeber, allesamt aufge-
klärte Intellektuelle, waren von der Realität dieser Phänomene
vollkommen überzeugt. Im Fall von auffälligem Verhalten, das
auf eine solche Besetzung zurückgeführt wird, zögerten sie
nicht, einen Schamanen aufzusuchen, der mit den Geistern umgehen kann.

Ebenfalls mit Opfergaben werden auch die sogenannten *weizkas* verehrt. Dies sind lebende oder verstorbene spirituelle Meister, buddhistische Gelehrte, Heiler und Alchemisten. Sie gelten
als hochverwirklichte, weise Lehrer. Sie können viel älter als
andere Menschen werden und besitzen übernatürliche Kräfte.

Ich war verblüfft, als ich erfuhr, dass eine entfernte Verwandte der Familie, die in London Pharmazie studiert hatte, in
einem Pharmakologischen Institut in Yangon angestellt war,
das mit Schamanen und Heilern zusammenarbeitete. Dort wurden natürliche Arzneien auf ihre Verwendbarkeit hin untersucht. Verblüfft war ich einmal mehr, weil ich jedes Mal, wenn
ich auf gut Glück in ein noch fremdes Land fahre, innerhalb

kürzester Zeit Kontakt zu Schamanen finde, auch wenn ich nicht gezielt nach ihnen suche.

Ich bat diese junge Frau also, ein Treffen mit der Direktorin des Instituts für mich zu arrangieren. Aber das war gar nicht so einfach. Sie erklärte mir, wenn die Direktorin mit einem Ausländer sprechen wolle, müsse sie einen Antrag ausfüllen und um Genehmigung bitten. Die Bearbeitung des Antrags würde etwa drei Monate dauern. Und nach dem Treffen müsse sie einen detaillierten Bericht schreiben und vorlegen. Aber ich erhielt eine Einladung zu einem Essen bei einer ihrer Freundinnen. Es war ein richtig konspiratives Treffen. Ich musste mich auf die Rückbank eines Wagens legen und wurde zur Hintertür des Hauses gefahren. Aber dort hatte ich dann Gelegenheit zu einem höchst interessanten Gespräch mit der Direktorin, die mir die Adresse eines Heilers gab, welcher ein erstaunliches Heilmittel herstellte, das gerade in ihrem Institut untersucht wurde.

U Shein lebt in einem Vorort von Yangon. Er begrüßte mich mit den Worten: »Ich habe bereits auf dich gewartet. Heute Nacht habe ich bei meiner Meditation eine Vision gehabt. Meine Devas haben mir gesagt, es komme ein Europäer, der wäre für mich sehr wichtig und ich für ihn. Als ich fragte, woran ich erkennen könne, ob es der richtige sei, wurde mir gesagt: ›Achte auf Zeichen.‹«

Damit streckte er mir seine Hand hin, und ich spürte seinen kraftvollen Händedruck. Wir schauten auf unsere Hände und sahen, dass wir beide ein Pflaster am Daumen hatten.

»Was ist da passiert?«, fragte er mich.

»Ich habe mich geschnitten«, antwortete ich.

»Wann?«, wollte er wissen.

»Gestern Morgen zwischen zehn und elf«, antwortete ich.

»Ich habe mich zur gleichen Zeit geschnitten«, erklärte er.

Wir machten die Pflaster ab und sahen zu unserem Erstaunen, dass wir einen identischen Schnitt quer über den Daumen hatten.

»Dann sind wir in einem früheren Leben Blutsbrüder gewesen«, schloss er. »Wir haben uns einen Schnitt in den Daumen gemacht, uns die Hand gegeben und die Daumen aneinandergedrückt.«

Von da an behandelte er mich wirklich wie einen Bruder. Es war Mittagszeit, und er lud mich zum Essen ein. Als wir nach dem Essen Tee tranken, erzählte er mir aus seinem Leben.

»Ich wurde 1928 in Maymyo im Shan-Staat geboren. Schon bei meiner Geburt war erkennbar, dass ich ein außergewöhnliches Kind war, denn mein Gesicht war mit einer dünnen weißen Membran bedeckt, der Fruchtblase.«

Dies ist auch in vielen anderen Kulturen ein deutliches Zeichen dafür, dass ein besonderer Mensch, ein zukünftiger Heiler und Schamane, zur Welt gekommen ist.

»Auch mein Geburtshoroskop besagte, dass ich eines Tages eine außergewöhnliche Persönlichkeit werden sollte. Bereits im Alter von zehn Jahren kamen die ersten besonderen Fähigkeiten zum Vorschein. Ich konnte Zukunft und Vergangenheit sehen und deuten, und meine Aussagen bewahrheiteten sich immer alle. So besuchten mich schon damals viele Menschen, um sich Rat und Hilfe zu holen und sich ihre Zukunft voraussagen zu lassen.

Als ich sechzehn Jahre alt war, wurde ich in die burmesische Armee eingezogen und kämpfte im Zweiten Weltkrieg mit den Briten gegen die Japaner. In meinen Träumen habe ich oft von meinen Devas Informationen bekommen. So warnten sie mich, ich solle keinen Alkohol trinken. Aber dann hatte ich einmal trotzdem welchen getrunken, und am nächsten Tag bekam ich einen Schuss ins Knie. Ein halbes Jahr später, als ich wieder gesund war, haben mich meine Kumpane bei einer Feier bedrängt, ich solle doch einen Schluck mittrinken. Ich habe dann noch einmal getrunken und bekam am nächsten Tag einen Schuss in den Oberschenkel. Aber ich musste noch ein drittes Mal verletzt werden, bevor ich entschied, besser auf die Stimmen zu hören. Bei der Explosion einer Handgranate wurden meine Hände schwer verletzt, und ich konnte die Finger kaum noch bewegen.

In dieser hoffnungslosen Situation hatte ich einen Traum, der mein Leben für immer veränderte. Mir wurde gesagt, ich solle in eine Höhle in der Nähe von Maymyo gehen, dort würde ich einen Eremiten treffen. Als ich in die Höhle kam, saß dort ein alter, weiser Mann. Wasser tropfte überall von der Decke der Höhle. Aber der Mann war ganz trocken. Sein Name war Maung Shein. Er hatte die Gabe, Menschen zu heilen, die von bösen Geistwesen oder Mächten besetzt waren. Er erklärte mir, dass er mein Vater aus der Welt der Devas sei und auf mich gewartet hätte. Dann sagte er: ›Ich werde dir jetzt meine übernatürlichen Heilkräfte übertragen.‹

Er berührte mit seiner rechten Hand meine rechte Hand und mit seiner linken meine linke Hand, dann sagte er: ›Du musst ab jetzt die Gebote Buddhas einhalten. Nach einem Jahr werden die Handlinien der linken Hand einen Fisch und die der rechten Hand eine Pagode zeigen. Dann ist es für dich an der Zeit, als Payoga-Heiler zu arbeiten. Deine Schwester aus der spirituellen Welt wird dir das nötige Wissen in Träumen und Visionen vermitteln.‹

Er gab mir eine Frucht ähnlich wie ein Apfel. Und plötzlich erschien in seiner Hand ein Glas Wasser. Ich trank es.

›Jetzt hast du die nötige Kraft‹, sagte er.

Dann bin ich in Ohnmacht gefallen. Als ich später wieder aufwachte, tropfte immer noch überall in der Höhle Wasser herab, aber ich war ganz trocken. Sieben Tage später bin ich zu der Höhle zurückgekehrt, doch der alte weise Mann war nicht mehr da. Ich habe ihn seitdem nie wiedergesehen.

Dies war der Beginn eines völlig neuen Lebens für mich. Ich ging nach Mandalay und eröffnete einen Tempel, ihr würdet das ›Praxis‹ nennen, und begann, Menschen von *payoga*, ihrer Besessenheit, zu heilen.

Ich werde dir das gleich mal vorführen«, sagte U Shein zu mir. »Geht schon mal hinauf, ich komme gleich nach.«

Von seinem Assistenten begleitet, ging ich in den ersten Stock, wo sich der Raum befindet, in dem die Heilungssuchenden behandelt werden. Er ist sehr groß, an einer Wand stehen etwa zwei Dutzend Altäre und Vitrinen mit Hunderten Figuren von Buddhas, Göttern, *nats*, Ahnen, *weizkas* und Tieren. Manche sind aus purem Gold, andere vergoldet, wieder andere mit Gold und Edelsteinketten behängt. Die wertvollsten Gegenstände sind in den Glasvitrinen eingeschlossen. Manche der Figuren haben einen Rahmen, der oft üppig mit großen Smaragden, Rubinen und anderen Edelsteinen besetzt ist. Diese Ansammlung von Reichtum in diesem bettelarmen Land bereitete mir Unbehagen.

Als ob der Assistent meine Gedanken gelesen hätte, erklärte er: »Das sind alles Geschenke von Menschen, denen geholfen wurde oder die durch Gold Ash Powder geheilt wurden. Sie gehören nicht ihm, sondern Buddha, denn er ist es, der ihnen geholfen oder sie geheilt hat. U Shein darf sie nicht für sich selbst benutzen. Nach seinem Tod wird das Gold eingeschmolzen und zusammen mit den Edelsteinen der Shwedagon-Pagode übergeben.«

Vor den Altären und Vitrinen standen üppige Blumensträuße und als Opfergaben zu Dutzenden Schalen mit Obst, das regelmäßig ausgetauscht wurde. Darüber hinaus fiel mir eine außergewöhnlich schöne Buddhastatue aus Elfenbein auf.

»Diesen Buddha hat er von seinem Meister zu seiner Einweihung und zum Abschied geschenkt bekommen, und wir alle beten täglich vor ihm«, erklärte der Assistent.

In der Mitte war der große Raum nur mit Bastmatten ausgelegt. Auf dem Boden saßen fünfzehn Hilfesuchende, fast alles Frauen, die auf U Shein warteten. Sein Assistent und zwei Assistentinnen sprachen mit Patienten. Zwei Sekretärinnen saßen im Schneidersitz an einem niedrigen Tisch. Zwei Helferinnen portionierten und verpackten Gold Ash Powder. Viele Kerzen brannten, aus mehreren Schalen kräuselte Räucherwerk und schwängerte die Luft.

Als ich den Raum betrat, schwoll das Stimmengewirr der Frauen hörbar an. Alle schauten zu mir hin, tuschelten und kicherten. Doch als U Shein eintrat, herrschte sofort Stille. Eine neue Energie erfüllte den Raum.

Zunächst kniete er vor seinem Lieblingsbuddha nieder und betete lange mit gedämpfter Stimme. Dann setzte er sich und forderte mich auf, mich neben ihn zu setzen. Da mein Rücken das Sitzen im Schneidersitz nicht mitmachte, bekam ich zwei dicke Kissen.

Er hielt mir seine Handflächen entgegen und zeigte mir, dass die Handlinien die Form einer Pagode und eines Fischs bilden. Danach rieb er sich die Hände mit Alkohol und dann mit Talkum ein.

»Das ist zum Reinigen«, erklärte er mir später.

Er bat eine der Frauen, sich vor ihn zu setzen. Ihr Mann und ihre Mutter waren mitgekommen und setzten sich neben sie. Zunächst ließ er sich von ihnen das Problem beschreiben, dessentwegen sie zu ihm gekommen waren. Dies war ein spektakulärer Fall. Nach der Geburt ihres Kindes war diese Frau extrem aggressiv gegen ihren Mann geworden. Sie ging mit Fäusten auf ihn los und griff ihn sogar mit einem Messer an. Sie sagte, sie liebe ihn noch immer und wäre in solchen Situationen der Aggression nicht bei sich. Sie könne auch nicht mehr zu Buddha beten, dann finge sie an zu zittern. Mit ihrem Mann und ihrer Mutter bat sie dringend um Hilfe.

U Shein hielt ihr seine Hand entgegen, sodass sie die Handfläche sehen konnte. Auf der Stelle fiel sie bewusstlos in die Arme einer Assistentin, die sich hinter sie gesetzt hatte. Er bat mich zu prüfen, ob sie wirklich ohnmächtig war. Ich hob eins ihrer Augenlider und sah, dass ihr Auge verdreht war, dann kitzelte ich sie. Keine Reaktion. Ich bekam eine Nadel, mit der ich sie piekste. Wieder keine Reaktion. Es war verblüffend: Die Frau befand sich in tiefer Bewusstlosigkeit.

Der Assistent erklärte mir: »Das war der Test, dass sie besessen ist.«

»Wach auf!«, sagte U Shein dann einfach, und die Frau setzte sich sofort wieder hin und benahm sich, als sei nichts geschehen. Sie konnte sich auch an nichts erinnern.

Dann nahm U Shein ein Blatt, auf dem untereinander mehrere Wörter standen. Er legte den Finger auf das erste Wort und wartete schweigend einige Sekunden. Dann zeigte er auf das zweite Wort und wartete.

Der Assistent flüsterte mir zu: »Jetzt prüft er, von welchem *nat* sie besessen ist.«

Beim fünften Wort fing sie schrecklich an zu zittern und verdrehte die Augen.

»Drachen«, sagte der Assistent neben mir flüsternd.

U Shein testete weiter. Als er zu einem bestimmten Wort kam, fiel sie um.

»Versprechen und Schwüre«, sagte er. »Das hat etwas mit der Besetzung von Drachen und Versprechen und Schwüren zu tun. Sie muss in einem Vorleben einen Eid geleistet haben. Ich werde meine Devas fragen, was da los ist.«

Er ging in einen Nebenraum, um zu meditieren. Zehn Minuten später kehrte er zurück.

»Sie ist in einer anderen Welt mit einem Drachen verheiratet, also war sie da ein weiblicher Drache«, berichtete er, »und sie hat ihren Mann, den Drachen, überredet, dass er ihr drei Drachentage Zeit gibt, um auf die Erde zu gehen und ein Kind zu gebären.«

Offenbar haben die Drachen eine andere Zeitrechnung als wir.

»Der Drache war damit einverstanden, aber nur unter der Bedingung, dass sie vor Buddha schwört, danach wiederzukommen, indem sie sich und ihren Mann umbringt. Ihr Verlangen, ein Kind zu gebären, war so groß, dass sie den Schwur leistete.«

Darauf fragte U Shein sie: »Was passiert, wenn du dich an den Schwur erinnerst?«

Wie von der Tarantel gestochen sprang sie aus dem Schneidersitz auf beide Füße und ging mit wilden Faustschlägen auf ihren Gatten los.

»Komm zurück«, sagte U Shein ganz schnell und dann: »Bitte, der Beweis.«

Sie musste sich hinlegen, und er behandelte sie sehr lange. Ohne sie zu berühren, fuhr er mit beiden Händen über ihren

Leib und sprach dabei in einer Sprache, die ich nicht verstehen konnte. Ich sah, dass in der Frau ein schrecklicher Kampf vor sich ging. Er erinnerte mich an Therapiesituationen, in denen Menschen an schwere Traumata kommen. Alles in ihnen wehrt sich dann, noch einmal zu erleben, was aus dem Unbewussten aufsteigt, und oft kann man ihnen den inneren Kampf auch von außen ansehen.

Dann fiel sie in Ohnmacht und wachte nach etwa zehn Minuten von selbst wieder auf. Sie konnte sich an nichts erinnern, was während ihrer Ohnmacht geschehen war. Der Druck und das Zwanghafte waren jedoch verschwunden, und sie konnte zu Buddha beten und sich bedanken. Überglücklich verließ sie uns mit ihrer Mutter und ihrem Mann, der außer sich vor Freude war.

Um zu zeigen, wie viel Kraft er kanalisieren kann, ließ U Shein vier Frauen sich in eine Reihe setzen und streckte ihnen seine Hand entgegen. Drei fielen ohnmächtig um, eine blieb sitzen, war aber in tiefer Trance.

Dann sagte er zu mir: »Jetzt gebe ich dir vorübergehend die Kraft, das auch zu können.« Dazu machte er ein kleines Ritual. Er holte verschiedene Objekte, unter anderem eine Maggiflasche. Daraus spritzte er eine Flüssigkeit auf meine beiden Handflächen, die ich verreiben sollte. Er betete, und auch ich betete. Er nahm meine Hände zwischen seine Hände und drückte sie sehr fest. Meine Hände wurden ganz heiß.

»Nun kannst du das vorübergehend auch«, sagte er. »Wenn jetzt die nächste Patientin kommt, dann sagen wir dir, wie sie heißt, wie alt sie ist und an welchem Wochentag sie geboren wurde.«

Für Buddhisten ist der Tag der Woche, an denen sie geboren wurden, viel wichtiger und bedeutungsvoller als für uns das Sternzeichen.

»Wenn sie dir gegenübersitzt, dann sagst du innerlich, ohne es auszusprechen: ›Du … (Name), fünfunddreißig Jahre alt, am Freitag geboren, wenn du besessen bist, dann fall jetzt in Ohnmacht.‹ Wenn du das gesagt hast, fängst du an zu zählen, bis die Wirkung eintritt und sie umfällt. Und nach einer Weile sagst du innerlich: ›Komm zurück.‹«

Die Patientin saß nun vor mir. Ich sagte also innerlich, was U Shein mir aufgetragen hatte, und war noch beim letzten Wort, als sie, plumps, schon wie vom Schlag getroffen umfiel. Schnell sagte ich: »Komm zurück«, und sie setzte sich sofort wieder auf.

»Bis wie viel hast du zählen müssen?«, fragte er anschließend.

»Sie ist schon umgefallen, da war ich noch beim letzten Wort«, antwortete ich verblüfft.

»Das ist aber erstaunlich, dann musst du sehr viel Kraft haben. Probieren wir es noch einmal.«

Ich probierte es mit sechs oder sieben Personen. Alle fielen um, bis auf einen. U Shein prüfte ihn, und er war wohl wirklich nicht besessen.

Mein europäisches Gehirn wollte nicht akzeptieren, was da geschah. Dass ich die Macht haben sollte, durch bloßes Denken zu bewirken, dass jemand ohnmächtig umfällt, konnte ich gar nicht glauben. Voller Zweifel überlegte ich, welche Gründe das haben konnte. Wurde mir hier etwas vorgespielt? Wurde ich ausgetrickst, und alles war vorher abgesprochen? Oder war es U Shein, der über so viel Kraft verfügte, dass die Patienten deswegen ohnmächtig wurden, und ich nur neben ihm saß?

Ich griff nun selbst zu einer List und dachte eine Weile ganz intensiv an etwas anderes, und keiner wurde ohnmächtig. Sobald ich aber diesen Satz dachte, fielen die Patienten um. Auch bevor ich sie zurückholte, dachte ich erst an etwas anderes, bevor ich innerlich sagte: »Komm jetzt zurück.«

Ich war völlig perplex. Natürlich war ich von der Kraft der Gedanken überzeugt und hatte oft darüber gelesen. Aber als ich es selbst erlebte, war ich schockiert. Ich wusste ja, dass Schamanen vieles vermögen, was wir mit unserem Verstand nicht erfassen und erklären können. Aber dass U Shein mir innerhalb von fünf Minuten die Fähigkeit verleihen konnte, etwas derart Außergewöhnliches auszuführen, verblüffte mich.

Er gab nun einige Anweisungen. Ein niedriger Tisch wurde aufgestellt, und uns wurde Tee serviert mit Gebäck und Obst,
schon geschält und in mundgerechte Stücke zerteilt. Ich fühlte
mich wohl in seiner Gegenwart und hatte den Eindruck, wir
würden uns schon ewig kennen.

»Das, was du heute gemacht hast, war der Diagnosetest, um
herauszufinden, ob jemand besessen ist oder nicht. Besetzungen
geschehen meistens in Situationen, in denen jemand krank oder
schwach ist, zum Beispiel einen Unfall hatte oder ein traumati-
sches Erlebnis, großen Belastungen ausgesetzt ist und so weiter.
Wie du aber bei der Frau gesehen hast, die ich behandelt habe,
kann man noch weiter testen.«

Er zeigte mir eine Liste, auf der stand, wovon jemand besetzt
sein kann:

- Hexerei,
- Satan,
- Teufel,
- *nats*,
- Erd-*nats*,
- Baum-*nats*,
- Wasser-*nats*,
- Haus-*nats*,
- Luft-*nats*,
- Stammes-*nats*,
- *weizkas*,
- Drachen,
- Wächtern der Tresore, der Schätze, die Buddha geopfert
  wurden,
- Ahnen,
- verstorbenen oder lebenden Verwandten,
- Ehefrau,
- Ehemann,
- Vater,
- Mutter und
- Geschwistern.

»Dann gibt es Versprechen und Schwüre, die du im Vorleben geleistet hast und die dich in diesem Leben belasten, weil du sie nicht einhältst oder eingehalten hast. Flüche und Verwünschungen und schwarzmagische Attacken von anderen. Man legt einen Finger auf das erste Wort und wartet einige Sekunden, ohne zu sprechen«, erklärte U Shein weiter. »Wenn nichts passiert, geht man zum nächsten Wort weiter. Das macht man so lange, bis der Patient oder die Patientin umfällt. Danach testet man, zu welchem Zeitpunkt die Besetzung geschehen ist. Danach testet man das Jahr aus. Man zählt von eins an aufwärts.

Wenn die Besetzung im elften Lebensjahr stattgefunden hat, fällt die Testperson um, wenn man elf denkt. Genauso macht man es mit Stunden und Minuten. Um herauszufinden, an welcher Stelle des Körpers der Geist eingedrungen ist, legt sich der Patient hin, und man führt die rechte Hand über das Energiefeld des Körpers, ohne ihn zu berühren. Wenn die Hand an den entsprechenden Punkt kommt, zeigt der Patient eine starke Reaktion, meist beginnt er zu zittern, zu schreien, oder er fällt in Ohnmacht. Dann kann man testen, wie viele Sitzungen es brauchen wird, um die Besetzung aufzulösen, wieder indem man langsam in Gedanken zählt. Zum Schluss kann man nach jeder Behandlung prüfen, zu wie viel Prozent die Behandlung erfolgreich war und was noch zu bearbeiten ist.«

U Shein kann eine Besetzung fast immer in einer Sitzung ausleiten, bei mir aber, so meinte er, könne das bis zu drei Sitzungen von ungefähr je einer halben Stunde dauern.

»Komm morgen wieder, dann kannst du das üben, und ich werde dir die Kraft für immer geben.«

Am Abend konnte ich nicht einschlafen. Ich wälzte mich im Bett hin und her. Diese ungewöhnliche Erfahrung hatte großen Eindruck auf mich gemacht, und mir gingen viele Fragen durch den Kopf: Wie ist es möglich, dass ein Gedanke eine solche Wirkung hat? Was sollte ich mit dieser Gabe anfangen? Sind in Europa auch so viele Leute von Geistern besessen wie hier? Wie reagieren Europäer auf Besessenheit? Wie würden sie auf U Sheins

Behandlung ansprechen? Kann ich mir vorstellen, mich mit der Rolle eines Exorzisten oder Geistheilers zu identifizieren? Ist das meine Aufgabe oder soll ich weiter meinem Ruf folgen und meinem bisherigen Engagement nachgehen?

Ich überlegte auch, inwiefern diese Methode Ähnlichkeit mit der Kinesiologie hat. In der Kinesiologie wird die Veränderung in der Muskelspannung eines Patienten als Indikator genommen, um bestimmte Informationen zu erhalten. Wurde hier die Berührung durch den Gedanken ersetzt?

Ich hatte das Bedürfnis zu verstehen, was da geschehen war, deshalb fragte ich U Shein am nächsten Morgen, wie er der Patientin hatte helfen können: »Bist du in die ›Drachenwelt‹ gegangen und hast du diese Frau dort sozusagen ausgelöst, sodass sie ihren Schwur nicht mehr erfüllen muss? Es waren ja offenbar starke Kräfte, denen sie sich verpflichtet hatte. Kannst du zwischen den Welten hin und her wandern? Oder haben die Devas oder Buddha die Verhandlungen in der anderen Welt geführt?«

»Ich kann im Zustand der Meditation mit anderen Welten kommunizieren«, antwortete U Shein. »Deshalb konnte ich mit dem Drachen verhandeln, der ja ihr Mann ist und dem sie den Eid geleistet hat. Mit der Unterstützung meiner Devas und der Hilfe Buddhas gelingt es mir fast immer, eine Lösung zu finden. In diesem Fall bestand sie in der Einwilligung des Drachens, die Frist um einige Drachentage zu verlängern. Das sind bei uns so viele Jahre, dass die Frau wahrscheinlich bis dahin schon eines natürlichen Todes gestorben sein wird.«

Um mir die Fähigkeit zu übertragen, bereitete er ein kompliziertes Ritual vor. Dabei kam wieder die Maggiflasche zum Einsatz. Er spritzte mir daraus Alkohol auf die Hände, und ich musste sie damit waschen. Dann sollte ich mir die Hände mit Talkum einreiben. Er forderte mich auf, die Arme mit den Handflächen nach oben auszustrecken, und legte mir einen unterarmdicken geschnitzten Holzstab in die Hand, der wie ein Zepter aussah. Er legte seine Hände von oben auf das Zepter, und wieder übertrug sich eine starke Hitze auf meine Arme, die bis in die Oberarme stieg. Er sprach Gebete, und wir beteten gemeinsam zu seinem Lieblingsbuddha.

»Jetzt kannst du das«, sagte U Shein. »Wir gehen schrittweise vor.« Er würde testen, ob die hilfesuchende Person besessen sei, und ich sollte feststellen, von wem oder was und wann genau sie besetzt worden war. Er überreichte mir die Liste, die inzwischen ins Englische übersetzt worden war, und schickte mich an die Arbeit. Auch dieses Mal hatte ich zu meinem eigenen Erstaunen auf Anhieb Erfolg mit meiner neuen Fähigkeit.

Später zeigte er mir, wie man eine Besetzung aufhebt. Bei jedem Schritt war eine besondere Vorbereitung notwendig, und ich musste mich einen Tag lang dafür präparieren: Ich durfte an diesem und an dem Tag, an dem eine Behandlung durchgeführt wird, kein Fleisch von Tieren mit vier Beinen essen und keinen Alkohol trinken. Außerdem musste ich bestimmte Meditationen durchführen und zu seinem Lieblingsbuddha beten.

Bei der Behandlung muss der Patient sich hinlegen, der Behandelnde öffnet mit einer ritualisierten Geste die besessene Stelle im Körper und schaukelt die dort eingedrungene Kraft dann mit bestimmten Bewegungen hinaus. Am Ende der Behandlung muss diese Stelle unbedingt wieder geschlossen werden, und es muss geprüft werden, ob nichts bei dem Patienten zurückgeblieben ist. Bei diesem Test wird wieder gezählt, und wenn der Patient bei fünfzehn umfällt, dann sind noch fünfzehn Prozent übrig, so einfach soll das sein. Dann wird dem Patienten gesagt: »Du kannst jetzt ganz normal nach Hause gehen, es ist alles in Ordnung, übermorgen kommst du wieder, und bis dahin isst du wie immer und verhältst dich ganz normal.«

U Shein ließ mich diese Behandlung an seinen Patienten ausprobieren. Und es funktionierte tatsächlich hervorragend.

Fünfzehn Jahre lang hatte U Shein nur Besessene geheilt. Dann bekam er von seiner Schwester aus einem früheren Leben die Anweisung, er solle anfangen, auch mit Medikamenten zu arbeiten. Er begann, mit Arzneimitteln zu heilen, und bekam von seiner Schwester immer präzisere Instruktionen zur Herstellung eines Mittels, das in einem sehr komplizierten zweiundzwanzig Jahre dauernden alchemistischen Prozess gewonnen wird. Sie gab ihm auch genaueste Anweisungen zur Anwendung eines machtvollen Steins, des sogenannten »Steins der Weisen«. Diese legendäre Substanz besteht aus verschiedenen Metallen und anderen Zutaten, deren physikalische Transformation und Veredelung die mentale und geistige Verwandlung und Läuterung repräsentiert. Der »Stein der Weisen« symbolisiert Perfektion, Erleuchtung und den erwachten liebevollen Geisteszustand der Devas und spirituellen Helfer, die wir als »Engel« bezeichnen würden. Er besitzt große Kräfte und Fähigkeiten.

Nur ein hoch verwirklichter Meister ist in der Lage, den »Stein der Weisen« zu erlangen. Mit seiner Hilfe sollte U Shein diese spezielle Medizin zubereiten, die ihn von seinen Verletzungen und Leiden heilen würde.

So entstand Gold Ash Powder, und durch die regelmäßige Einnahme konnte U Shein in kurzer Zeit seine verkrüppelten Hände heilen. Seither hat sich das Herstellungsverfahren durch weitere Visionen und Anweisungen seiner geistigen Schwester verändert und wesentlich weiterentwickelt und bereits Tausenden Menschen geholfen, ihre Leiden zu lindern oder zu heilen. U Shein zeigte mir ein gutes Dutzend dicker Fotoalben, die den Erfolg der Behandlung dokumentieren. Ich sah Bilder von Patienten mit Krebsgeschwüren, Hautkrankheiten und durch Aids verursachten Karposi-Sarkomen, bei denen nach der Behandlung entweder gar nichts mehr oder nur leicht gerötete Haut zu sehen war.

»Die erstaunliche Wirkung von Gold Ash Powder erklärt sich einerseits aus dem einzigartigen alchemistischen Prozess, der die ursprünglich toxischen Metalle vollkommen transformiert. Andererseits helfen mir meine Devas, *weizkas* und Beschützer, und sie segnen das Gold Ash Powder«, erläuterte mir U Shein. »Deshalb ist die Medizin essenziell mit der spirituellen Welt verbunden. Das ist der Grund, warum sie so stark und mächtig ist.

Westliche Wissenschaftler haben bewiesen, dass sich jede Zelle unseres Körpers erneuert, einschließlich der Gene. Bei der Haut zum Beispiel geht das ziemlich schnell, und bei manchen Organen dauert es länger. Aber innerhalb eines Jahres hat sich jede Zelle erneuert. Gold Ash Powder wird von den Zellen wie Nahrung aufgenommen. Es erneuert beschädigte Zellen und stärkt so das Autoimmunsystem. Der Körper ist nun fähig, viele Krankheiten selbst zu bekämpfen. Gifte und Schlacken werden aufgelöst und über Urin, Stuhl und Schweiß ausgeschieden.

Der wichtigste Unterschied zwischen allopathischer Medizin und Gold Ash Powder ist, dass es autoreaktiv ist. Das heißt, wenn etwas im Körper unerwünscht ist, wird es entfernt, wenn etwas fehlt, wird es ergänzt.

Aber auch dieses Mittel hat nicht immer Erfolg. Es kommt darauf an, wie alt ein Patient und wie weit seine Krankheit fortgeschritten ist. Auch die Selbstverantwortung des Patienten spielt eine Rolle und ob er bereit ist, sein Leben zu ändern, zu meditieren, nicht zu rauchen und während der Behandlungszeit auf bestimmte Substanzen wie Alkohol zu verzichten.«

Vor meiner Abreise saßen wir noch einmal zu einem Gespräch beisammen.

»Ich habe etwas ganz Wichtiges entdeckt«, begann er. »Außer in menschlicher Gestalt in einem früheren Leben, in dem wir Blutsbrüder waren, haben wir noch ein anderes gemeinsames Vorleben in einer geistigen Welt. Wir waren dort eine Familie mit vier Söhnen und fünf Töchtern. Eine Schwester, ihr Name ist Theinyi, erscheint immer wieder in meinen Meditationen und gibt mir Anweisungen zur Herstellung von Gold Ash Powder und erteilt mir Ratschläge aller Art, die immer hilfreich sind.« Seine Augen füllten sich mit Tränen, als er weitersprach. »Ich danke Buddha, dass er mir nach siebzig Jahren geholfen hat, meinen jüngeren Bruder wiederzufinden.« Ich war zutiefst berührt, und auch mir liefen die Tränen. Weinend lagen wir uns in den Armen.

Am Tag meiner Abreise hatte ich noch ein besonderes Erlebnis mit dieser Schwester. U Shein besitzt einen weißen Toyota. Mit seinem Chauffeur holte er mich jeden Morgen vom Hotel ab, und wir frühstückten in dem Teashop von Bobo Miynt, dem besten Café in Yangon. Als wir am letzten Tag anschließend zu seinem Haus fuhren, stieg ich aus und war schon in den Hof gegangen, als er sagte, wir würden gleich weiterfahren, damit ich den Betrieb besichtigen könnte, in dem Gold Ash Powder hergestellt wird. Ich ging also wieder zurück zum Auto und legte meine Tasche auf die Ablage vor dem Rückfenster. Als wir in seiner »Fabrik« ankamen, wollte ich meine Tasche nehmen – aber sie war nicht mehr da. Ich war entsetzt. Pass, Flugtickets, Geld, Kreditkarten, Kamera, Aufnahmegerät, Handy … alles war weg. An diesem Abend war mein Abflug.

Außerdem war Freitag, und an diesem Tag waren alle Büros am Nachmittag geschlossen. Mit Hilfe des Chauffeurs versuchte ich zu rekonstruieren, was passiert sein könnte. Er sagte, er habe den Toyota, gleich nachdem wir ausgestiegen waren, gewendet, um einem Taxi Platz zu machen, das einen Patienten brachte. Fast alle Taxis sind weiße Toyotas, also hatte ich meine Tasche wohl in das Taxi gelegt. Sofort riefen wir in der Praxis an, aber man sagte uns, das Taxi sei längst weitergefahren. Der Patient, der mit ihm gekommen war, hatte es irgendwo auf der Straße angehalten und konnte keine Auskunft über den Fahrer geben. Selbst wenn der Taxifahrer ehrlich war und die Tasche zurückgeben wollte, bestand kaum eine Aussicht, dass er mich finden würde. In dieser hoffnungslosen Situation schlug U Shein vor zu beten und unsere Schwester Theinyi um Hilfe zu bitten. Ich sah mich schon bei der Botschaft einen neuen Pass beantragen, Flugtickets kaufen, Kreditkarten sperren und Geld besorgen. Das würde mir U Shein wahrscheinlich borgen. In meiner Not betete ich voller Inbrunst und flehte um Hilfe.

Ohne Pass und Flugticket fuhr ich begleitet von U Shein zum Flugplatz in der Hoffnung, mit Hilfe von Bakschisch vielleicht doch noch einen Platz im Flugzeug zu bekommen. Leider war diese Hoffnung vergebens. Plötzlich läutete U Sheins Handy. Er schaute mich an, und ein verschmitztes Lächeln umspielte seine Lippen.

»Das war das Hotel«, sagte er. »Der Taxifahrer ist mit deiner Tasche unterwegs zum Flughafen. Er muss jeden Augenblick eintreffen.«

Für U Shein war das offenbar nichts Besonderes, denn er kennt die Kräfte seiner Devas. Ich aber war zwar glücklich, meine Sachen wiederzubekommen, zugleich jedoch tief betroffen. Als der Taxifahrer eintraf, sagte er, er habe ja nicht gewusst, wie er mich erreichen könnte. Er sei zu seinem Bruder gefahren, der beim Geheimdienst arbeitete. Dieser habe auf meiner Einreisekarte gefunden, in welchem Hotel ich wohnte, und die Leute im Hotel wussten, dass ich zum Flughafen gefahren war.

Überschwänglich bedankte sich der Taxifahrer mit strahlendem Lachen für die dicke Belohnung, die ich ihm zukommen ließ. U Shein und ich umarmten uns wie Brüder. Wir würden uns auf dem Kongress in Österreich, zu dem ich ihn eingeladen hatte, schon sehr bald wiedersehen.

© Shamanism & Healing Association

Die Taufe

Percy, der uns schon mehrmals begegnet ist, hatte ich 1983 auf dem zweiten Schamanenkongress als Percy Khupe kennengelernt. Als ich ihn zwei Jahre später in Soweto besuchte, war etwas Merkwürdiges mit ihm geschehen.

Er lebte damals mit seiner Frau und seinen beiden Kindern in vier winzigen Räumen, von denen ihm einer als Behandlungszimmer für seine schamanische Arbeit und auch als Atelier für seine künstlerische Arbeit als Bildhauer diente. Wie fast jeder Schamane hatte auch Percy zwei Berufe, denn seine Dienste als Schamane wurden ihm gering, oft nur mit einem Huhn oder ein paar Eiern vergütet. Davon konnte er kaum mit seiner Familie leben. Nach seiner Ausbildung zum Sangoma hatte er begonnen, aus den Bildern seiner Träume und Visionen Skulpturen aus Ton zu gestalten. Allerdings hatte er noch keine Galerie gefunden, die seine Werke ausstellte.

Dass er zum Kongress nach Alpbach gekommen war, verdankte ich einem Zufall – oder einer Fügung –, denn Credo Mutwa hatte abgesagt. Das war ein anderer südafrikanischer Schamane, der durch sein Buch *Indaba, My Children* bekannt geworden war. Über den Anthropologieprofessor Len Holdstock hatte ich Kontakt zu Percy bekommen und ihm eine Einladung geschickt. Wie er uns später berichtete, hatte er sie beiseitegelegt, aber seine Frau Sodwa schickte uns ohne sein Wissen eine Zusage.

Er erzählte: »Als Nächstes kam der offizielle Einladungsbrief zum Antrag für das Visum und das Geld für die Visumgebühren, das Programm mit meinem Namen und meiner Biografie und das Flugticket. Ich war sehr wütend auf Sodwa.

›Du kannst nicht einfach für mich entscheiden, dass ich dahin fahre, du musst es mit mir besprechen‹, schimpfte ich. ›Bist du eine von den Frauen, die ihre Männer in den Krieg schicken, damit sie getötet werden?‹

Sie antwortete: ›Jetzt widersprichst du dir aber selbst. Ich höre immer zu, wenn du deine Klienten belehrst, wie wichtig und bedeutungsvoll die Botschaften der Ahnen sind, und jetzt machst du das Gegenteil.‹

Dann, nachdem ich mich entschieden hatte, an dem Kongress teilzunehmen, kam der erste Traum: Ich flog nach München wie ein Vogel. Da sagte eine Männerstimme: ›Schau herunter.‹ Meine Augen waren wie Adleraugen. Ich konnte einen Mann in einem einzelnen Ruderboot mitten im Meer sehen. Dann flog ich weiter, und nach einer Weile sprach wieder die Stimme: ›Schau herunter.‹ Ich sah diese schneebedeckten Berge und flog weiter. Dann wachte ich auf.

Auf dem Flug nach München musste ich in Rom umsteigen. Ich hatte dann einen Fensterplatz. Ich war im Begriff einzuschlafen, als ich die Stimme hörte: ›Schau herunter.‹ Als ich nach unten blickte, sah ich ein einzelnes Ruderboot mit einem Mann im Meer. Dann schlief ich ein. Wieder weckte mich die Stimme auf: ›Schau herunter.‹ Und ich sah die schneebedeckten Alpen.

Meine Ahnen waren diesen Weg vor mir geflogen und haben mir gezeigt, dass der Flug sicher ist.«

Als wir nach dem Ende des Kongresses nach München fuhren, sagte Percy: »Dieser Kongress hat mir die Augen geöffnet. Wie wir alle in den Saal gingen und in einem Kreis saßen mit den Schamanen aus allen Kontinenten: Diese Erfahrung werde ich nie in meinem Leben vergessen.

Als ich später in mein Zimmer ging und schlief, hatte ich einen weiteren Traum. Du weißt ja: Wenn eine tiefgreifende Veränderung in deinem Leben ansteht, folgen dir die Träume, aber du merkst es zunächst nicht. Sie haben die Tendenz, sich in unterschiedlichen Formen zu wiederholen, um dich aufmerksam zu machen, dass sich in deinem Leben etwas öffnen wird.

Ich träumte, dass da eine große Anzahl von Menschen versammelt war, um zu hören, wie ich predige. Dann kam die Polizei, und ich versuchte wegzulaufen, um nicht verhaftet zu werden. Als Nächstes saß ich in einem Polizeiwagen. Da saß auch eine alte Frau. Sie trug schwarze Kleider und sagte: ›Du kannst nicht wegrennen. Sie suchen nach dir. Es sind deine Vorfahren. Wie willst du vor ihnen davonlaufen. Jetzt haben sie dich gefunden, also sei glücklich, dass sie dich aufgespürt haben. Alles wird jetzt gutgehen. Diese Polizisten sind deine Ahnen, auch die Menschenmenge sind alles deine Ahnen. Sie sind nun alle mit dir. Du hast einen Teil der Ahnen zurückgelassen. Sie sind jetzt hier.‹

Erinnere dich«, sprach er zu mir. »Du kennst mich als Percy Khupe. Das nächste Mal, wenn ich komme, werde ich einen anderen Namen haben.«

»Wieso das?«, fragte ich verwundert.

»Drei Wochen bevor ich nach Europa flog, hatte ich einen Traum. Eine männliche Stimme sagte: ›Du musst deine Mutter fragen, wer du bist, wer dein Vater ist, und wenn du mit der Antwort, die sie dir gibt, nicht zufrieden bist, frag deine Tante Gladis.‹

Da waren diese Träume, die immer wiederkamen; sie begleiteten mich mein ganzes Leben. Ich erzähle dir diese Träume, weil sie vor dem Haupttraum kamen.

Ich träumte, dass ich auf einen Baum klettere, weil ich den größten und süßesten Pfirsich pflücken will. Aber gerade bevor ich ihn zu fassen bekomme, falle ich herunter. In jedem Traum, worauf auch immer ich klettern will, ich erreiche nie die Spitze. Immer unmittelbar bevor ich sie erreiche, rutsche oder falle ich zum Boden zurück.

Das war mein Leben. Ich habe immer wieder versucht, nach oben zu kommen, aber ohne Erfolg. Das beunruhigte mich. Aber andererseits sagte ich mir, es müsse einen Grund haben, warum das immer passiert. Ich hatte oft ein wenig Zweifel in Hinblick auf meine Mutter. Ich wurde das Gefühl nie los, dass sie mir etwas verheimlichte, dass sie mir eine Erklärung schuldete.

Nun kommen wir zum Haupttraum (ich schlief mit Sodwa neben mir): Ich ging bergauf. Aber es war fast so steil wie eine Wand, trotzdem konnte ich aufrecht gehen, als ob es eben wäre. Als ich etwa drei Viertel gestiegen war, da war neben mir jemand, der ein Fahrrad schob. Es war vor dem Morgengrauen, die dunkelste Stunde der Nacht. Ich konnte sein Gesicht nicht sehen, nur seine Statur.

Als ich oben ankam, war er verschwunden. Ich wunderte mich, weil der Berg oben flach war wie ein Tisch.

›Ich bin zum ersten Mal geklettert und auf der Spitze des Berges angelangt‹, sagte ich mir.

Da waren Eisenbahnschienen, und im Traum sprach ich zu mir selbst: ›Eine Eisenbahn auf einem Bergplateau? Irgendetwas stimmt hier nicht. Ich habe keine Ahnung, wo ich bin. Ich muss den Bahnhof finden, um mich orientieren zu können.‹

Als ich mich nach rechts drehte, konnte ich ein Licht sehen. Ich ging in diese Richtung, folgte immer den Schienen, um den Bahnhof zu finden. Es wurde heller, und die Sonne ging auf.

Nach ein paar Schritten hörte ich Leute rufen: ›He, du. He, du – hör zu. Und hör genau zu.‹

Ich schaute zurück und sah diese sieben Männer. Ich sagte mir: ›Nein, die sprechen nicht zu dir. Ich kenne sie überhaupt nicht.‹

Ich drehte mich um und ging weiter.

Wieder hörte ich sie rufen: ›He, der Weg zum Erfolg. Du musst nach Cathcart gehen. Das Dorf ist Goshen … Hörst du, was wir dir sagen? Hör genau zu. Der Weg zum Erfolg. Du musst nach Cathcart kommen, in das Dorf Goshen. Hörst du, was wir dir sagen? Der Weg zum Erfolg führt über Cathcart und Goshen.‹

Ich wachte auf und sagte zu Sodwa: ›He, ich bin hier besucht worden. Erinnere dich, ich habe dir erzählt, dass ich nicht mal einen Baum raufklettern kann, ohne herunterzufallen. Diesmal war ich auf dem Gipfel eines Berges. Das ist die Botschaft, die ich bekommen habe. Ich muss nach Cathcart/Goshen gehen, dort werde ich die Familie meines Vaters finden. Morgen früh werde ich meine Mutter anrufen; und ich will, dass du neben mir bist, wenn ich mit ihr spreche.‹

Am nächsten Morgen wählte ich die Nummer meiner Mutter, und sie nahm den Hörer ab.

›Was willst du?‹, fragte sie. Meine Mutter hatte noch nie in dieser Weise mit mir gesprochen.

Ich sagte: ›Mam, du erinnerst dich, wir sind beide von der gleichen alten Lady großgezogen worden, deiner Mutter, meiner Großmutter.‹

Sie sagte wieder: ›Was willst du?‹

›Sie hatte uns ein Hauptgebot gelehrt, dem sie stets große Bedeutung beimaß: Wir sollten uns nie von der Wahrheit entfernen.‹

Sie sagte schon wieder: ›Was willst du?‹

Ich sagte: ›Mam, ich will die Wahrheit.‹

Sie aber fragte nur monoton: ›Was willst du?‹

›Wer war *er* und woher kam er?‹

Ich hatte das Gefühl, dass sie auf diese Frage gewartet hatte. Sie sagte, die Stadt sei Cathcart, das Dorf Goshen, ›… sein Name war Konqobe.‹ Sie sagte ›war‹, das hieß, er war gestorben.

Ich sagte: ›Danke, Mam, genau das habe ich diese Nacht geträumt. Im Traum wurde ich von sieben Männern besucht, die mir genau das Gleiche sagten.‹

›Aber dein Vater ist 1939 gestorben.‹

›Man hat mir nichts von einem Verstorbenen gesagt. Aber wenn er tot ist, werde ich ihm an seinem Grab meinen Respekt erweisen.‹

Ich kannte einen alten weisen Sangoma, den ich öfter besuchte. Ich ging zu ihm, um über meinen Traum zu berichten.

Bevor ich überhaupt etwas sagen konnte, sprach er: ›Ich will dir eine Geschichte erzählen. Eines Tages kam ein junger Mann zu mir, der seinen Vater nicht kannte. Das Leben war nicht rosig für diesen Jungen. Ich sagte ihm, die Leute in der Bäckerei gegenüber kennten seinen Vater, er solle sie fragen. Sie sagten dem Jungen, wo er seinen Vater finden könnte. Dort angekommen, sagte einer der Familie seines Vaters, das sei die Person, die er in seinem Traum gesehen habe, er habe geträumt, dass er kommen werde. Er habe ihnen den Traum erzählt. Sie wussten also schon, wer er war und dass er kommen würde. Alle waren ganz begeistert. Sie begrüßten ihn herzlich und vollzogen alle Rituale.‹

Der Sangoma fuhr fort: ›Dieser Junge, über den ich dir erzählt habe, ist heute ein reicher Mann. Siehst du diesen Laden da drüben? Er hat eine ganze Kette von Geschäften, die ihm gehören.‹

Ich war ganz erstaunt, diese Geschichte zu hören, denn ich hatte ihm ja noch gar nichts von meinen Traum gesagt. Ich erzählte ihm meinen Traum, und er begann zu schimpfen: ›Hey, du Blödmann.‹

Ich drehte mich um, weil ich dachte, er müsse jemand anderen meinen.

›Dreh dich nicht um, du dummer Kerl, Mann, ich bin bald ausgeflippt wegen dir.‹

Wolf, du kannst dir nicht vorstellen, wie wütend ich war. Ich fragte mich, was ich getan habe, dass er mich einen Blödmann nannte.

›Wovon redest du?‹, fragte ich.

›Die ganze Nacht habe ich nicht geschlafen wegen dir und deinen Ahnen. Diese sieben Männer, als sie dich verlassen haben, kamen sie zu mir und sagten mir, wer du bist.‹

Ich war so schockiert und durcheinander, dass ich nicht mehr wusste, wie ich nach Hause gekommen war. Ich lief im Raum herum und redete ununterbrochen vor mich hin. Bis Sodwa aus der Schule zurückkam.

Ich hörte sie die Leute, die draußen warteten, fragen: ›Habt ihr Percy gesehen?‹

Sie sagten: ›Wir warten hier seit zwei Stunden. Er ist beschäftigt und redet mit jemandem, aber wir wissen nicht, mit wem.‹

Dann klopfte Sodwa und kam herein: ›Was ist los hier?‹

Ich konnte es nicht erklären, ich war völlig durcheinander. Ich konnte mich zwei Tage nicht bewegen. Es war die Karwoche. Am Freitag konnte ich mich immer noch nicht bewegen. Samstag wurde es besser.

Am Sonntag kaufte ich ein Zugticket und fuhr nach Cathcart. Dort angekommen waren es nur ich und ein anderer Mann, die den Bahnhof verließen. Ich ging langsam, bis der Mann neben mir war, und fragte ihn, ob er aus dem Ort sei und ob er vielleicht die Konqobe-Familie kenne.

Er sagte: ›Hier gibt es keine Konqobes, diese Leute haben ihr eigenes Dorf.‹

›Wie komme ich denn dahin?‹, fragte ich.

Er sagte: ›Siehst du die Moravianische Kirche? Geh zu dem Pfarrhaus, die Leute dort kommen aus dem Dorf, die können dir vielleicht helfen.‹

Ich ging, klopfte an die Tür, und ein paar Jungen öffneten.

›Hi, Guys‹, sagte ich, ›wo sind die Erwachsenen?‹

›Die sind nicht da, können wir dir helfen?‹

›Ich glaube nicht, dazu brauchen wir Erwachsene.‹

›Warum versuchst du es nicht mit uns?‹, fragte der Jüngste.

›Okay. Ich suche einen David Konqobe.‹

Zu meiner Verwunderung fragte der Älteste die anderen: ›Wann habt ihr denn zuletzt David gesehen?‹

Sie antworteten: ›Am Mittwoch, wir haben gehört, wie er sagte, er gehe Holz holen.‹

Dann wandte ich ein: ›Das kann nicht sein, er ist schon lange tot.‹

Der Ältere sagte: ›Nein, nein, in der ganzen Kap-Provinz gibt es nur einen Mann mit diesem Namen, und der lebt noch.‹

›Wie komme ich zu ihm?‹, wollte ich wissen.

Der Ältere sagte zu dem Jüngeren: ›Geh und hol ein Taxi.‹

Ich konnte den Taxifahrer fragen hören: ›Wer will hier zu David?‹

Ich kam aus der Tür. Der Fahrer sah mich an, als sei ich ein Gespenst. Er schaute mich von oben bis unten an und kratzte sich am Kopf.

Er fragte: ›Kennst du den Mann, den du suchst?‹

›Ich kenne ihn nicht, aber ich bin mit ihm verbunden.‹

Obwohl er mir den Beifahrersitz anbot, setzte ich mich nach hinten. Von dort konnte ich sehen, wie er mich im Rückspiegel immer wieder betrachtete.

Während der Fahrt dachte ich nach«, erzählte Percy weiter. »Ich wusste ja nichts von meinem Vater. War er allein geblieben? Hatte er wieder geheiratet? Wenn ja, hatte er vielleicht Kinder, die dann meine Halbgeschwister wären? Hatte er seiner neuen Frau erzählt, dass er schon einmal verheiratet war und einen Sohn hatte? Was ist, wenn sie mich nicht akzeptiert? Ich sagte mir: ›Was mache ich hier? Vielleicht störe ich ihren Frieden.‹ Konnte ich ihn und seine neue Familie in Schwierigkeiten bringen? Das wollte ich auf gar keinen Fall. Doch dann sprach eine Stimme: ›Es ist nicht dein Problem. Wir haben dich geschickt. Wir werden das erledigen.‹ Dann war ich beruhigt, ja glücklich.

Der Fahrer schaute immer wieder in den Spiegel. Er murmelte vor sich hin und schüttelte den Kopf, bis wir in Goshen ankamen.

Er rief den Kindern zu: ›Wo ist David? Geht, holt ihn und seine Frau.‹

Ein Junge kam aus dem Kraal. Er stellte sich vor und trug meine Tasche ins Haus. Er sagte: ›Warte hier, er wird gerufen.‹

Das Haus liegt auf einem Hügel, also sah ich, als mein Vater kam, zuerst seinen Kopf, bevor der ganze Körper erschien. Ich sagte zu mir selbst: ›Das ist der Mann, den ich im Traum gesehen habe.‹

Er kam herein. Ich saß hinter der Tür.

›Wen suchst du hier, wer bist du?‹

Ich sagte: ›Ich bin Percy Ndithembile Khupe.‹

›Und was willst du hier?‹

Ich antwortete: ›Ich suche hier meinen Vater, sein Name ist David Konqobe.‹

Da breitete er seine Arme aus: ›Gott, du bist so groß, letzte Woche haben wir über meinen Sohn gesprochen, genau in diesem Haus. Die folgende Woche bringst du ihn genau dahin, wo wir über ihn gesprochen haben. Du wolltest uns beweisen, wie mächtig du bist. O Gott, ich danke dir. Mein Junge, letzte Woche habe ich zu meiner Frau gesagt, ich würde sterben, ohne dich gesehen zu haben. Nun bist du hier, mein Sohn. Jeden Tag habe ich darum gebetet, dich zu sehen, bevor ich sterbe.‹

Dann fragte er: ›Wie geht es deiner Mutter?‹

›Ihr geht es gut‹, antwortete ich.

›Hasst du sie?‹

Ich sagte: ›Weswegen?‹

›Weil sie dir nicht die Wahrheit gesagt hat.‹

›Wie kann ich meine Eltern hassen? Meine Großmutter, die mich großgezogen hat, hat uns gelehrt, niemals, nichts und niemanden zu hassen. Denn wenn du hasst, hasst du dich selbst mehr als das, was du hasst. Siehst du, ich kann meine Eltern nicht hassen, denn sie sind der Grund, dass ich hier bin. Ich will Auskünfte von meinen Eltern, die sie mir niemals gegeben haben. So war ich froh, dass meine Ahnen anders entschieden haben und nun die Geheimnisse aufgedeckt werden. Deshalb bin ich hier.‹

Ich erzählte ihm den Traum.

Mein Vater sagte: ›Junge, ich bin so froh, dass ich dich gefunden habe.‹

›Ich denke, nicht *du* hast mich gefunden, *ich* bin es, der *dich* gefunden hat.‹

Er lachte und sagte: ›Ich bin so glücklich. Das beweist, dass Gott mich wirklich liebt. Jeden Tag habe ich gebetet, dich noch zu sehen, bevor ich sterbe.‹

Seine Frau war nie schwanger geworden, also wussten alle im Dorf, dass er keine Kinder hatte. Seine beiden Schwäger waren die Ersten, die ins Haus kamen.

Mein Vater sagte: ›Mein Junge, sag diesen Gentlemen, wer du bist.‹

Ich öffnete die Flasche Brandy, die ich mitgebracht hatte, füllte den Deckel und goss den Brandy auf die Erde als Gruß für die Spirits. Anschließend begann ich, Loblieder zu singen.

Dann sagten die Schwäger: ›Was für ein Spiel hast du mit uns gespielt? Warum hast du uns nicht erzählt, dass du einen Sohn hast?‹

›Erinnert euch, als ich gesagt habe, ich hätte einen Sohn, habt ihr hinter meinem Rücken gesagt, ich sei ein Lügner, wo sei dieses Kind. Jetzt könnt ihr nicht mehr sagen, ich sei ein Lügner, denn da sitzt mein Junge. Als ich eure Schwester heiratete, habe ich ihr erzählt, dass ich einen Sohn habe.‹

Kurze Zeit später war das Haus voll mit Dorfbewohnern:

›Hier ist ein Wunder geschehen‹, sprachen sie. ›Das hat es noch nie gegeben, dass jemand von seinen Ahnen gerufen wurde. Sie haben ihm den Namen seines Vaters gesagt, die Stadt und das Dorf genannt und ihn direkt zu diesem Haus geführt.‹

Später kam der Bruder meines Vaters. Er sieht mir sehr ähnlich. Nur ist er sehr klein, während ich groß bin. Deshalb nennen sie ihn ›Bushman‹.

Als er kam, sagte er: ›Ist dein Name Chasa?‹

Ich verneinte.

›Ich dachte, du wärest mein Sohn.‹

Ich fragte: ›Weißt du auch nicht, wo dein Sohn ist?‹, und ich fragte mich, was das wohl für eine Familie sein mochte, in der die Väter nicht wissen, wo ihre Söhne sind.

Dann gingen alle Männer der Familie hinaus, und der ›Bushman‹, der Älteste der Familie, sprach: ›Steh auf, lass uns hinausgehen.‹

Ich sah die Männer langsam zum Kraal gehen. Wir gingen schneller, um sie einzuholen. Als alle im Kraal waren, starrte der ›Bushman‹ auf meinen Hosenschlitz.

›Mach auf!‹, forderte er mich auf. ›Wir wollen sehen, ob du ein Mann bist.‹

Ich lachte, öffnete aber den Reißverschluss.

Er sagte: ›Hol ihn raus!‹

Alle schauten genau hin.

Dann sagte der ›Bushman‹: ›Gentlemen, wir sprechen hier mit einem Mann.‹

Ich sagte zu mir selbst: ›Diese Bastarde, tun so, als ob sie mich freundlich empfangen, und jetzt machen sie so was mit mir!‹

Was wäre geschehen, wenn ich nicht beschnitten gewesen wäre? Ich müsste die rituelle Beschneidung machen. Weil sie nicht mit einem ›Boy‹ reden können. Denn egal, wie alt jemand ist, er bleibt ein Boy, bis er die Riten der Beschneidung absolviert hat.

Dann kam meine Stiefmutter, sie atmete schwer, weil sie den Hügel hinaufgegangen war. Sie fragte ihren Mann: ›Ist er das?‹

Er sagte: ›Ja, das ist er.‹

Das heißt, sie wusste von mir: ›Wisst ihr, letzte Woche haben wir hier in diesem Haus über ihn gesprochen. Meine Schwiegermutter, seine Großmutter, hat mir gesagt: ‚Du heiratest in eine Familie mit vielen Geheimnissen. Aber es gibt ein Geheimnis, bei dem du helfen kannst, es zu lösen. Die Enkel dieses Hauses werden zurückkommen, einer nach dem anderen. Akzeptiere sie, denn sie sind ein Teil der Familie.' Ich glaube heute, was sie gesagt hat, denn hier ist der Erste.‹

Am nächsten Tag kam mein Onkel aus King Williams Town. Wir saßen draußen, und ohne seine Brüder zu begrüßen, kam er direkt zu mir und sagte: ›Willkommen zu Hause.‹ Ich fragte, wer er sei, und er sagte, er sei der jüngste Bruder meines Vaters.

Ich sagte: ›Danke, Onkel.‹ Wir waren sehr bewegt.

Alle Verwandten kamen zusammen. Eine Ziege und ein paar Hühner wurden geschlachtet. Aus dem Liquor-Shop wurden jede Menge Getränke besorgt, vor allem ›Kaffernbier‹, ein selbstgebrautes Bier aus Kaffernkorn, das bei keinem Fest und keinem Ritual fehlen darf.«

Ein Jahr später besuchte ich Percy in Südafrika. Um den Namen seines wirklichen Vaters anzunehmen, hatte er inzwischen einen neuen Pass beantragt. Einen Tag bevor ich ankam, konnte er den Pass abholen. Aber er brauchte noch einen Stempel der Polizeistation in Cathcart.

»Wolf, lass uns zusammen dorthin fahren«, sagte er. »Ich muss nach den Regeln unserer Sangomas auch von dem in Goshen ortsansässigen Schamanen getauft werden.«

Ich mietete ein Auto, und wir fuhren los. Goshen ist ein winziger Ort, der eigentlich nur aus wenigen auf einem Hügel verstreuten Häusern besteht. Das aus Wohnküche und Schlafraum bestehende Haus von Percys Vater war äußerst einfach, das Wellblechdach war undicht, und er hatte von der kleinen Pension, die er bekam, kein Geld übrig, um es reparieren zu lassen. Fließendes Wasser gab es nicht, die Frauen holten Wasser aus dem etwa dreihundert Meter entfernten Fluss und trugen es in Eimern auf dem Kopf nach Hause.

Am Tag der Taufe fuhr ich in meinem Mietwagen mit Percy und seinem ältesten Onkel »Bushman« zu dem Schamanen Nelson Mandeba, der einige Kilometer außerhalb wohnte. Er lebte in einer kleinen Hütte, die aus einem einzigen Zimmer bestand, und hielt als Haustier eine Giftschlange.

»Wir mögen uns, und sie tut mir nichts«, antwortete er auf meine unausgesprochene Frage, mein Erstaunen war mir wohl am Gesicht abzulesen. »Ich liebe Schlangen und kann mit ihnen sprechen, sie schläft sogar in meinem Bett, und sie hält mir alle anderen Tiere von der Hütte fern.«

Das Taufritual sollte an Nelsons heiligem Kraftplatz ausgeführt werden. Bevor wir losfuhren, blies Nelson drei lange Töne auf dem gewundenen Horn eines Kudubocks.

»Damit gibt er den Spirits das Signal, dass er sich zu ihnen auf den Weg macht«, sagte Percy.

Dicke Regenwolken ballten sich am Himmel.

»Ich hoffe, es regnet«, sagte Nelson, »wir warten schon seit drei Monaten auf Regen.«

Ein Stück fuhren wir mit dem Auto, dann versperrte ein Zaun die Weiterfahrt, und wir mussten zu Fuß weiter. Kaum waren wir ausgestiegen, brach das Unwetter los.

»Regen nach so langer Dürre ist das beste Zeichen für den Erfolg unseres Vorhabens«, freute sich Percy. Der wolkenbruchartige Regen fiel in dicken Tropfen, und wir konnten sehen, wie der Regen fast vertikal an uns vorbeigetrieben wurde. Ein starker Wind von hinten schob uns förmlich vor sich her unserem Ziel entgegen. Innerhalb von Minuten waren wir trotz Regenjacken bis auf die Haut durchnässt.

Nach etwa einer Stunde erreichten wir einen Fluss, der an dieser Stelle einen kleinen See bildete. Auf der anderen Seite des Flusses ragte eine Felswand etwa zwanzig Meter senkrecht in die Höhe. Die starke Energie dieses Ortes war geradezu fühlbar. In dem Augenblick, als wir am Ufer ankamen, hörte der Regen so abrupt auf, wie er angefangen hatte. Auf der spiegelglatten Fläche des Sees konnte ich keinen einzigen Tropfen fallen sehen.

»Nelson hat Wasser-Spirits. Deswegen ist sein Kraftplatz hier am Wasser«, sagte der »Bushman«.

Percy zog sich bis auf die Unterhose aus, dann wateten er und Nelson in den See, bis ihnen das Wasser an die Knie reichte. Nelson streckte beide Arme vor, mit den Handflächen nach unten, und begann, die Spirits zu rufen.

»Er bittet sie um ihr Erscheinen und um ihre Mitarbeit und Unterstützung«, übersetzte mir der »Bushman«, »und er stellt uns den Spirits vor. Sie sollen Percy mit seinem neuen Namen akzeptieren, der jetzt in seinem Pass registriert ist.«

Ein kaum spürbarer Windhauch bewirkte eine heftige Bewegung auf dem Wasser. Von rechts nach links lief eine wohl fuß-hohe Welle durch den See. Das Wasser wurde nach dem Durchlauf der Welle sofort wieder spiegelglatt, aber in der Mitte des Sees entstand ein trichterförmiger Strudel. Außer der Bewegung des Wassers konnte ich nichts sehen, aber es hatte sich etwas geändert. Ich spürte deutlich eine starke Präsenz. Weiße Wildtauben, die in der Steilwand nisteten, flogen aufgeschreckt mit klatschenden Flügelschlägen davon.

»Das ist er, das ist der Spirit, er ist jetzt hier«, raunte mir der »Bushman« zu.

Nelson und Percy hoben nun die Hände in die Höhe, wohl um den Spirit zu begrüßen. Percy warf einige Münzen, die er offenbar vorsorglich bereitgehalten hatte, als Opfergabe ins Wasser. Nelson hatte zu diesem Zweck Maismehl mitgebracht. Aus einer Blechbüchse schöpfte er es mit der Hand, warf es ins Wasser und wusch die Büchse dann aus. Das Wasser färbte sich milchig weiß. Verblüfft sah ich, wie die weiße Brühe sich wie von einem Magneten angezogen auf den Strudel zubewegte und darin verschwand. Danach war das Wasser wieder glasklar, und der Strudel war verschwunden.

Immer noch bis zu den Knien im Wasser, stellte sich Percy vor Nelson. Dieser hob die nun mit Wasser und Medizin gefüllte Büchse mit beiden Händen in die Höhe. Während er laut betete, senkte er sie dann ganz langsam und setzte sie mit einer kleinen Drehung auf Percys Kopf ab. Dann übergoss er Percy unter weiteren lauten Anrufungen mit der Medizin und wiederholte den gesamten Vorgang noch zweimal.

Percy rieb sich den ganzen Körper mit der Medizin ab. Mehrmals hörte ich den Namen »Konqobe«.

»Er stellt Percy dem Spirit und den Ahnen mit seinem neuen Namen vor«, übersetzte der »Bushman«. »Jetzt, nachdem Percy Konqobe seinen Vater gefunden, seine Wurzeln neu entdeckt und zu den Konqobe-Ahnen seiner väterlichen Konqobe-Linie zurückgefunden hat, bitten wir euch, ihm zu seiner Ganzheit, seinem Erfolg, seiner vollen Kraft und Kreativität zu verhelfen!«, übersetzte er weiter. »Die Medizin ist für Schamanen, und sie entfernt allen Schmutz von ihm.«

Schließlich sagten beide den Spirits Dank und kamen aus dem Wasser. Plötzlich schauten alle nach oben. An der Kante der steil abfallenden Felsen standen zwei weiße Ziegen und schauten auf uns hinunter.

»Das ist das Zeichen dafür, dass sie mich angenommen haben«, sagte Percy.

Nelson und Percy zogen sich wieder an, und wir machten uns auf den Heimweg.

Wir waren noch keine drei Schritte gegangen, als der Wolkenbruch wieder einsetzte. Ich konnte es kaum glauben, aber nun stürmte der Wind von der entgegengesetzten Seite und trieb uns zurück zum Auto.

Der »Bushman« wunderte sich: »Wieso regnet es in dieser Weise? Ist das wirklich Regen? Es hat drei Monate lang keinen Tropfen geregnet.«

Percy sagte: »Warum fragst du mich? Frag Nelson, er ist der Regenmacher.«

Als wir beim Auto ankamen und über den Zaun stiegen, hörte der Regen auf, und ein paar Minuten später schien die Sonne.

Pudelnass und durchfroren kamen wir bei Percys Vater an: »Wieso seid ihr so nass, es hat doch überhaupt nicht geregnet?«, wunderten sie sich.

Der »Bushman« und Percy waren sich einig: »Wir haben

noch nie so etwas erlebt. Wir wissen, dass unsere Leute zum Wetter sprechen können, aber das hier übertrifft bei weitem alles, was wir je gehört haben.«

Wir zogen trockene Kleider an, bekamen einen heißen Tee und jeder eine Wolldecke, die wir uns umhängen konnten. Bald waren wir wieder fit und bereit für eine große Feier. Eine Ziege und ein paar Hühner wurden geschlachtet und zubereitet, und viel Wein, Schnaps und »Kaffernbier« wurde getrunken – aber nicht, ohne bei jeder Flasche eine Verschlusskappe voll auf den gestampften Lehmboden zu schütten: als Opfergabe für die Spirits.

»Es war so schön«, sagte Percy später. »Für die Dorfbewohner war es das erste Mal, dass ein Weißer ihr Dorf besuchte und in ihre Häuser kam. Und niemals hatte jemand so viele Sachen zu essen und zu trinken mitgebracht. Sie haben das bis heute nicht vergessen.«

Auf der Rückfahrt nach Soweto sagte Percy: »Ich habe dir noch nicht erzählt, was alles passiert ist, nachdem ich meinen Vater gefunden hatte.«

»Das will ich natürlich auch wissen«, sagte ich und war schon ganz neugierig.

»Bei meinem zweiten Besuch in Goshen sagte ich zu meinem Vater und seinen Brüdern: ›Wir müssen zu einem Sangoma gehen. Ich will, dass er oder sie euch sagt, wie es passierte, dass ich hergekommen bin – und warum ich gekommen bin. Es muss ein Sangoma sein, der mich nicht kennt.‹

Mein Onkel schlug vor, nach King Williams Town zu fahren, er kannte dort in der Nähe eine Lady-Sangoma. Also fuhren mein Vater, meine beiden Onkel und ich los.

Auf dem Weg dorthin wären wir fast in einen schweren Unfall verwickelt worden. In einer Seitenstraße waren ein paar Jungen und hetzten einen roten Bullen. Der rannte plötzlich auf die Hauptstraße, und um Haaresbreite wären wir mit ihm zusammengestoßen. Mein Vater wurde aschgrau.

›No, no, no‹, rief er.

›Was ist los, Dad?‹, fragte ich.

›Hast du den Bullen gesehen?‹

›Ja, habe ich, weißt du, Dad, dieser Bulle sollte uns nicht umrennen und nicht verletzen. Das ist eine Botschaft. Dieser Bulle sagt uns, dass wir einen Bullen schlachten müssen, und zwar in genau der Farbe. Und die Sangoma, zu der wir fahren, muss uns das bestätigen, sonst ist ihre Arbeit nicht vollständig. Wenn sie die richtige ist, wird sie den Bullen erwähnen, und sie wird sogar die Farbe wissen. Dann werdet ihr verstehen, dass wir genau so einen Bullen als Opfergabe schlachten müssen.‹

Die Sangoma warf die Bones und begann, sie zu lesen, als ob sie die Familie meines Vaters schon seit Generationen kannte. Sie wusste jedes Detail: ›Eure Familie wurde von verschiedenen Ahnen durchsetzt, die sich gegenseitig beschuldigen und einander bekämpfen. Deshalb seid auch ihr untereinander verfeindet und streitet euch. Bevor ihr nicht das tut, was ich euch sage, wird das nie aufhören. Nun, dies ist derjenige – sie zeigte dabei auf mich –, die ganze Botschaft ist bei ihm. Aber wenn ihr nicht tut, was ihr machen sollt, dann ist er derjenige, der am meisten leiden wird, weil sie mit ihm kommunizieren. Ihr müsst Frieden machen zwischen euch. Auch mit denen, die nicht hier sind, egal, ob jemand unrecht hat oder nicht. Ich sehe, dass sie falsch gehandelt haben. Aber ihr als ältere Brüder müsst ihnen sagen, dass ihr nicht mehr verärgert seid über das, was sie getan haben. Also, es muss Frieden sein in der Familie.

Dann müsst ihr drei Rituale machen. Als Erstes müsst ihr ein Reinigungsritual machen. Ich werde kommen und dieses Ritual leiten. Es wird am Fluss sein. Dann kommt das zweite Ritual, ihr müsst einen roten Bullen schlachten.‹

Mein Vater schaute mich an und sagte: ›Wie kann sie das wissen?‹

›Scht‹, sagte ich, ›hör ihr zu.‹

›Den Bullen müsst ihr in dieser Farbe finden. Sie [die Ahnen] wollen einen roten Bullen.‹

Eine Woche später kam sie nach Goshen. Am Nachmittag sagte sie: ›Lasst uns nun gehen.‹

Die ganze Familie musste zum Fluss. Es war die gleiche Stelle, die du kennst. Wolf, die Leute haben keine Ahnung, was hier im alten Afrika geschehen kann. Alle Brüder und Schwestern der Familie meines Vaters waren da. Auch ihre Kinder und Kindeskinder einschließlich meines Sohnes. Aber nicht deren Ehefrauen oder Ehemänner. Nein, nur die Konqobes.

Die Sangoma gab uns Medizin, die wir mit Wasser vermischten, womit wir im Fluss dann unsere Körper waschen mussten. Wir standen alle in Unterhosen bis zu den Knien im Wasser und wuschen uns mit der Medizin. Sie sagte, mein Vater müsse beginnen und zu den Spirits sprechen. Danach kamen meine Onkel und alle anderen. Sie sprach: ›Ihr könnt die Ahnen jetzt um alles bitten. Sie erwarten, dass ihr jetzt zu ihnen sprecht. Sie hören euch zu und sind bereit, euch zu helfen. Bittet sie um alles, was sie für euch tun sollen.‹

Viele von meinen Verwandten hatten keine Arbeit, und sie baten um einen Job. Alle bekamen Arbeit. Ich bat darum, eine Galerie für meine Skulpturen zu finden, und sechs Monate später hatte ich die erste Ausstellung.«

Als Percy Konqobe haben sich seine Lebensumstände beträchtlich verbessert. Ihm gelang der Durchbruch als Künstler von inzwischen internationalem Ruf. Seine Skulpturen wurden sogar auf der »Art« in Basel ausgestellt – und gut verkauft. Die Verbesserung seiner finanziellen Situation erlaubte es ihm, größere Räume an sein bescheidenes Haus in Soweto anzubauen. Als er jedoch eine zweite Frau nehmen wollte, machte seine erste Frau Sodwa ihr Vetorecht geltend.

Juan Alonso Guerrero © Shamanism & Healing Associatic

Juan Alonso Guerrero

Puerto Ayacucho, die Hauptstadt des venezolanischen Bundes-
staats Amazonas, liegt am Rio Orinoco. Unmittelbar nachdem
mein Flugzeug dort gelandet war, gab es plötzlich einen Wolkenbruch, als hätte der Himmel alle seine Schleusen geöffnet.
Innerhalb von Sekunden stand das Rollfeld knöcheltief unter
Wasser. Hätte der Regen fünf Minuten früher eingesetzt, wäre
eine Landung unmöglich gewesen. Auf den zehn Metern bis zum
Terminal wurde ich bis auf die Haut durchnässt. Ich winkte ein
Taxi herbei und fragte den Fahrer nach einem Hotel.

»Es gibt nur eins«, versicherte er mir. Ich erkundigte mich nach
Pensionen, aber davon riet er mir dringend ab: »Sucio – schmutzig«, sagte er und: »Muchas cucarachas – viele Kakerlaken.«
Ob das stimmte, konnte man in Lateinamerika nie wissen. Vielleicht war er ja nur mit dem Inhaber des Hotels verwandt oder
bekam für jeden Gast, den er brachte, von ihm Prozente. Mir
sollte es recht sein; das Hotel, zu dem er mich fuhr, sah gut aus,
es hatte ein Restaurant, war von Veranden umgeben und hatte
einen schattigen Patio. Ich schaute mir das Zimmer an, es war
sauber und ausgesprochen preiswert, und ich mietete mich ein.

Am nächsten Tag organisierte ich mir einen Mietwagen. Das
war nicht ganz einfach, denn der Fahrer sollte gleichzeitig mein
Dolmetscher sein und deshalb sowohl Spanisch als auch die
Sprache der Piaroa beherrschen, denn ich war auf dem Weg zu
einem Schamanen der Piaroa, einem indigenen Stamm mit eigener Sprache. Die Piaroa sind in Brasilien und Venezuela behei-
matet, sie wurden berühmt für ihre egalitäre und antiautoritäre
Gesellschaftsform und sind Nachbarn der inzwischen durch
viele Filme und Veröffentlichungen weltbekannten Yanomami,
mit denen sie freundschaftliche Beziehungen pflegen. Paco, der
Fahrer, hatte die Figur eines Boxers, und seine kurzgeschnitte-
nen pechschwarzen Haare standen ab, als wären sie aus Draht
gewesen. Am späten Vormittag konnte ich endlich losfahren.

Die Fahrt über unbefestigte Straßen dauerte drei Stunden, bis wir in dem kleinen Dorf im Stammesgebiet der Piaroa ankamen, in dem Juan Alonso Guerrero lebte.

Guerreros Rundhaus sah aus wie die alten geflochtenen Bienenstöcke. Es war rund und hatte ein Dach aus Palmstroh. Daneben stand ein zweites, etwas kleineres Haus. Eine Strohmatte diente als Tür. Wir riefen, ob wir eintreten durften, und betraten das größere Haus. Ich war überrascht, wie groß es von innen wirkte. Ich schätzte, dass es etwa fünfundzwanzig Meter im Durchmesser maß und in der Mitte sicherlich zehn Meter hoch war. Mächtige Stämme waren in die Erde eingegraben und hielten eine Konstruktion aus Quer- und Stützbalken, die das Dach trugen. Der Fußboden war aus gestampftem Lehm. Hier also lebte Juan Alonso Guerrero mit seiner Großfamilie, seinen Töchtern, Söhnen, Schwiegerkindern und Enkeln. Eine Horde von Kindern wuselte herum.

Zwischen den Stämmen waren Schnüre gespannt, die den verschiedensten Zwecken dienten: als Wäscheleine, als Kleiderständer. Kräuter hingen daran zum Trocknen, Körbe, Töpfe, Schüsseln und andere Küchengeräte. Einen Schrank oder ein Bett sah ich nicht, stattdessen an den Balken festgemachte Säcke und Korbtaschen sowie etliche Hängematten. Ein Tisch mit Bänken und ein paar Hocker bildeten wohl das Ess- und Wohnzimmer. Eine einsame Glühbirne hing von einem der Querbalken herab. Im Zentrum des Hauses war die Feuerstelle, auf der in einem großen Topf Suppe brodelte.

Ich wurde verwundert begrüßt und stellte mich vor. Der älteste Sohn, Pico, sprach Gott sei Dank fließend Spanisch. Juan Alonso Guerrero war noch bei der Ernte auf dem Feld. Wie fast alle Schamanen hatte auch er einen Brotberuf, er war Bauer.

»Er kommt bald zurück«, sagte sein Sohn und goss mir und meinem Fahrer Tee ein.

Ich wurde von staunenden Kindern umringt. Ein besonders keckes Mädchen berührte mich vorsichtig, was bei den anderen großes Gekicher zur Folge hatte.

Wir hatten den Tee noch nicht ausgetrunken, als Juan Alonso

Guerrero vom Feld zurückkehrte. Er trug ein großes Bündel Feuerholz auf dem Rücken, und ich war überrascht, wie ein so kleiner Mann einen so schweren Packen schleppen konnte. Guerrero war nämlich nur etwa anderthalb Meter groß und sehr schmal. Er hatte kurzes, pechschwarzes Haar und schwarze Augen. Seine Haut war vom Wetter und von der Sonne gegerbt wie Leder und voller Falten und Furchen. Besonders beeindruckt war ich aber von seinem außerordentlich liebevollen Blick. Seine Arbeitshose und sein T-Shirt waren schmutzig und verschwitzt. Er war durstig und trank gleich drei Becher Wasser. Dann setzte er sich zu uns an den Tisch und bekam seinen Tee.

»Habe ich gestern nicht gesagt, es kommt ein Europäer?«, sagte er zu seinem Sohn. Mein Fahrer übersetzte.

Ich übergab die Geschenke, die ich mitgebracht hatte. Für die Kinder Glasmurmeln, Lutscher und Luftballons, für seine Frau einen Schal, Kekse und Süßigkeiten für die älteren Söhne, Töchter und Schwiegertöchter und für ihn ein Nachtfernglas. Nachdem er sein Geschenk ausgiebig betrachtet hatte, verteilte er die anderen Geschenke an seine Frau und unter großem Hallo an seine Kinder und Enkel.

Er fragte, was mich denn zu ihm führe. Ich erklärte ihm, dass ich als Abgesandter der Shamanism & Healing Association komme, die internationale Schamanentreffen organisiert, und ich ihn kennenlernen möchte, um ihn eventuell nach Europa einzuladen. Ich zeigte ihm ein Album mit Fotos von Schamanen und Heilern, die bereits an unseren Veranstaltungen teilgenommen hatten.

Er schaute sich die Bilder sorgfältig an, dann deutete er plötzlich auf eins der Fotos und sagte: »Den kenne ich!«

Ich konnte es kaum glauben, denn es handelte sich um Tendzin Chödrag, den Leibarzt des Dalai-Lama. Er hatte 1984 an dem von der Association veranstalteten Kongress teilgenommen. Juan Alonso Guerrero sagte, er habe ihn gemeinsam mit dem Dalai-Lama auf einem Kongress in Caracas kennengelernt und der Dalai-Lama sei dann drei Tage zu einer Behandlung zu ihm gekommen.

Nun müsse er seine *espiritos* befragen, sagte er, führte mich in eine Ecke des Einraumhauses, die offenbar sein persönlicher Bereich war, zog sich zunächst bis auf die Unterhose aus und legte dann sein Ritualgewand an. Als Erstes setzte er eine üppig mit kleinen roten und gelben Flaumfedern besetzte Krone auf. Er band schmale blaue Bänder um seine Oberarme und zog mit blauweißen Perlen bestickte Manschetten über die Handgelenke. Den Oberkörper bedeckte er mit einem weißen latzartigen Tuch, über das er viele verschieden lange Perlenketten hängte, die bis zu seinem Schambein reichten, um die Hüften trug er einen Lendenschurz, von dem weiße Perlenketten wie ein W bis zu den Knien hingen. Unterhalb der Knie band er noch weiße, mit Perlen bestickte Bänder mit blauen Rand um.

Er forderte mich auf, mich auf einen Stuhl zu setzen, und ließ sich auf einem niedrigen Schemel nieder. Dann öffnete er den Deckel eines rechteckigen Korbs, in dem er seine schamanischen Utensilien aufbewahrte. Aus einem Döschen nahm er etwas heraus, was mich an ein Stück Haschisch erinnerte. »Das ist *jopo*«, erklärte der Fahrer, der mir nicht von der Seite gewichen war. Alonso Guerrero biss ein Stückchen davon ab, legte es in einen Holzmörser und begann, es mit einem Stößel zu Pulver zu zerreiben. Dann holte er aus dem Korb ein y-förmiges Instrument, steckte sich die beiden oberen mit Wollfäden umwickelten Enden in die Nasenlöcher und schnupfte den größten Teil des Pulvers in die Nase. Später erfuhr ich, dass dieses Instrument aus dem Brustbein eines Vogels hergestellt worden war. Dann bot er auch mir das *jopo* an.

»Guidado – Vorsicht!«, warnte Pico. »Nur ein bisschen, nicht zu viel!«

Also nahm ich nur eine kleine Prise. Schon bald spürte ich, wie die psychoaktive Substanz zu wirken begann. Es war ein angenehmer leichter Rausch, etwa wie nach zwei Zügen an einem Joint. Danach holte er einen rosafarbenen Bergkristall aus seinem Körbchen, hielt ihn mit beiden Händen vor sein rechtes Auge und schaute mich dadurch sehr, sehr lange an, als wolle er mich durchleuchten. Nach einer wahren Ewigkeit, wie mir

schien, nahm er den Kristall vom Auge und sprach: »Bueno –
gut –, du bist in Ordnung. Ich komme gern zu dir nach Europa.«

»Ich habe neben deinem Herzen einen Fremdkörper gesehen«, sagte Juan Alonso dann und schaute mich dabei durchdringend an. »Ich glaube, es sind Materialisierungen von bösen
Gedanken, von einem oder mehreren Menschen, die dir Böses
wollen. Wenn du willst, kann ich das genauer untersuchen und
vielleicht beseitigen.«

Natürlich war ich sofort einverstanden. Er zündete einen
puro an, eine der dort üblichen selbstgedrehten Zigarren aus
dem im Urwald wild wachsenden Tabak, und paffte ein paar
kurze Züge, bis sie richtig brannte. Dann steckte er die Zigarre
verkehrt herum in den Mund und blies mit aufgeblähten Backen, sodass aus dem Ende des *puro* ein starker, daumendicker
Strahl Rauch austrat. Er räucherte mich zunächst hinten und
vorn von oben bis unten ab.

Der Rauch des starken Tabaks drang mir in die Lungen, und
ich musste husten, was bei den Familienmitgliedern, die uns
neugierig umringten, heftiges Getuschel, Gelächter und Gekicher auslöste. Dann trat er hinter mich und blies mir den Rauch
in die Haare. Das wiederholte er fünf- oder sechsmal. Anschließend beräucherte er alle großen Gelenke, also Schultern, Ellenbogen, Handgelenke, Hüften, Kniegelenke, Köchel und die
Wirbelsäule von unten nach oben.

»Das muss ein Brujo gewesen sein«, meinte er.

»Wie ist das denn möglich«, fragte ich ungläubig, »dass solche
Energien über weite Entfernungen geschickt werden können und
sich dann auch noch auf der materiellen Ebene manifestieren?«

»Dass Gedanken eine ungeheure Kraft haben, wirst du ja
wissen. Dafür gibt es in unserer Kultur unzählige Beispiele.
Schwarzmagische Gedanken sind wie immaterielle Geschosse.
Der erste schwarzmagische Gedanke, den wir Schamanen einen
›Pfeil‹ nennen, befiehlt deinem Körper, eine Zelle zu bilden. Wie
eine Krebszelle oder ein Samenkorn, das wachsen kann, oder
besser gesagt wie eine winzige Perle, die immer weiter, mit jedem weiteren bösen Gedanken Schicht um Schicht wächst. Das

Hinterhältige daran ist, wenn es sich einmal bei dir eingenistet hat, können sich auch schlechte Gedanken von anderen Menschen anlagern, von Feinden, Neidern, Eifersüchtigen oder Böswilligen.

Du musst morgen Abend vor Sonnenuntergang wiederkommen, dann arbeiten wir daran. Achte auf deine Träume.«

Damit war ich entlassen, und Paco brachte mich nach Puerto Ayacucho zurück.

Die Nacht im Hotelzimmer begann wie ein Albtraum. Die Klimaanlage schepperte so laut, dass ich an der Rezeption reklamierte, aber nur um zu erfahren, dass sie in allen anderen Zimmern ebenso laut war. Also stellte ich sie ab. Die tropische Hitze war unerträglich. Schweißgebadet lag ich nackt auf meinem Bett und zermarterte mir das Gehirn, wer wohl der Brujo gewesen sein könnte, der mich behext haben soll.

Aber ich konnte mich nicht richtig konzentrieren. Im Hof des Nachbarhauses wurde ein großes Fest gefeiert, eine Hochzeit, ein Geburtstag oder eine Taufe. Eine Musikgruppe mit mehreren Gitarren, einer Trompete und einem Akkordeon spielte zum Tanz auf. Die Gäste sangen lauthals, stießen schrille Schreie aus und schossen in die Luft. Feuerwerk und Böller wurden abgebrannt. Der Rauch von Schießpulver stieg mir in die Nase und machte das Atmen schwer. Als das Feuerwerk endlich vorbei war, drangen Rauchschwaden mit dem Geruch von gegrilltem Fleisch in den Raum. Also schloss ich das Fenster, stellte die Aircondition wieder an und stopfte mir die Ohren mit zerkauten Fetzen von Papiertaschentüchern zu. Trotzdem war an Schlaf nicht zu denken. Ich duschte mehrmals, aber das Wasser blieb auch nach längerem Ablaufen lauwarm und brachte keine Erfrischung.

Wer konnte mir etwas Böses wollen? Wer hatte mir schlechte Gedanken geschickt? Wann und wo war ich jemandem begegnet, der dies getan haben könnte? Was meine eigenen Gedanken bewirken können, hatte ich bei U Shein in Myanmar erlebt. Er hatte mir beigebracht, wie ich mit einem gedachten Satz

Patienten in Ohnmacht versetzen konnte. Auch bei anderen Gelegenheiten hatte ich die Kraft mentaler Stärke erfahren. Aber können Gedanken auch Materie erschaffen?

Es musste ja ein Schamane gewesen sein, einerseits musste er über derartige Fähigkeiten verfügen, andererseits musste ihm so etwas zuzutrauen sein. Das grenzte den möglichen Täterkreis ein. Da an Schlaf ohnehin nicht zu denken war, setzte ich mich hin und schrieb die Namen aller Schamanen auf, mit denen ich in den letzten drei Jahren Kontakt gehabt hatte. Dann strich ich die der Schamanen, bei denen ich mir ganz sicher war, dass sie es nicht gewesen sein konnten. Fünf Namen blieben übrig, bei denen ich Zweifel hatte.

Drei davon hatte ich schon zu Kongressen eingeladen. Aber irgendetwas hatte nicht gestimmt, und ich hatte mich entschlossen, meinen Empfindungen zu trauen und sie nicht wieder einzuladen. Ich spürte sorgfältig in mich hinein, strich aber dann auch diese Namen.

Die beiden anderen hatte ich besucht, dann aber nicht eingeladen. Der eine lebte in einem winzigen Dorf mitten im Urwald, für ihn waren die magischen Handlungen, die er vollzog, vollkommen unreflektiert und so selbstverständlich wie für uns das Fahrradfahren. Er hatte wahrscheinlich noch nie darüber nachgedacht, was er machte und warum. Er tat es einfach. Ich hatte mich gefragt, wie er dann einem in unserer westlichen Kultur erzogenen Menschen etwas vermitteln könnte. Obwohl ich von seinen Qualitäten als Schamane und Heiler vollkommen überzeugt war, hatte ich ihn nicht eingeladen. Er zeigte auch keinerlei Interesse, seinen Stamm zu verlassen. Also strich ich ihn ebenfalls von der Liste. Der andere war ein Schamane gewesen, den ich dringend im Verdacht hatte, Schwarzmagie und Schadenszauber zu betreiben. Bei meinen Begegnungen haben alle Schamanen mich auf die eine oder andere Weise getestet, durchleuchtet und »gescreent«. Gerade erst war ich von Juan Alonso mit seinem rosafarbenen Kristall intensiv untersucht worden. Aber auch ich hatte im Lauf der Jahre Mittel und Wege gefunden zu prüfen, ob ich es mit authentischen Schamanen und

Heilern zu tun hatte oder ob sie Schwarzmagie und/oder Schadenszauber betrieben. Ich wusste, dass dieser Schamane Liebeszauber machte, und hatte ihn auch im Verdacht, Schadenszauber zu betreiben. Er hatte mir selbst erzählt, dass er einer Frau einen Liebestrank gegeben hatte, mit dem sie den Mann, in den sie unsterblich verliebt war, der sie aber nicht wollte, gefügig und verliebt machen konnte.

Es hatte funktioniert, und er war stolz auf seinen Erfolg. Ich hingegen betrachtete das als einen schweren Übergriff in die Persönlichkeit des Mannes. Ihm wurden sein freier Wille und die Entscheidung über sich selbst genommen. Dieser Schamane war ganz versessen darauf gewesen, zu dem Schamanentreffen und dem Kongress zu kommen. Sicherlich war er schwer enttäuscht, dass er nicht eingeladen wurde. Ich konnte mir durchaus vorstellen, dass er es war, der mir die vergifteten »Pfeile« geschickt hatte. Ich hatte mich in der letzten Zeit wirklich nicht ganz wohl gefühlt. Oft spürte ich einen Druck, ein einengendes Gefühl im Brustraum. Meine Energie hatte nachgelassen, und ich war oft müde und abgespannt, schrieb das aber der Überarbeitung zu.

Nach dem zweiten Hahnenschrei, es war schon fünf Uhr, war das Fest endlich vorüber, und es wurde ruhig im Nachbarhaus. Ich öffnete das Fenster, die Luft hatte sich etwas abgekühlt, sodass ich die Klimaanlage abstellen konnte. Erschöpft sank ich in einen komaähnlichen Schlaf.

Die Sonne stand schon hoch am Himmel, als ich schweißtriefend aus einem Traum hochschreckte. Es ist bitter kalt. Um mich herum eine endlos scheinende mit Schnee bedeckte Ebene. Ich gehe auf einem Weg, den ich kaum erkennen kann, nur ab und zu ragt ein Stab aus dem in der Sonne glitzernden Weiß. Das gleißende Licht blendet so, dass ich kaum sehen kann, und ich kneife die Augen zusammen. Mit einem warmen grünen Lodenmantel und Moonboots bekleidet, gehe ich erhobenen Hauptes vorwärts. Ich fühle mich leicht und bin fröhlich, als hätte ich einen leichten Champagnerrausch oder würde mich auf etwas freuen, was mich am Ende meines Weges erwartet.

Plötzlich ist der Träumer nicht mehr der durch die verschneite Landschaft wandernde Mann im Lodenmantel. Vielmehr schwebt er hinter diesem in der Luft und sieht ihn von schräg oben vor sich hergehen. Er sieht einen anderen Mann, der dem Mann im Lodenmantel folgt. Dieser ist dürr wie eine Bohnenstange und nur mit einem dünnen, schwarzen, eng anliegenden Hemd und einer leichten Hose bekleidet. Er scheint trotz der Kälte nicht zu frieren und folgt dem Mann im Lodenmantel barfuß im Abstand von zwei Metern.

Aus einer ebenfalls schwarzen Umhängetasche holt er ein grünes haselnussgroßes Etwas heraus. Er hält es zwischen Daumen und seinem dünnen, spitzen Zeigfinger vor seine Lippen, die sich kaum wahrnehmbar bewegen. Es ist, als würde er diesem undefinierbaren Gegenstand etwas zuflüstern. Dann streckt er seinen Arm aus und wirft das runde Ding mit einer kurzen Bewegung aus dem Handgelenk auf den Rücken des vor ihm gehenden Mannes, wo es hängen bleibt. Schon hat er ein weiteres dieser runden Dinger hervorgeholt, flüstert auf es ein und wirft es mit der gleichen ruckartigen Bewegung auf den Mantel. Dies wiederholt er immer wieder.

Als Träumer über ihm schwebend, kann ich nun erkennen, dass es Kletten sind, und bald ist der Rücken des Mantels voller Kletten. Da eine Klette kaum Gewicht hat und nur mit sehr geringer Kraft geworfen werden muss, um an dem festen Loden hängen zu bleiben, zeigt der vorangehende Mann keinerlei Reaktion. Er scheint es nicht mal zu spüren.

Durch einen Perspektivwechsel bin ich wieder der Mann im Lodenmantel. Unbeschwert gehe ich meinen Weg und freue mich auf etwas, was vor mir liegt.

Erneuter Perspektivwechsel: Immer mehr Kletten bleiben an dem Mantel kleben, und inzwischen ist der ganze Rücken mit einer mehrere Zentimeter dicken Schicht von Kletten bedeckt.

Jetzt bin ich wieder der Mann im Lodenmantel und beginne, das Gewicht langsam zu spüren, kann es mir aber nicht erklären. Der Mantel scheint ständig an Gewicht zuzunehmen, und das Gehen wird immer schwerer. Ich merke nicht, dass inzwischen Tausende von Kletten an meinem Mantel hängen, aber ich empfinde sein Gewicht schwer wie Blei, und meine Schritte werden immer mühsamer.

Ich wechsle wieder die Perspektive. Der dürre Mann ist verschwunden und der Mantel mit einer dicken Schicht Kletten bedeckt. Wie aus dem Nichts taucht plötzlich Juan Alonso Guerrero auf. Er hat in jeder Hand eine Rasierklinge, die an jeweils einer Seite mit Isolierband beklebt ist. Er steht vor dem Mann im Lodenmantel, stellt sich auf die Zehenspitzen und schneidet mit beiden Händen mit einem Schnitt den Mantel vom Kragen bis zum Ärmelansatz auf, sodass er keinen Halt mehr hat und mit seinem ganzen Gewicht am Körper hinabgleitet und sich wie ein stacheliger Ring um die Moonboots legt.

Als ich aufwachte, erinnerte ich mich. Der Schamane, den ich in Verdacht hatte, war spindeldürr gewesen, und seine beeindruckend dünnen, spitzen Finger erinnerten mich an Spinnenbeine. Vielleicht hatte tatsächlich er mir etwas angehext.

Nach dem Frühstück ging ich zur lokalen Zeitungsredaktion. Dass der Dalai-Lama wirklich hier gewesen sein sollte, kam mir so unglaublich vor, dass ich das prüfen wollte.

Erst als ich ein paar Geldscheine zückte, war der Redakteur dazu zu bewegen, mich ins Archiv zu bringen, wo er mir zwei Jahrgänge der Zeitung vorlegte. Guerrero hatte mir erzählt, dass der Besuch im Sommer stattgefunden hatte, konnte mir aber nicht mehr genau sagen, in welchem Jahr. Also suchte ich Ausgaben der Sommermonate in den beiden in Frage kommenden Jahren durch.

Nach einer Stunde fand ich tatsächlich einen Artikel, und daneben ein Foto vom Dalai-Lama, von seinem Leibarzt Tendzin Chödrag und Juan Alonso Guerrero. Zu meinem grenzenlosen Erstaunen war er also tatsächlich hier gewesen.

Am Nachmittag fuhren wir wieder los. Kurz vor Sonnenuntergang kamen wir bei Juan Alonso Guerrero an. Im Westen versank die untergehende Sonne im Wasser des Orinoco und ver-

goldete die Landschaft, innerhalb von Minuten wurde es stockfinster. Wir waren nahe am Äquator, und dort gibt es fast keine
Dämmerung.

Juan Alonso Guerrero war gerade damit beschäftigt, von
einem Baum neben seinem Haus kleine dünne Äste abzuschnei-
den. Er zeigte mir das Maniokmehl, das er dem Baum als
Opfergabe an die Wurzeln gestreut hat.

»Wenn der Baum mir etwas gibt, bringe auch ich ihm ein
Opfer dar«, erklärte er. Von den dünnen Ästen schälte er die
Rinde ab. »Das ist eine der beiden Zutaten für die Herstellung
von *jopo*«, erklärte er. *Jopo* ist die psychoaktive Substanz, die
wir gestern geschnupft hatten. Die andere Ingredienz seien die
Blätter eines anderen Baumes.

Er führte mich in sein zweites Haus, das als Zeremonial-
stätte diente und in dem er offenbar auch heilte. Zahlreiche
Kräuter hingen zum Trocknen an quergespannten Schnüren,
die trockenen Pflanzen bewahrte er in unzähligen Blechbüch-
sen, Flaschen, Plastikdosen, Körben, Keramikschalen und
allen möglichen anderen Behältnissen auf, über die ein farbiges Baumwolltuch gebreitet war, wenn er nicht mit ihnen
arbeitete.

»Das ist unsere Apotheke«, sagte Pico, der zu uns gekommen
war.

Juan Alonso hängte die Rinde, die er zuvor von den Ästen
des Baums abgeschält hatte, über eine Schnur. Ich erzählte ihm
meinen Traum, er war offenbar sehr zufrieden. Er fragte mich
nach dem Namen des Verdächtigen, und ich musste ihn ganz
genau beschreiben. Dann zog er sich bis auf die Unterhose aus.
Er entfernte das Tuch, das über seine »Apotheke« gebreitet
war, und griff drei Dosen heraus. Keines der wohl über hundert
Behältnisse war beschriftet, aber offenbar wusste er mit absoluter Sicherheit und ohne zu überlegen, welche Medizin sich in
welcher Dose befand. Sein Sohn und der Fahrer hatten einen
großen Bottich mit Wasser bereitgestellt, in den er nun je einen
Esslöffel Medizin gab. Er setzte sich auf einem niedrigen Hocker
vor den Bottich und stimmte einen Singsang an, aus dem ich ab

und zu den Namen des Verdächtigen heraushören konnte. Fragend schaute ich seinen Sohn an.

»Er betet zu den *espiritos*«, erläuterte er. »Weil es ein Brujo war, der dir die schlechten Gedanken geschickt hat, ist es wichtig, dass er die volle Unterstützung, die Hilfe und den Schutz seiner Geister hat. Auf der spirituellen Ebene muss er sich mit dem Brujo und dessen *espiritos* auseinandersetzen. Das kann gefährlich werden, und er muss sich und dich schützen.«

Juan Alonso rührte mit einem Stock die Brühe in dem Bottich um. Dabei sang er, wie Pico mir erklärte, magische Formeln und Gebete an die Geister. Lange, sehr lange rührte er und betete dabei.

»Er kommt jetzt langsam in Trance«, erklärte Pico, und auch ich fühlte mich durch den Singsang leicht entrückt. Dann stand Juan Alonso auf und wusch sich von oben bis unten mit der Brühe ab. Sorgfältig achtete er darauf, dass jede Stelle seines Körpers mit der Flüssigkeit eingerieben wurde. Besonders gründlich behandelte er seinen Kopf, seine Herzgegend, seine Gelenke und seine Genitalien.

Er setzte der Kräuterbrühe nun einen weiteren Löffel Kräuter zu und übergab seinem Sohn den Stock. Während Pico weiterrührte, zog Juan Alonso wieder sein Ritualgewand an. Er bereitete im Mörser *jopo* vor und schnupfte sich mit dem Y-förmigen Vogelknochen eine Portion in die Nase. Auch ich musste mich nun ausziehen und mich mit der Kräuterbrühe waschen.

Pico ermahnte mich, dabei gründlich vorzugehen und alle Stellen meines Körpers, besonders meinen Kopf, meine Herzgegend, Gelenke und Genitalien zu waschen. Mit seinen kräftigen Händen rieb er mir die Stellen am Rücken ein, die ich schwer erreichen konnte. Danach wurde ich aufgefordert, mich auf einen Stuhl zu setzen und eine Prise *jopo* zu schnupfen. Vor mir saß Juan Alonso auf dem Hocker und betrachtete mich durch seinen rosa Bergkristall. Er näherte sich dabei mehrmals bis auf wenige Zentimeter meiner Herzgegend. Er zündete sich einen *puro* an, brachte ihn durch wiederholtes Paffen richtig zum Glühen und steckte ihn dann verkehrt herum in den Mund.

Mit aufgeblähten Backen pustete er einen dicken Strahl Rauch direkt auf meine Herzgegend und räucherte mich anschließend von oben bis unten ab. Er trat hinter mich und räucherte besonders gründlich meinen Kopf. Danach kniete er sich vor mich und begann an einer Stelle unterhalb meiner Brustwarze fest zu saugen, so fest, dass es richtig wehtat. Mehrmals spuckte er zwischendurch auf eine alte Zeitung, die Pico bereitgelegt hatte. Beim zweiten Mal war das Sputum pechschwarz. Und beim dritten Mal spuckte er einen hellen festen Gegenstand aus. Er nahm ihn in die Hand, betrachtete ihn lange und überreichte ihn dann mir. Es war ein heller Kristall, aber nicht durchsichtig wie ein Bergkristall, ohne Ecken oder Spitzen, rund wie ein Kiesel. Es sah aus wie ein rundgelutschtes Stück weißer Kandiszucker.

»Das musst du jetzt ins Feuer werfen«, übersetzte Pico.

Als es in der Glut lag, knackte es wie Holz im Kamin. Juan Alonso deutete das als gutes Zeichen. »Jetzt sind die bösen Gedanken weg«, sagte er. »Nun muss ich die Wunde schließen.«

Er zündete einen neuen *puro* an und blies den Rauch lange auf meine Herzgegend. Zum Schluss übergab mir Juan Alonso ein aus Wolle und bunten Federn gefertigtes Amulett, das ich auf die Stelle kleben sollte, wo er gesaugt hatte. Danach schickte er mich nach Hause mit der Aufforderung, am nächsten Tag wiederzukommen, damit er einen Schutzschild gegen weitere Angriffe aufbauen könne.

Zurück im Hotel, ließ ich mir ein Heftpflaster geben. Ich betrachtete mich im Spiegel und sah unterhalb meiner Brustwarze einen großen blauen Lutschfleck, der wehtat, wenn ich ihn betastete. Ich klebte das Amulett mit dem Pflaster auf den Fleck. Auch in meiner Brust spürte ich etwas wie eine Wunde. Ansonsten fühlte ich mich leicht und voller Energie.

Am nächsten Tag erwartete Juan Alonso Guerrero uns wieder im Zeremonialhaus. Er fragte nach meinen Träumen, und während er sich auszog und sein Ritualgewand anlegte, erzählte ich ihm, was ich geträumt hatte.

Ich stehe im Traum mit einem weiten blauen Mantel bekleidet am Rand eines Hochplateaus. Vor mir öffnet sich ein fast senkrecht abfallender, Hunderte Meter tiefer Abgrund, weit unter mir sehe ich eine Ebene mit dichtem Baumbestand. Ich gehe ein wenig in die Knie, stoße mich ab und hechte ins Bodenlose. Ich breite die Arme aus, dabei spannt sich der Mantel, und ich segle wie ein Drachenflieger langsam und weite Kreise ziehend nach unten und lande sicher in einer traumhaft schönen, mit bunten Blumen übersäten Lichtung. Ich lege mich auf dieser Wiese auf den Rücken und schaue staunend nach oben. Ich kann kaum glauben, dass ich aus dieser unglaublichen Höhe heruntergesprungen bin. Ganz verblüfft über den Mut, den ich beim Sprung in den Abgrund bewiesen habe, wache ich auf.

Guerrero war begeistert: »Der Traum zeigt uns, dass unsere Arbeit erfolgreich war, und nun brauchen wir dich nur noch zu schützen«, übersetzte Pico.

Nachdem Juan Alonso *jopo* geschnupft und auch ich meine Prise genommen hatte, betrachtete er mich wieder lange durch den rosafarbenen Bergkristall.

»Es ist nichts übrig geblieben, alles ist vollkommen sauber«, stellte er zufrieden fest.

Er holte eine Menge verschiedener Behältnisse aus seiner »Apotheke«, stellte sie vor sich auf die Erde. Dann nahm er aus der Tasche seiner Hose, die er neben sich gelegt hatte, ein winzig kleines Fläschchen hervor. Es erinnerte mich an die Probefläschchen, die Frauen manchmal in Parfümerien geschenkt bekommen. Nacheinander musste ich die Farben der Blumen aus meinem Traum aufzählen. Jede Farbe ließ er sich genau beschreiben und suchte dann aus einer der Dosen und Büchsen farbige Pulver, kristalline Krümel oder eine klebrige Masse, von denen er jeweils eine kleine Menge in das Fläschchen gab. Dann fügte er noch einen kleinen scharlachroten toten Käfer hinzu. Sieben verschiedene Farben hatte er in dem Fläschchen. Dazu gab er noch zwei Pülverchen, drei Stacheln eines Igels sowie eine tote Mücke und das äußerste Schwanzende einer Eidechse.

»Dies ist dein Talisman, der dich vor weiteren Angriffen schützen wird«, übersetzte Pico.

Ich bekam dazu noch ein Umhängetäschchen geschenkt, in dem ich ihn eine Woche auf der Brust tragen sollte, danach müsse ich ihn unter meine Matratze legen. Wenn ich mich krank oder ohne Energie fühle, sollte ich es auch am Tag bei mir tragen. Denn in solchen Momenten der Schwäche sei man besonders gefährdet für Angriffe. Aber durch seine Arbeit werde auch der Ärger des Brujo ständig abnehmen und sich nach einigen Monaten auflösen.

»Verschwende keinen Gedanken an den Brujo«, ermahnte er mich. »Das könnte ihn sonst anregen, dir neuerdings Böses zu senden.«

Der Hexenbaum © Shamanism & Healing Associatic

Der Hexenbaum

Am Rande von Malis kleinem Dorf steht ein mächtiger Marulabaum. Sein Stamm ist wohl einen Meter dick, und seine weit
ausladende Krone wirft einen tiefen Schatten über den darun-
terliegenden runden Platz. Ein Kreis aus Aloepflanzen umgrenzt
das Ganze. Kein Grashalm ist zu sehen, und es schaut so sauber
und ordentlich aus, als würde hier täglich gefegt.

Mir ist der Baum unheimlich, und ich nähere mich ihm mit
Vorsicht und Respekt. Ich stehe jetzt auf dem runden Platz und
blicke nach oben. Ein kalter Schauer läuft mir den Rücken
herab, und die Haare im Nacken und an meinen Armen stehen aufrecht. Hunderterlei hängt in den Zweigen und Ästen:
Kleider, Schuhe, Röcke, Felle, Ketten, Strümpfe, Amulette,
Unterhosen, Hemden, Schals, Sandalen, Tücher, Knochen, der
Schwanz eines Krokodils, das Skelett eines Vogelkopfs und
vieles mehr. Manches ist bereits so stark verwittert, als hinge es
schon Jahre oder Jahrzehnte dort. Es ist richtig gruselig. Natürlich will ich wissen, was es mit diesem Baum auf sich hat,
und bei der nächsten Gelegenheit frage ich Mali.

»Wir Sangomas sind unseren Spirits und Ahnen verpflichtet, keine Schwarzmagie zu betreiben«, beginnt er. »Zu den
vielen Aufgaben, die wir zu erfüllen haben, gehört auch das
Aufspüren von Schwarzmagiern. Vorgestern war der Chief
eines Dorfs bei mir und berichtete, dass in seinem Dorf seltsame
und beängstigende Dinge passierten. Vieh stirbt, Menschen
werden von unbekannten Krankheiten heimgesucht, Wasser-
löcher, die seit Menschengedenken immer Wasser hatten,
trocknen aus. Kürzlich hat auch ein Bewohner des Dorfs bei
mir Hilfe gesucht, und ich habe mit den *bones* herausgefunden,
dass er mit einem bösen Fluch belegt war. Diesen habe ich
dann an den Absender zurückgeschickt. Übermorgen ist der
Mond voll. Der Chief wird alle erwachsenen Bewohner des
Dorfes herschicken.

Der Chief wird auch zwei seiner ›Sicherheitsbeauftragten‹ benennen, *security guards*, die sie begleiten. Er wird ihnen sagen: ›Ihr seid meine Augen und Ohren. Wenn ihr zurückkommt von dem Ritual, geht ihr schnurstracks in den Kraal und überbringt mir die Antwort.‹

Meist findet das Ritual in der Nacht statt«, fährt Mali fort, »weil die Leute, die Jobs haben, dann auch kommen können. Es dauert den ganzen Abend und die Nacht, oft bis zum Morgengrauen. Wir schlafen nicht, denn wir sind auf Hexenjagd. Heute ist Sonntag, da können wir am Tag arbeiten, und wir werden herausfinden, wer die Schwarzmagier sind.«

Ich kann es kaum erwarten, weil ich natürlich wissen will, wie man Schwarzmagier entlarvt. Was sind das für Menschen, die anderen Schaden zufügen, was sind ihre Motivationen, und wie und wo haben sie das gelernt? Auf derlei Fragen bekomme ich von allen die Antwort: »Warte, und du wirst sehen.«

Jedes Mal wenn ich Schamanen besuche, ist das Erste, was ich berücksichtigen muss, unendlich viel Geduld zu haben. Also beobachte ich, wie sich Mali und seine siebzehn Schüler vorbereiten.

Die Trommeln werden nachgespannt und in die Sonne gestellt. »Damit ihr Klang besser ist«, sagt Mali. Fußbänder mit schellenähnlichen Nussschalen, die bei jedem Schritt klappern, werden hergerichtet, die Ritualkleidungsstücke herausgeputzt. Mali ist nirgends zu sehen.

Am frühen Nachmittag des Vollmondtags treffen die Bewohner des Dorfs in kleineren und größeren Gruppen ein. Sie bieten einen bekümmerten Eindruck. Malis Dorf ist leer wie eine Geisterstadt, nur ein Halbwüchsiger weist den ersten Ankömmlingen den Platz unter dem Hexenbaum zu, dann ist auch er verschwunden. Die Schüler Malis, einige seiner Frauen und ich stehen in dem Haus, das dem Hexenbaum am nächsten steht.

Die Schamanenschüler, die teilweise schon bis zu drei Jahre hier sind, beginnen sich anzuziehen. Alle haben ein hübsch bedrucktes farbiges Tuch um die Hüften und darüber ein Affenfell gebunden. Oben sind sie meist nackt, manche der Frauen tragen einen BH. Alle haben viele Ketten, die über Kreuz unter den Achseln verlaufen. Um den Hals tragen alle Schüler eine Kette aus spannenlangen Wurzeln. Ihre gepflegten Haare sind mit Öl und ockerfarbener Erde eingeschmiert und hängen in kleinen Zöpfchen um den Kopf herum.

Mali ist immer noch verschwunden, keiner weiß, wo er sich befindet. Ich habe mein Fernglas mitgebracht und schaue mir die Dorfbewohner an. Männer und Frauen allen Alters sitzen in Gruppen zusammen.

»Sind das die Familienclans?«, frage ich Kenyetta, eine von Malis Frauen, die Englisch spricht und Lehrerin ist.

»Nein, die vermischen sich absichtlich, weil sie testen wollen, wie gut wir sind. Als Erstes müssen wir sie positionieren.«

»Jetzt lassen wir sie erst mal eine Stunde kochen«, höre ich auf einmal Malis Stimme.

Er war unbemerkt hereingekommen. Alle müssen ihm jetzt in die Zeremonienhütte folgen. Dort wird lange und intensiv gebetet, und die Ahnen und Geister werden zu Hilfe gerufen. Dann verschwindet Mali wieder und kommt nach kurzer Zeit zurück. Er sieht imponierend aus. Ein Leopardenfell bedeckt seinen Körper bis zu den Knien. Jeder in Zululand weiß, dass ein Sangoma alle Tiere, deren Fell er trägt, selbst mit der Lanze erlegt haben muss. Auf dem Kopf trägt er eine Mütze aus dem Fell eines Schakals, die am unteren Rand mit drei Reihen Kaurimuscheln verziert ist. Eine fast vier Meter lange Pythonschlangenhaut liegt um seine Schultern und hängt vorn beidseitig herunter. Mehrere Ketten, Halsbänder, Armbänder und die an den Unterschenkeln befestigten breiten Bänder mit Klappern vervollständigen sein beeindruckendes Aussehen.

»Du hast die Erscheinung eines Königs«, entfährt es mir.

Vier seiner Schüler gehen in den Kreis, und in einer Art Singsang reden sie auf die Dorfbewohner ein.

»Wenn die Dörfler kommen«, erklärt mir Mali, »weißt du

nicht, wer sie sind. Also, wenn wir anfangen, bringen wir sie zunächst durch Trommeln und Gesänge in einen Rhythmus, und wenn der Rhythmus alle erfasst hat, können wir Bewegungen sehen. Dass dieser da nicht hingehört, sondern dorthin, dass jener an der falschen Stelle sitzt, und du sagst ihm: ›Geh da rüber.‹ Du machst das, bis die Bewegung still wird, und währenddessen wird der Rhythmus immer schneller wie bei einer Lokomotive, die Fahrt aufnimmt. Wenn alle positioniert sind, die Familien beisammen, die anderen Bewohner dort, die *security guards* auf der anderen Seite, dann ist alles ausbalanciert und du kannst beginnen. Das machen meine Schüler, und ich überwache es aus der Ferne.«

Die vier kommen zurück: »Wir haben sie jetzt positioniert, wir können anfangen.«

Im Hof des Rounddoubles formiert sich nun die Gruppe. Ich zähle einundzwanzig, alle halten in der rechten Hand eine Lanze und in der anderen einen Holzstab mit einem dicken keulenartigen Kopf. Auf ein Zeichen Malis ertönen die Trommeln lauter. Sie werden von Malis zehn Frauen geschlagen. Jetzt setzt sich der Zug in Bewegung. Vier Reihen à fünf und Mali vorneweg. In gleichem Rhythmus machen sie kleine Schritte und stampfen fest auf. Die eine Hand arbeitet waagerecht mit der Lanze, und die andere bewegt den Keulenstock senkrecht immer wieder auf und ab. Bei jedem Schritt klappern die Fußrasseln. Die Frauen bleiben mit ihren Trommeln zurück, verstärken aber langsam die Lautstärke. Mir stellen sich die Haare auf, es ist furchterregend.

Mali stimmt einen Gesang an, dessen Refrain von allen gesungen und stets aufs Neue wiederholt wird.

»Mali ist furchtbar mächtig, wir sind seine Krieger, wir sind seine Waffen, der mächtige Mali und wir handeln im Auftrag der Spirits und Ahnen. We smell out all witches – wir enttarnen alle Hexen und Hexer.«

Mali singt:

»Ich, Mali Goumede bin der Sohn der Ahnen.
Ich, Mali Goumede, handle im Auftrag des Chiefs und der
    Spirits.
Ich, Mali Goumede, und meine Krieger,
wir sind eins, wir sind eine Einheit.
Wir finden alle *witches*: We will smell them out.
Wir nehmen ihnen die Power ab.
Die Ahnen und Spirits werden uns helfen, die *witches* zu
    finden.
Wir werden euch finden.
Wir finden immer alle.
Über euch hängen die Beweise.
Wir haben schon viele *witches* gefunden.
Über euch hängen die Trophäen.
Wir haben sie ihnen genommen.
Über euch hängen die Reste der *witches*.
Das ist der Beweis.
Wir lassen euch erzittern.
Unsere Power ist groß.
Wir kommen, um eure Power zu vernichten.«

Und immer wieder singen alle den Refrain. Langsam bewegt
sich der Zug auf das Rund unter dem Hexenbaum zu. In einer
Hälfte des Platzes sitzen die Dorfbewohner, die andere ist noch
frei. Nur noch einige Meter fehlen, bis die Gruppe den Platz
erreicht. Die Schritte werden kleiner, und der Rhythmus der
Fußrasseln wird schneller und lauter. Gleichzeitig werden die
Trommeln ganz langsam leiser und verstummen. Die Dorfbewohner schauen wie gebannt auf Mali und seine Krieger. Das
nutzen die Frauen aus, um sich, indem sie einen großen Bogen
machen, unbemerkt hinter die Dorfbewohner zu schleichen.
    Der Zug ist angekommen. Mali hebt seinen Speer weit nach
oben. Keine Bewegung mehr, jeder Laut verstummt. Die plötz-
liche Stille, die endlos zu sein scheint und dauert und dauert,
wirkt bedrohlich. Ich spüre, wie die Spannung der Menschen
einen vorläufigen Höhepunkt erreicht. Mali hebt wie in Zeit-

lupe seine Lanze weit nach oben und stößt sie dann blitzschnell tief in die Erde.

Das ist das Zeichen für die Frauen. Sie schreien in einem sehr hohen, schrillen Ton und bewegen dabei die Zunge von oben nach unten, sodass ein durchdringender Trillerlaut entsteht, und die Trommeln donnern mit voller Lautstärke los. Wie vom Blitz getroffen drehen sich alle um. Manche springen sogar auf. Als sie sich wieder umdrehen, sehen sie, dass die Krieger mit dem rechten Fuß einen Schritt nach vorn gemacht haben. Vorgeneigt, die Knie leicht gebeugt, die Lanzen nach vorn gerichtet, sehen sie aus, als ob sie gleich angreifen würden.

Die Trommeln verstummen. Mali beginnt zu sprechen. Kenyetta steht neben mir. Sie kann nicht teilnehmen, weil sie ihre Regel hat.

Sie übersetzt. »Ihr und ich, wir sind hier. Ihr Dörfler wollt wissen, wer hat diese üblen Dinge im Dorf getan. Wer ist der Schuldige? Oder vielleicht sind mehrere schuldig. Sie sind hier unter uns. Ihr müsst uns genau berichten, was vorgefallen ist. Was genau ist geschehen. Wer war dabei, als es geschah? Wer hat es mit eigenen Augen gesehen? Ihr vermutet, wer es sein könnte, aber ihr wisst es nicht genau. Deshalb seid ihr hier. Wir werden es herausfinden. We will smell them out. Sie verstecken sich. Sie tragen Masken. Aber wir werden sie demaskieren, sodass wir alle ihre wirklichen Gesichter sehen können. Erst wenn wir ihnen die Masken heruntergerissen haben, sind wir zufrieden. Ich werde euch Fragen stellen, und alle müssen antworten. Wenn einer nicht die Wahrheit sagt, werdet ihr sagen: ›Nein das stimmt nicht, das war anders.‹«

Er zeigt auf die *Security*-Männer: »Ihr seid nicht verdächtig.« Und er zeigt auf einige andere: »Ihr seid auch außer Verdacht.«

Trommeln beginnen ein Frage-und-Antwort-Spiel, sie schlagen den Takt für die Zeremonie. Der Singsang, bei dem die Dorfbewohner immer die letzten Worte Malis nachsingen müssen, ist rhythmisch und erinnert mich an eine Dampflokomotive, die zögernd anfährt, sehr langsam Fahrt aufnimmt und immer schneller wird. Die Schamanenschüler geben den Rhythmus vor. Sie bewegen ihre Keulen auf und ab, ihre Lanzen sind auf die Versammelten gerichtet und werden immer wieder kraftvoll nach vorn gestoßen. Das Tempo steigert sich zu einem rasenden Stakkato und wird immer lauter. Mali und seine Krieger bringen sich mit ihrer ganzen Energie ein. Der Schweiß läuft ihnen übers Gesicht und in Bächen über die nackten Oberkörper.

»Mali arbeitet selektiv, er sortiert die Unschuldigen aus.«

Der Kreis der Verdächtigen wird immer kleiner. Die Sonne steht jetzt so, dass keiner von ihnen im Schatten sitzt. Schweißgebadet verharren sie dort. Als nur noch ein Viertel der Dörfler übrig ist, unterbricht Mali das Ritual. Ihnen wird erlaubt, zu rauchen und ihre Glieder zu strecken. Aber sie müssen auf dem Platz unter dem Hexenbaum sitzen bleiben. Nur zur Latrine dürfen sie. Die Krieger und die Frauen gehen in den Hof des Rounddoubles.

»Jetzt lassen wir sie noch mal eine Stunde braten«, sagt Mali, »dann wird es ganz schnell gehen, ich denke, ich weiß schon, wer die Übeltäter sind.« Die Sonne brennt unbarmherzig, und sie braten jetzt sozusagen von innen und außen.

Wir sind wieder in dem Haus, das dem Baum am nächsten liegt, und beobachten sie mit mehreren Ferngläsern. Jeder versucht, den oder die Schuldigen zu finden. Das wird zwischen den Schamanenschülern heftig diskutiert. Fast alle sind sich einig, dass es eine »Dreierbande« ist, bestehend aus einer Frau und zwei Männern. Mali hört aufmerksam zu, was seine Schüler sagen, und besonders, wie sie ihre Vermutungen begründen. Er selbst lächelt, hält sich aber völlig zurück.

Wir bekommen von den Frauen Kaffee, Wasser, Saft und Obst gebracht; und die »Truppe« braucht das auch, denn sie hat sich energetisch völlig verausgabt.

Eine halbe Stunde ist um, und Mali beordert seine Krieger in die Zeremonialhütte, »… um die Batterien wieder aufzuladen«, wie er sagt. Dort wird wieder gebetet, gesungen, und die Spirits und Ahnen werden um Hilfe gebeten.

Mali hält eine kleine Ansprache – wie ein Coach, der seine

Mannschaft in der Halbzeit noch einmal motiviert, alles zu geben. Dann gehen sie los. Das Prozedere ist das gleiche wie vorher, nur ein wenig schneller. Als sie fast auf dem Platz angekommen sind, stößt Mali plötzlich laute, markerschütternde Schreie aus. Er springt mehrmals hoch in die Luft und fuchtelt dabei bedrohlich mit seinen Waffen in Richtung der Verdächtigen. Diesen Moment, in dem er alle Aufmerksamkeit auf sich zieht, nutzen die Frauen, um sich wieder anzuschleichen und mit ihrem vibrierenden kreischenden Schreien und dem donnernden Trommeln zu beginnen. Sie dröhnen so laut, dass Mali seinen Gesang zum Fortissimo steigern muss. Die Dampflok setzt sich wieder in Bewegung, doch diesmal kommt sie schneller auf Volldampf. Rasch sind nun so viele aussortiert, dass nur noch sieben Verdächtige schweißgebadet und mit verängstigten oder versteinerten Gesichtern übrig bleiben. Mali und die Krieger bewegen sich jetzt auf diese zu. Mit kleinen Schritten, wobei sie die Knie bis fast auf Brusthöhe reißen, um dann den Fuß klatschend auf den Boden zu stampfen. Die Energie ist so dicht, dass ich das Gefühl habe, man könne sie wie Polenta in Scheiben schneiden. Ganz bald hat Mali noch zwei Unschuldige herausgenommen. Einer der fünf hält nun die Spannung nicht mehr aus. Er springt auf und rennt wie von Furien gepeitscht davon. Aber darauf haben die Dorfbewohner anscheinend schon gewartet. Mit Schlägen und Fußtritten befördern sie ihn in den Kreis zurück. An der Reaktion der Restlichen hat Mali wohl erkannt, wer noch unschuldig ist, und er selbst führt diesen aus dem Kreis.

Die übrigen vier, zwei Männer und zwei Frauen, werden von den Kriegern umringt und in die Mitte des Platzes unter den Baum gedrängt. Die beiden Frauen heulen, schreien laut und wild gestikulierend, eine wälzt sich am Boden. Einer der Männer, ein Glatzkopf, steht wie versteinert an den Baum gelehnt, während der andere sich vor Mali auf die Erde geschmissen hat und aussieht wie ein geprügelter Hund, der um Gnade winselt. Mali schreit sie mit voller Lautstärke an, und sie erheben sich und werden ruhiger.

Wie ich nachher von ihm erfahre, erklärte er sie für schuldig und forderte ein sofortiges Geständnis: »Einer versuchte, die Schuld auf den anderen zu schieben, und dann habe ich sie noch mal richtig angebrüllt, die Zähne gefletscht und meine Kette aus Löwen- und Leopardenzähnen auf sie gerichtet. Dann mussten sie die Wahrheit sagen ... Der Glatzkopf war der Anführer und wird wohl schwerer bestraft werden als die anderen«, sagt er später.

Ihnen werden die Haare geschnitten, und sie müssen sich nackt ausziehen. Mali nimmt den Verbrechern Amulette und Ketten ab. Unter grölendem Gelächter und lauten Beschimpfungen der Dorfbewohner werden sie von oben bis unten mit weißer Asche und Medizin beschmiert: die Frauen von einer weiblichen, die Männer von einem männlichen Sangoma.

»Sie müssen nackt sein. Egal, ob es eine alte Frau, ein alter Mann oder eine junge Frau ist. Wir beweisen damit, dass sie jetzt demaskiert sind und ihre eigenen natürlichen Kleider tragen, die nackte Haut. Diese weiße Medizin wird bewirken, dass sie in ihrem Leben keine schwarze Magie mehr machen können«, sagt Kenyetta.

Ein Kleidungsstück und die Amulette werden nun von den Schülern in den Baum gehängt. »Als Symbol dafür, dass er ihnen ihre Macht genommen und bewiesen habe, dass Mali Goumede stärker ist als alle Schwarzmagier«, erklärt mir Kenyetta.

Die Arbeit Malis ist getan. Die Dorfbewohner treiben die Schuldigen unter lauten Beschimpfungen und gelegentlichen Tritten in den Hintern in Richtung Lastwagen, mit dem sie gekommen sind.

Schweißgebadet, erschöpft, aber mit einem zufriedenen Lächeln kommt Mali herein. »Weißt du, es besteht für uns die Gefahr, getötet oder verletzt zu werden. Denn die Schwarzmagier präparieren sich, wenn sie kommen. Falls du nicht stark genug bist, schlagen sie dich nieder, und es wird dir schwerfallen, wieder aufzustehen. Es könnte dein Ende sein.

Der Chief wird nun die Bestrafung vornehmen«, sagt Mali.

»Das ist nicht meine Aufgabe. Ich bekomme eine Kuh und zwei Ziegen für meine Arbeit. Die Schuldigen dürfen im Dorf bleiben. Wenn ein Mensch getötet worden wäre, würden sie ausgestoßen, und sie müssten es verlassen.«

Eine furchtbare Strafe für einen Afrikaner, weil er dann nicht nur seine Familie, sondern auch seine Ahnen verlassen muss. Als Strafe werden sie das verstorbene Vieh ersetzen und viele Kühe und Ziegen hergeben müssen, um Mali zu bezahlen und als Strafe.

Der Hexenbaum, der mächtige Marulatree mit all seinen Trophäen, ist ein unübersehbarer Beweis für Malis Macht über das Böse!

Dank

Mein tiefer Dank gilt allen Schamanen, Heilern und Meistern, denen ich im Laufe meiner Tätigkeit begegnet bin. Sie waren mir oft kritische Prüfer, Lehrer, Heiler, Berater und Freunde zugleich und haben mir bedeutsame Erkenntnisse enthüllt. Tiefe Einsichten zum Verständnis meines Lebens sowie des menschlichen Daseins und seine Einbindung ins kosmische Geschehen verdanke ich ihnen.

Ich bin meinem Freund Dieter Mittelsten Scheid sehr dankbar für die vielen Gespräche, die mir in wesentlichen existenziellen Themen und Fragen Anregungen gaben und mehr Klarheit schufen. Er war auch Mitbegründer der Shamanism & Healing Association. Batiya Schwarz, Guni und Walter Baxa haben die ersten beiden Kongresse wesentlich mitgestaltet und koordiniert.

Meiner Mutter, meinem Vater und meinen Großeltern sei Dank, denn ohne sie wäre ich nicht der, der ich bin.

Den beiden Lektoren Claudia Preuschkof und Ralf Lay danke ich für ihre einfühlsame Mitarbeit.

Ganz besonders dankbar bin ich meiner Tochter Tinka. Sie ist mir eine treue Begleiterin und wertvolle Ratgeberin bei allen Kongressen und auf einigen Reisen gewesen. Sie hat mir wertvolle Hinweise beim Schreiben und bei der Überarbeitung dieses Buches gegeben.

Literatur

Die Bhagavadgita. Der Gesang des Erhabenen, Insel, Frankfurt a. M. 1961

Bentov, Itzhak: *Auf den Spuren des wilden Pendels. Abenteuer im Bewusstsein*, Rowohlt, Reinbek 1985

Bentov, Itzhak, und Mirtala Bentov: *Transformation: Cosmic Book. Wie die Schöpfung funktioniert*, Rowohlt, Reinbek 1987

Bohm, David: *Science, Order and Creativity*, Taylor & Francis, Abingdon, UK, 2010

Campbell, Joseph: *Mythologie der Urvölker*, dtv, München 1996

–, *Mythologie des Ostens*, dtv, München 1996

–, *Mythologie des Westens*, dtv, München 1996

–, *Schöpferische Mythologie*, dtv, München 1996

Capra, Fritjof: *Das Tao der Physik*, O. W. Barth, München 2012

–, *Lebensnetz. Ein neues Verständnis der lebendigen Welt*, Scherz, München 1999

Castaneda, Carlos: *Das Rad der Zeit. Das Vermächtnis des Don Juan*, Fischer, Frankfurt a. M. 2000

Dürr, Hans Peter (Hg.): *Physik und Transzendenz. Die großen Physiker unserer Zeit über ihre Begegnung mit dem Wunderbaren*, Driediger, Hagen 2012

Dürr, Hans Peter, und Marianne Österreicher: *Wir erleben mehr, als wir begreifen*, Herder, Freiburg 2006

Goodman, Felicitas: *Trance. Der uralte Weg zum religiösen Erleben*, Gütersloher Verlagshaus, Gütersloh 2003

–, *Ekstase, Besessenheit, Dämonen. Die geheimnisvolle Seite der Religion*, Gütersloher Verlagshaus, Gütersloh 1997

–, *Meine letzten 40 Tage. Eine indianische Version über das Sterben und den Tod*, Zürich, Walter, Düsseldorf/Zürich 1996

–, *Die andere Wirklichkeit. Über das Religiöse in den Kulturen der Welt*, Trickster, München 1994

Grof, Stanislav: *Alte Weisheit und modernes Denken*, Kösel, München 1991

–, *Jenseits des Todes. An den Toren des Bewusstseins*, Kösel, München 1984

Grof, Stanislav, Ervin Laszlo und Peter Russell: *Die Bewusstseins-Revolution*, Riemann, München 1999

Hall, James: *Sangoma. Eine Reise zu den Geistern Afrikas*, Droemer Knaur, München 1996

Harner, Michael: *Der Weg des Schamanen*, Rowohlt, Reinbek 1984

Kharatidi, Olga: *Samarkand. Eine Reise in die Tiefen der Seele*, List, München/Leipzig 2005

–, *Das weiße Land der Seele*, List, München/Leipzig 1997

Krishnamurti, Jiddu: *Fragen und Antworten und sein Gespräch mit Prof. David Bohm über das Erwachen der Intelligenz*, Goldmann, München 1985

–, *Freedom from the Known*, Harper, San Francisco 1975

–, *Awakening of Intelligence*, Harper, San Francisco 1975

Lazlo, Ervin: *Der Quantensprung im globalen Gedächtnis*, ViaNova, Petersberg 2010

–, *Zu Hause im Universum. Eine neue Vision der Wirklichkeit*, Allegria, Berlin 2005

–, *Geburt, Tod und Transzendenz. Neue Dimensionen in der Psychologie*, Kösel, München 1985

Lüpke, Geseko von: *Altes Wissen für eine neue Zeit. Gespräche mit Heilern und Schamanen*, Kösel, München 2006

Lutyens, Mary: *Krishnamurti. Jahre des Erwachens. Eine Biographie*, Hugendubel/Kailash, München 1982

Maturana, Humberto, und Francisco J. Varela: *Der Baum der Erkenntnis. Die biologischen Wurzeln des menschlichen Erkennens*, Scherz, Bern/München/Wien 1987

Mittelsten Scheid, Dieter: *Stille in einer lauten Welt. Im Schweigen sich selbst erfahren*, Kösel, München 2007

Mookerjee, Ajit: *Tantra Art. Its Philosophy and Physics*, Ravi Kumar, Basel/Paris/Delhi 1971

–, *Tantra Asana. A Way to Self Realisation*, Basel/Paris/Dehli 1971

Narby, Jeremy: *Die kosmische Schlange. Auf den Pfaden der Schamanen zu den Ursprüngen modernen Wissens*, Klett Cotta, Stuttgart 2007

–, *Intelligenz in der Natur. Eine Spurensuche an den Grenzen des Wissens*, AT Verlag, Baden 2006

Ouspensky, P. D.: *Auf der Suche nach dem Wunderbaren*, O. W. Barth, München [12]2005

–, *Tertium Organum. Der Dritte Kanon des Denkens*, O. W. Barth, München 1980

Pennington, George: *Die Tafeln von Chartres. Die gnostische Schau des Westens*, Walter, Düsseldorf 1994

Purce, Jill: *Die Spirale. Symbol und Seelenreise*, Kösel, München 1988

Richter, Herta, und Dieter Mittelsten Scheid: *Vom Wesen des Atems*, Forum Zeitpunkt, Wiesbaden 2006

Sheldrake, Rupert: *Das Gedächtnis der Natur. Das Geheimnis der Entstehung der Formen in der Natur*, Scherz, Bern 1994

–, *Die Wiedergeburt der Natur. Eine neue Weltsicht*, Rowohlt, Reinbek 1994

–, *Das schöpferische Universum. Die Theorie des morphogenetischen Feldes*, Meyster, München 1992

Singer, Wolf: *Ein neues Menschenbild? Gespräche über Hirnforschung*, Suhrkamp, Frankfurt a. M. 2003

Somé, Malidoma: *Vom Geist Afrikas*, Diederichs, München 2000

Varela, Francisco J.: *Traum, Schlaf und Tod. Der Dalai Lama im Gespräch mit westlichen Wissenschaftlern*, Piper, München 2001

Vivekananda, Swami: *Jnana-Yoga. Pfad der Erkenntnis. Raja-Yoga*, 3 Bände, Rascher, Zürich 1973

Wilber, Ken: *Das holographische Weltbild. Wissenschaft und Forschung auf dem Weg zu einem ganzheitlichen Weltverständnis. Erkenntnisse der Avantgarde der Naturwissenschaften*, Scherz, Bern 1986

–, *Quantum Questions. Mystical Writings of the World's Greatest Physicists*, New Science Library, Shambhala, Boulder/London 1984

Glossar

Abuelo *(spanisch)*: Großvater, Ahn, Stammvater, Großpapa.

Akasha-Chronik *(wörtlich »Himmels-« oder »Ätherchronik«)*: Der theo- beziehungsweise anthroposophischen Auffassung nach ein alles um- fassendes »Weltgedächtnis«, ein übersinnliches »Buch des Lebens«. In Deutschland wurde der Begriff Anfang des 20. Jahrhunderts vor allem durch Rudolf Steiner bekannt. Schamanen haben offensichtlich einen Zugang zu diesem höheren Wissen. Sie können mit Pflanzen, Bäumen oder →Spirits kommunizieren und von ihnen Informationen, Rezepte und Ratschläge bekommen (→kosmisches Bewusstsein).

Astralleib, -körper *(nach dem lateinischen Wort für »sternartig«)*: fein- energetische »Hülle«, die vielen okkulten oder religiösen Lehren zu- folge den Menschen beziehungsweise seine Seele umgibt und den physischen Tod überdauert (→Aura).

Aura *(wörtlich »Hauch, Lufthauch«)*: feinstofflicher Körper, der alle Wesen umhüllt. Ein unbegrenztes Energiefeld, das sich in ständigem Austausch mit einem feinenergetischen Feld der Erde und dem des ganzen Kosmos befindet. Wenn sich Ungleichgewichte in der Aura entwickeln und über längere Zeit bestehen bleiben, verändern sie un- ser Befinden, und Krankheiten können entstehen, bevor sie sich im Körper manifestieren. An diesem Ursprung unserer körperlichen Symptome kann eine Heilung ansetzen, die unsere Lebensenergie wie- der in Fluss bringt und uns von innen her gesunden lässt (→Chakra).

Aveleda: →Pilzzeremonie.

Ayahuasca *(»Ranke der Seele«, auch »Liane der Toten«)*: in den Tiefen des Amazonas-Regenwalds wachsende, als heilig betrachtete Schling- pflanze, die für ihre »magischen Kräfte« bekannt ist. »Ayahuasca« ist das →Quechua-Wort für verschiedene Spezies der Schlingpflanze *Banisteriopsis caapi*. Das daraus gekochte, Visionen erzeugende Ge- tränk hat als Grundsubstanz eine Kombination der harmalinhaltigen Liane und der DMT-haltigen Blätter des Chacruna-Baumes *(Psychot-*

ria viridis). Harmalin hemmt die Ausschüttung des körpereigenen Enzyms Monoaminooxidase (MAO). Dieses Enzym baut den visionär-psychedelischen Wirkstoff Dimethyltryptamin (DMT) normalerweise ab, noch bevor er im Hirn aktiv wird. Nur durch die Kombination der beiden Wirkstoffe kann das DMT im Körper freigesetzt werden und die einzigartigen Visionen auslösen. Regional werden dieser Grundsubstanz noch andere Bestandteile zugefügt, um spezifische Wirkungen, stärkere Visionen oder bestimmte Heilwirkungen zu erzeugen. Fast jeder Schamane hat seine eigenen Rezepte.

Dem amerikanischen Professor Charles Grob zufolge, der jahrelang mit der Erforschung dieser Substanzen befasst war, bewirkt Ayahuasca einen tiefen Zustand von Bewusstseinsveränderung und kann zeitweise zum Egoverlust führen. Es erlaubt dadurch den Menschen, ihre Abwehrmechanismen zu überwinden und so in die Tiefen ihres Unterbewusstseins einzudringen. Eine Ayahuasca-Erfahrung kann aber auch zur Höllenreise werden, wenn man gezwungen ist, sich mit seinen Dämonen zu konfrontieren. Manche Menschen unserer westlichen Kultur sind damit überfordert.

Bones *(wörtlich »Knochen«)*: Set von Knochen und Muscheln, die dem Schamanen zur →Divination dienen.

Bonethrowing: →Knochenorakel werfen.

brazero: Räuchergefäß.

Brujo: Hexer, Magier.

Call *(wörtlich »Ruf«)*: Berufung zum Schamanen durch veränderte Lebensumstände und intensive Träume. In den Worten des Schamanen Percy Konqobe: »Er [der Call] bricht wie eine Naturgewalt über den Erwählten herein und zeigt sich durch Krankheit, Schmerzen, psychische Störungen, Zustände nervöser Spannungen sowie in Träumen und Visionen. Es kann sein, dass er oder sie ihre Arbeit verlieren oder dass die Familie auseinanderbricht. Der Mensch hat die Kontrolle über sein Leben verloren. Er weiß nicht mehr, was mit ihm geschieht, bis zu dem Augenblick, an dem er seinen Call akzeptiert.«

Ceremonia de limpia de los cuatro elementos: Reinigungszeremonie mit den vier Elementen.

Chakra *(nach dem Sanskritwort für »Rad, Kreis«)*: Nach hinduistischer Auffassung befinden sich in der →Aura des Menschen Zentren subtiler Energie, »Chakras« oder »Chakren« genannt. Als (Haupt)chakras werden sieben Zentren bezeichnet, die entlang der Wirbelsäule liegen. Das höchste befindet sich am Scheitelpunkt des Kopfes. Medial begabte Menschen, die die Aura sehen können, beschreiben die

Chakras als »Lotosblüten« in kreisender Bewegung, wodurch der Eindruck eines Rads entsteht.

Coloman: ehemaliges Zentrum für Selbsterfahrung und Therapie in Coloman und München. Es war vergleichbar mit dem »Esalen Institute« in Kalifornien, mit dem es auch eng kooperierte. Über die biografisch-therapeutische Arbeit hinaus wurden Gruppen und Workshops zu existenziellen und spirituellen Themen angeboten. In Coloman arbeitete man schon in den siebziger Jahren mit schamanischen Ansätzen.

Copal: Baumharz, das bei schamanischen Ritualen (Räucherungen) eingesetzt wird.

Curandero, Curandera: Heiler, Heilerin, →Schamanen, die die Aufgaben eines Arztes ausüben und dabei traditionelle ganzheitliche Heilweisen anwenden, verbreitet in ganz Lateinamerika.

Dancing Stick: Holzstab mit einem dicken, keulenartigen Kopf.

Deva *(wörtlich »der Leuchtende«)*: »Himmelswesen« oder »Götter«, im Buddhismus Bezeichnung für die Bewohner von »glücklichen Sphären«, den »Himmeln«, die aber dem Kreislauf der Wiedergeburten unterliegen (→Spirits).

Dhikr *(etwa »Gedenken an Gott«)*: von den →Sufis entwickelte Atemübung, um die →Chakras zu stimulieren, sie immer weiter zu öffnen und um spirituelle Energie aufzunehmen.

Divination *(etwa »Vorhersehung, göttliche Eingebung«)*: der Versuch, mittels eines okkulten Verfahrens oder Rituals einen Einblick in eine Frage oder Situation zu gewinnen. Wahrsager verifizieren durch das Lesen von Zeichen, Vorfällen, Omen oder durch den Kontakt mit der spirituellen Ebene ihrer Interpretationen, wie ein Fragender behandelt oder beraten werden soll. Die Divination kann als eine systematische Methode gesehen werden, um zu ordnen, was scheinbar in Unordnung ist, und so Einblick in ein Problem geben. Sie impliziert oft eine soziale Komponente und einen religiösen Kontext, etwa das →Knochenorakel in der traditionellen afrikanischen Medizin. Divination wird von Skeptikern einschließlich der Wissenschaft häufig als bloßer Aberglaube abgelehnt. Aus eigener Erfahrung muss ich dem entschieden widersprechen.

Erleuchtung: in meinem persönlichen Erleben ein Zustand von außergewöhnlicher Einfachheit, fast immer ohne dramatische Licht- oder Energie-Erlebnisse. Ein Zustand des vollkommenen inneren Friedens, erfüllt von einem tiefen Gefühl, zurück nach Hause gekommen zu sein. Ich sitze einfach da, und das Leben und die Welt bewegen sich und sind in der Wahrnehmung präsent. Ein Zustand, der eher mit Einfachheit, Bescheidenheit, Demut und Gnade verbunden ist, auch mit Berührtsein und Staunen über das unfassliche Wunder der Gesamtpräsenz des Lebens und über die unglaubliche Intelligenz und Ordnung der Natur, deren Teil ich ja bin. Ich kann mir nicht vorstellen, irgendwo anders hinzuwollen. Ich kann es als ein religiöses Gefühl bezeichnen, auch im Sinne einer »Rückverbindung«, wie sie in der wörtlichen Übersetzung des Worts *religio* ja zum Ausdruck kommt.

espiritos: →Spirits.

Fremdbesetzung: Es gibt zwei Arten von Besetzung oder besser gesagt Fusionen. Die eine ist bewusst und willentlich herbeigeführt, das heißt, Schamanen oder Heiler lassen sich von Göttern, Geistern oder Ahnen besetzen oder reisen in andere Welten (→Traumwelten), wo sie sich mit ihnen vereinen, um in diesem Zustand zu heilen, als Orakel zu wirken oder Rat zu geben. Bei der zweiten erleben sich Menschen als ungewollt von →Spirits besetzt oder von der Seele eines Verstorbenen, welcher nicht gehen kann. Ich bevorzuge, dies als »Energien« zu bezeichnen, denen wir Namen und Gestalt geben und die sich dann verdichten und personalisieren (→*payoga*).

Gestalttherapie: von dem Psychologen Fritz Perls entwickelte ganzheitliche Psychotherapie, die auch von existenzialistischen und fernöstlichen Philosophien beeinflusst ist.

Gold Ash Powder *(GAP, Goldaschepulver)*: GAP wird in einem zweiundzwanzig Jahre dauernden, hochkomplizierten alchemistischen Prozess hergestellt. Es ist ein einzigartiges und hochwirksames Nahrungsergänzungsmittel. Es verbessert und unterstützt die körperliche und seelische Verfassung, das Wohlbefinden, das innere Gleichgewicht, die Vitalkraft und stärkt das Autoimmunsystem. Es erhöht den Fluss des →Prana. Schädliche Energien und vor allem Gifte, Säuren und Schlacken im Körper werden neutralisiert, gelöst und ausgeschieden. Ungewollte Nebenwirkungen oder eine Überdosierung sind hier – vergleichbar mit →homöopathischen Mitteln – nicht möglich. GAP löst Cholesterinablagerungen in den Venen und Arterien auf und unterstützt die Heilung von Lungenkrankheiten, Erkrankungen des Herzens, der Nieren, der Verdauungsorgane, der Harnwege, der Leber, sogar aller Arten von Hepatitis. Es kann darüber hinaus den gesamten Bewegungsapparat und das Rückenmark stärken und beleben, zum Beispiel bei Rheuma, Arthrose oder Arteriosklerose. Es kann unter Umständen sogar sehr schwere Erkrankungen wie Krebs, HIV und andere lindern oder eine Beschwerdefreiheit herbeiführen. Diese Erfolge werden durch Tausende Patienten aus aller Welt bezeugt.

Der Hersteller des Mittels, U Shein aus Myanmar, sagt: »Meine →Devas lehrten und übermittelten mir in Träumen und Visionen die Zusammensetzung und den genauen Herstellungsprozess von Gold Ash Powder … Westliche Wissenschaftler haben bewiesen, dass innerhalb eines Jahres alle Zellen im Körper inklusive des genetischen Materials vollständig erneuert werden. Gold Ash Powder dringt in jede einzelne Zelle ein und unterstützt und beschleunigt diesen Prozess. Der größte Unterschied zwischen westlichen Medikationen und der Anwendung von Gold Ash Powder besteht darin, dass es autoreaktiv ist. Wenn etwas im Körper unerwünscht ist, wird es beseitigt. Wenn etwas fehlt, wird es ergänzt.«

Hilfsgeister: →Spirits.

holistisch *(wörtlich »ganzheitlich«)*: Der Holismus leitet alle Erscheinungen des Lebens aus einem ganzheitlichen Prinzip ab. Das heißt zum Beispiel im Zusammenhang mit Krankheiten, dass bei einem körperlichen Symptom nicht nur die körperlichen, sondern auch die seelischen, geistigen, soziologischen und spirituellen Aspekte einer gesundheitlichen Störung berücksichtigt werden.

holografisch *(wörtlich etwa »ganzheitlich dargestellt«)*: Der amerikanische Quantenphysiker und Philosoph David Bohm verglich das Universum mit einem Hologramm, bei dem in allen Einzelteilen zugleich alle Gesamtaspekte »eingefaltet« sind (»implizite Ordnung«).

holotropes Atmen *(wörtlich »auf Ganzheit ausgerichtetes Atmen«)*: Atemtechnik, durch die man Erfahrungsbereiche betritt, die mit dem normalen Bewusstsein nicht erreichbar sind. Ziel ist es, unzureichend integrierte Persönlichkeitsbereiche in einer Bewegung hin zur Ganzheit zu integrieren. Die Methode wurde im Wesentlichen von dem Psychiater Dr. Stanislav Grof entwickelt. In den uralten indischen Yoga-Lehren und im Ayurveda wird sie als »Kapalabhati Pranayama« (»Feueratmung«) bezeichnet. Sie hat dort auch die Funktion der Lungenreinigung.

Homöopathie *(wörtlich »ähnliches Leiden«)*: ganzheitliche alternativmedizinische Heilmethode, bei der Arzneimittel ausgesucht werden, die beim Gesunden ähnliche Symptome hervorrufen, wie sie der Kranke aufweist (»Similia similibus curentur« – »Ähnliches soll durch Ähnliches geheilt werden«). Die Substanzen der verwendeten Arzneimittel sind zum Teil so verdünnt (potenziert), dass kein Molekül der Ausgangssubstanz mehr vorhanden sein kann. Sie wirken somit energetisch, nicht chemisch.

Huicholen: indigene Ethnie in der Sierra Madre Oriental. Einer der letzten von der Zivilisation wenig berührten Ureinwohnerstämme Mexikos. In ihrer Sprache nennen sie sich »Wixaritari«, was »Zauberer« und »Heiler« bedeutet (→Peyote, →Peyote-Jagd).

icaros: Eine herausragende Rolle bei →Ayahuasca-Zeremonien spielen die *icaros*, magische Melodien, die der Schamane in seiner Lehrzeit als besonderes Geschenk erhält. Die Pflanzengeister lehren den Schüler entweder während einer →Ayahuasca-Sitzung oder in Träumen Kraftlieder, übernatürliche Melodien. Nur selten gibt ein Schamane seinem Schüler die *icaros* weiter. Sie werden während der Heilsitzungen meist gesungen, von manchen Schamanen auch gepfiffen oder auf verschiedenen Instrumenten gespielt. Mit den *icaros* bittet der →Curandero um den unverzichtbaren Beistand der *espiritos* (→Spirits) während der Zeremonien. Es gibt *icaros*, um die Visionen zu verstärken oder abzuschwächen, andere werden zur Heilung spezifischer Krankheiten gesungen oder um die Wirkung von bestimmten Pflanzenmedizinen zu erhöhen. *Icaros* können die Geister verstorbener Schamanen herbeirufen. Es gibt *icaros*, um Regen, Wind, Donner zu beschwören, um Schadenszauber zu verursachen oder aufzuheben, zum Jagen und Fischen, um die Liebe einer Frau zu gewinnen und so weiter.

Initiationskrankheit: Ein von Anthropologen geprägter Begriff für ein Phänomen, das fast immer nach dem →Call auftritt und in dem Moment endet, wo der Gerufene den Ruf befolgt. Sie äußert sich in Krankheit, Schmerzen, psychischen Störungen, Zuständen nervöser Spannungen sowie in Träumen und Visionen. Er verliert die Kontrolle über sein Leben und weiß nicht mehr, was mit ihm geschieht.

jopo: psychoaktive Substanz, wird durch Schnupfen konsumiert.

Jung, C. G. *(1875–1961)*: Schweizer Psychiater und Begründer der analytischen Psychotherapie. Über viele Jahre hielt Jung seine Träume, Visionen und Fantasien in einem Tagebuch fest. Eine Einführung in sein Werk bietet seine Autobiografie *Erinnerungen, Träume, Gedanken.*

kartesianisch *(auch cartesianisch)*: nach dem französischen Philosophen René Descartes (17. Jahrhundert), latinisiert Cartesius, dessen bekanntester Satz lautet: »Cogito, ergo sum« (»Ich denke, also bin ich«). Seine und die Philosophien seiner Nachfolger sind durch die Selbstgewissheit des Bewusstseins und einen mathematischen Rationalismus gekennzeichnet. Die kartesianische Auffassung besagt, dass Körper und Seele – Materie und Geist – verschiedene »Substanzen«, also getrennt sind und allenfalls aufeinander einwirken (Leib-Seele-Dualismus, →Nichtdualität).

Kinesiologie *(wörtlich »Lehre von der Bewegung«)*: Die alternativmedizinische Diagnosemethode geht davon aus, dass die Muskelspannung eine Information über den funktionalen Zustand des Körpers und der Seele gibt (Muskeltest).

kosmisches Bewusstsein: Zwischen den Denkweisen und Handlungen von Schamanen und Heilern in den unterschiedlichsten Kulturen und auf verschiedenen Kontinenten bestehen überzufällig viele Parallelen und Gemeinsamkeiten. Die Erfahrungen mit diesen Menschen veranlassten auch mich dazu, die Existenz eines kosmischen oder universellen Bewusstseins anzunehmen, eines Weltgedächtnisses, in dem alles vorhanden ist, was je gedacht, getan, erfunden wurde und was je gedacht getan, erfunden werden wird. Und dass es Menschen gibt, die zu diesem Bewusstsein oder zu Teilen davon einen Zugang haben und dort Wissen abrufen können. Schamanen gehören ganz offensichtlich zu ihnen (→Akasha-Chronik).

Knochenorakel werfen *(Bonethrowing)*: afrikanische →Divinationsmethode, bei der der →Schamane ein Set von Knochen und Muscheln wirft und aus dem sich ergebenden Bild Aussagen über die Probleme eines Ratsuchenden sowie mögliche Lösungswege gewinnt.

Krafttiere: Hilfsgeister (→Spirits), die hauptsächlich in Nord- und Lateinamerika so bezeichnet werden. Wir begegnen unseren Krafttieren in Träumen, Traumreisen, Visionen und Meditationen.

Kundalini *(wörtlich »die Zusammengerollte«)*: Form der universellen Energie, die im menschlichen Körper existiert, um die Entwicklung des menschlichen Bewusstseins zu fördern, damit es erkennen kann, dass es eins ist mit dem höchsten universellen Bewusstsein.

limbisches System *(abgeleitet von dem lateinischen Wort für »Saum«)*: Funktionseinheit des Gehirns, in der Emotionen verarbeitet werden und das Triebverhalten entsteht.

Lotussitz: klassische Sitzhaltung des →Yoga. In dieser Position wird in den fernöstlichen Religionen die Meditation ausgeübt. Der Sitz ist der Form einer Lotusblüte nachempfunden. Die Beine sind verschränkt, und der rechte Fuß ruht nahe der Leistenbeuge auf dem linken Oberschenkel, der linke Fuß entsprechend auf dem rechten Oberschenkel, die Fußsohlen zeigen nach oben. Der Oberkörper ist aufgerichtet, die Schultern sind leicht zurückgenommen.

malocchio, mal de ojo: »böser Blick«, Fluch eines Schwarzmagiers.

Mandala *(etwa »Kreis«)*: kreisförmiges oder quadratisches symbolisches Gebilde mit einem Zentrum, das ursprünglich im religiösen Kontext verwendet wurde.

Mantra *(wörtlich »Werkzeug für den Geist«)*: heiliges Wort oder heilige Silbe. Eine kurze Wortfolge oder der Name einer Gottheit wird meist repetitiv rezitiert. Mantren können entweder sprechend, flüsternd, singend oder in Gedanken aufgesagt werden. Im Hinduismus, im Buddhismus und im →Yoga sowie im →Sufismus ist das hörbare oder stille Sprechen von Mantren während der Meditation sowie im Gebet üblich. Es wird verwendet als Mittel zur Konzentration des Geistes, zur Kommunikation mit höheren Mächten, um sich in einen Zustand der Andacht zu versetzen und verschiedene Kräfte zu erlangen.

mara'akáme: →Schamane in der →Huicholenkultur.

Marulabaum *(Scelerocarya birrea)*: Die Frucht dieses Baums ist so groß wie eine Pflaume, saftig und süß, reich an Vitamin C und Mineralstoffen. Sie kann roh gegessen, zu Marmelade verkocht oder zu einem wohlschmeckenden alkoholischen Getränk vergoren werden. Elefanten, die auf der Erde liegende überreife Früchte essen, sind dann völlig betrunken und werden oft rasend. Viele Teile des Baums werden von den →Sangomas als Medizin verwendet. Die grünen Blätter werden gegessen, um Sodbrennen zu lindern. Als Mittel gegen Ruhr und Durchfall wird die Rinde zu einem Brei zerstampft und mit kaltem Wasser vermischt. Sie dient auch als Malariaprophylaxe, enthält Antihistamine und wird zur inneren Reinigung benutzt.

Marulatrees sind zweihäusig, das heißt, sie sind entweder weiblich oder männlich. Deswegen glauben manche Schamanen, dass Infusionen der Rinde das Geschlecht eines ungeborenen Kindes beeinflussen können. Nimmt man die Rinde eines männlichen Baums, wird ein Junge geboren, die Rinde eines weiblichen Baums bewirkt die Geburt eines Mädchens. Kommt dann trotzdem ein Kind mit dem entgegengesetzten Geschlecht auf die Welt, gilt dies als Zeichen, dass es ganz besondere Fähigkeiten hat, denn es war in der Lage, den →Spirits zu trotzen.

Maya *(wörtlich »Trugbild«)*: die im Hinduismus und Buddhismus als Blendwerk oder Illusion angesehene Welt der Erscheinungen (symbolisch dargestellt als verschleierte Schönheit). Diese etwa dreitausend Jahre alte Sichtweise der Vedanta wird heute von modernen Physikern geteilt, die die von uns wahrgenommene Erscheinungswelt als eine Illusion betrachten.

mesa: Altar bei den →Curanderos und im Schamanismus Südamerikas, auch als Begriff für das Ritual beziehungsweise die rituelle Arbeit selbst.

Mescalin: →Peyote.

Mudra *(wörtlich »Siegel«)*: Handgeste, mystische Stellung der Hände. Diese symbolischen Handgesten stellen bestimmte Bewusstseinszustände oder -vorgänge dar. Umgekehrt können bestimmte Haltungen auch zu den Bewusstseinszuständen führen, die sie symbolisieren. Oder die Energie wird mit ihrer Hilfe für meditative Zwecke im Körper »versiegelt«.

muti: schamanische Medizinen für und gegen alles, von körperlichen und psychischen Krankheiten bis zu sozialen Problemen und spirituellen Schwierigkeiten. Darunter sind auch Liebestränke und Glücksbringer.

Nadi *(wörtlich »Kanal« oder »Nerv«)*: extrem feinstofflicher Kanal im Energiesystem eines Menschen, durch den die Lebenskraft fließt. Drei Nadis haben im →Yoga eine besondere Bedeutung: Ida und Pingala regeln den Strom des Atems, und Sushumna (die zentrale Nadi) entfaltet als Weg der erwachten →Kundalini die höheren Zustände des Bewusstseins.

nats: Geistwesen im sogenannten *Nat*-Kult in Burma (→Spirits).

Neurolinguistische Programmierung: →NLP.

Nichtdualität *(wörtlich »Nicht-Zweiheit«)*: die Einsicht, dass kein Gegenstand ohne Beobachter existieren kann und Subjekt und Objekt stets ein zueinander komplementäres Paar darstellen. Und die Erkenntnis, dass es keine Trennung zwischen uns und dem Ganzen gibt. Das Antonym zur →kartesianischen Auffassung (→Tantra).

NLP: Bei der Neurolinguistischen Programmierung (NLP) geht es um Kommunikationstechniken und Muster zur Analyse von Wahrnehmungen. Nach der NLP funktioniert der Mensch nach Reiz-Reaktions-Ketten, die neu gestaltet werden können, um das eigene Verhalten zu optimieren.

palo santo: Räucherholz.

payoga *(etwa »Vereinigung mit einem [bösartigen oder lästigen] Geist«)*: Besessenheit von Geistern (Burma). Laut U Shein gibt es Menschen, die an verschiedenen Arten von Krankheiten leiden, welche durch andere mit übernatürlichen oder magischen Künsten verursacht wurden. Die Behandlung durch Schulmediziner und mit Medikamenten bleibt wirkungslos. Meist verschlechtern sich sogar die Symptome ihrer Krankheit.

Payoga-Heiler: Initiierte, die in der Lage sind, die befallenen Menschen von ihren Besetzungen oder Verwünschungen zu befreien.

Peyote: Die auch als »Rauschgiftkaktus« bekannte Spezies enthält das halluzinogene Alkaloid Mescalin. Dieser wichtigste Inhaltsstoff hat eine stark bewusstseinsverändernde Wirkung und wurde von den mexikanischen Ureinwohnern bei religiösen Riten zur Erzeugung von Rauschzuständen verwendet. Farbenprächtige Visionen, der Blick in die Zukunft und mystische Erfahrungen werden beschrieben. Der Einnahme folgt oft Übelkeit und häufig auch Erbrechen und/oder Durchfall. Etwa eine Stunde nach der Einnahme kommt es zu einem ungeheuren Schub veränderter Persönlichkeitswahrnehmung mit intensiven Geruchs-, Hör- und vor allem Farbwahrnehmungen. Erfahrene Peyotisten behaupten, dass oft tiefliegende, hauptsächlich negative Erinnerungen zum Vorschein treten, die so erst bearbeitet und überwunden werden können. Psychisch labile Persönlichkeiten sind mit dieser Erfahrung manchmal überfordert und können im schlimmsten Fall anhaltende Psychosen oder Angstneurosen davontragen. Das in Peyote enthaltene Peyocactin besitzt aber auch eine antibiotische Wirkung. Es wirkt erfolgreich gegen achtzehn Arten penicillinresistenter *Staphylococcus-aureus*-Stämme sowie mehrere Bakterien (→Peyote-Jagd).

Peyote-Jagd: Die zentrale Zeremonie des religiösen Kalenders der →Huicholen ist die jährlich stattfindende Peyote-Jagd *(peligrimacion)*. Für sie ist der Peyote-Kaktus ein lebendes Wesen, deshalb sprechen sie von der »Jagd« und nicht von »Ernte«. An ihr nehmen Männer und Frauen teil, sie verbindet die Dorfbewohner miteinander und mit den Göttern. Die Vorbereitung auf diese Reise erfolgt nach festen Regeln. Die Teilnehmer unterziehen sich einer strengen Diät, müssen sexuell enthaltsam bleiben und bekommen neue Namen, oft die verstorbener Familienmitglieder. Sie legen am Abend vor der heiligen Reise bei dem →*mara'akáme* eine Art Beichte ab. Alle Verfehlungen wie Untreue, Diebstahl und so weiter werden offengelegt. Diese ehrlichen Bekenntnisse von Fehlverhalten sind notwendig, damit die Pilger mit reinem Herzen und ohne Schuldgefühle dem Peyote-Gott gegenübertreten können. Nach der Beichte werden die Teilnehmer an eine Kordel geknotet, die später zeremoniell verbrannt wird, um die Reinigung symbolisch abzuschließen. Auf diese Weise fühlen sich alle Pilger wie neugeboren, und auf ihrer Pilgerreise sind alle gleich.

Pilzzeremonie: Die Nutzung psychoaktiver Pilze von Schamanen ist sicherlich in Lateinamerika am stärksten verbreitet. Dort werden sie *teonanacatl* (»Fleisch der Götter«, »heilige« oder »göttliche Pilze«) genannt. Sie ermöglichen die Kontaktaufnahme mit Ahnen oder Göttern und wurden in religiösen Ritualen und zum Heilen verwendet. Auch bei rituell-feierlichen Anlässen nutzte man sie. Im Jahr 1955 nahmen R. Gordon Wasson und Allen Richardson an einer Pilzzeremonie mit der Schamanin María Sabina teil. In einem Artikel wird die Erfahrung beschrieben: »Seeking the Magic Mushroom« (*Life Magazine*, Mai 1957). Die Pilze wurden weltweit bekannt.

Die Pilze bewirken eine Veränderung der Wahrnehmung und des Bewusstseins. Die Zeitwahrnehmung und das Raumgefühl werden stark verändert. Gefühle gesteigerter Energie, körperlichen Wohlbefindens und Entspanntheit entstehen. Die Perzeption – also sowohl die Gesamtheit der Vorgänge des Wahrnehmens als auch der Inhalt der Wahrnehmung selbst – ist erheblich erhöht. Spirituelle Erfahrungen, ein oft erlebtes All-Einheits-Empfinden, ein wahrgenommenes Verständnis des Universums werden häufig als richtungweisend und lebensverändernd erlebt. Größte Glücks- und Liebesgefühle, aber auch schlimmste Albträume können hervorgerufen werden.

Prana *(wörtlich »Atem, Lebenshauch«)*: Lebenskraft, kosmische Energie im menschlichen Körper und im Universum. Im Chinesischen wird sie »Chi« oder »Qi« genannt.

puro: selbstgedrehte Zigarre aus dem im Urwald wild wachsenden Tabak, für Rauchrituale.

Quanten: kleinste, nicht weiter teilbare Teilchen der Materie, die sowohl Teilchen- wie auch Welleneigenschaften besitzen (→Unschärferelation). Sie werden daher als kleinste Energieeinheiten bezeichnet, die von einem System auf ein anderes übertragen werden können. Die Quantenphysik befasst sich mit dem Verhalten und der Wechselwirkung dieser Elementarteilchen. Die Messungen an Molekülen und noch kleineren Systemen ergeben Zusammenhänge, die der klassischen Physik widersprechen. Sie werden deshalb vielfach als mögliches Erklärungsmodell für Phänomene gesehen, die bisher ins Reich der Fantasie verwiesen wurden (→Zwillingsphotonen-Phänomen).

Quechua *(auch »Ketschua« oder »Quichua«)*: eng miteinander verwandte indigene Sprachvarietäten aus dem Andenraum.

Raum-Zeit-Kontinuum *(auch »Raumzeit«)*: in der Relativitätstheorie Bezeichnung für die Vereinigung von Raum und Zeit, die in einer einheitlichen vierdimensionalen Struktur spezielle Eigenschaften aufweist. Sowohl Schamanen und Zweige der indischen Philosophie als auch moderne Physiker sagen, dass Zeit und Raum nicht existieren und Teil der menschlichen »Massenvereinbarung« – der Illusion – sind, in der wir leben (→Maya, →Tantra).

Retreat *(wörtlich »Rückzug, Exerzitien«)*: mehrtägiger Rückzug an einen ruhigen Ort, um zum Teil unter Anleitung intensiv zu meditieren.

rites de passage: →Übergangsriten.

Rumi, Dschalal ad-Din *(1207–1273)*: wichtiger Sufi-Guru und Gründer des Mevlevi-Ordens der Derwische. Seine Gedichte der ekstatischen Weisheit gehören heute zur populärsten Poesie weltweit.

Sacerdote *(wörtlich »Priester«)*: Synonym für Priester und Heiler in Lateinamerika.

Samarasa: bei den Lehrern des Tantra zunächst die Bezeichnung für die höhere Wahrheit; auch die Ekstase bei der sexuellen Vereinigung im Moment des Orgasmus. Tantristen gebrauchen diesen Begriff, um die Analogie zwischen der sexuellen Glückseligkeit zwischen Mann und Frau und der spirituellen Glückseligkeit aufzuzeigen, weil kosmische Konzepte besser an Beispielen des Lebens verständlich werden. Auf einer höheren Ebene bedeutet Samarasa die essenzielle, undifferenzierte Einheit aller Dinge, die höchste Glückseligkeit der Harmonie, die perfekte Vereinigung und die höchste Vollendung in der Erfahrung der Einheit.

Sangoma: →Schamane im Süden Afrikas.

San Pedro: Kaktus, aus dem im Anden-Hochland ein stark psychoaktives Getränk gewonnen wird, welches eine fünf- bis sechsstündige Ekstase bewirkt. Die Wirkung ist vergleichbar mit →Ayahuasca oder →Peyote.

Satori *(abgeleitet vom Wort für »erkennen«)*: im Zen-Buddhismus die Bezeichnung für die Erfahrung des Erwachens (→Erleuchtung).

Savia: die Weise, weise (alte) Frau.

Schadenzauber *(auch »Schwarze Magie«)*: magische Praktiken, mit denen jemand einem anderen Menschen Schaden zufügt. Die Schadenzauber ausübende Person verfügt über geheimes Wissen und über außergewöhnliche Kräfte, die mit Hilfe der Absicht auf ein bestimmtes Ziel gelenkt wirksam werden. Häufig benutzen Schwarzmagier ein Bild, ein Haar, ein getragenes Kleidungsstück etc. oder eine Puppe, stellvertretend für die zu schädigende Person. Indem sie z. B. Nadeln in die Puppe oder das Bild stechen, fügen sie dem entfernten »Doppelgänger« Schaden zu.

Schamane: Kunstwort aus der Anthropologie, abgeleitet vom tungusischen Wort *schaman*, »der Wissende«. So nannten die Ewenken, ein Stamm von Jägern und Rentierhirten in Sibirien, ihre spirituelle Autorität. Seit Beginn des 20. Jahrhunderts werden unter diesen Sammelbegriff Menschen aller Kulturen gefasst, die Kontakt zu den Geistern aufnehmen können. Menschen mit dieser Fähigkeit finden sich auch in fast allen Teilen der Welt, und sie ist das Merkmal eindeutig schamanischer Gesellschaften und Kulturen. Dabei hat jede Kultur einen anderen Namen für diese besonders Begabten. In Südafrika zum Beispiel heißen sie »Sangomas«, in Westafrika »Guerisseur« oder »Marabu«, in Lateinamerika »Curanderos« oder »Brujos«, in Nordamerika »Medizinmann« oder »Medizinfrau«, wobei jeder Stamm noch einen anderen Namen für sie hat, in Großbritannien »Druiden«, in Korea »Mudang«.

Schamanenreise: →*Traumwelten.*

Schwarzmagier: Im Gegensatz zum Weißmagier, der die Hilfesuchenden heilt oder ihnen Rat zuteilwerden lässt, praktizieren Schwarzmagier auch → Schadenzauber. Oft für viel Geld werden Konkurrenten ausgeschaltet oder ihnen wird Schaden zugefügt. Das kann bis zur Tötung gehen. Sie betreiben Liebeszauber, manipulieren Menschen zu ihrem eigenen Vorteil oder zum Nutzen ihrer Klienten und richten bei den Manipulierten erheblichen Schaden an. Fast alle Schamanen, denen ich begegnet bin, hatten bei ihrer Initiation ein Gelübde abgelegt, das ihnen schwarzmagische Praktiken untersagte. Oft bestand eine ihrer vornehmlichen Aufgaben darin, Schwarzmagier zu entlarven.

Shakti *(wörtlich »Kraft«)*: Shakti ist das Konzept oder die Personifizierung der göttlichen, den Kosmos erschaffenden, erhaltenden und auflösenden weiblichen Kraft. Sie wird im Hinduismus manchmal als »Göttliche Mutter« bezeichnet und auch als die Triebfeder aller Veränderungen gesehen. Auf der irdischen Ebene offenbart sich Shakti am stärksten durch die weibliche Verkörperung, die Kraft der bedingungslosen Hingabe, Kreativität und Fruchtbarkeit. Auch in Männern existiert sie in potenzieller, unmanifestierter Form.

Shiva *(etwa »der Gütige, Freundliche, Glückverheißende«)*: einer der wichtigsten Götter des Hinduismus. Im Shivaismus ist er für die Gläubigen die wichtigste Manifestation des Höchsten. Als Bestandteil der »hinduistischen Trinität« (Trimuti) mit den drei Aspekten des Göttlichen als Brahma, der als Schöpfer gilt, und Vishnu, dem Bewahrer, verkörpert Shiva das Prinzip der Zerstörung. Shiva wird meist in der Form eines Lingams (Phallussymbols) verehrt.

Sizinga: rituelles Instrument, das Ähnlichkeit mit einem Pinsel hat und aus mehreren magischen Komponenten besteht. Wichtigster Bestandteil ist die Nase einer Hyäne, die für ihren besonders gut entwickelten Geruchssinn bekannt ist. Dieses Instrument soll den Sangomas (→Schamane) helfen, Schwarzmagier »zu riechen« und die Ursachen von Krankheiten herauszufinden.

Spirits: Bei einer schamanischen Reise verlässt ein Teil des Selbst den Körper, und mit diesem Teil des eigenen Wesens reist die »Seele«, der Spirit oder »Traumkörper«, in andere Welten.

Unter »Spirits« und regional unterschiedlichen Synonymen wie *espiritos* versteht man aber auch die unsichtbaren Wesen, von denen wir umgeben sind: geistige Helfer (Hilfsgeister), die unsere inneren Potenziale verkörpern und uns auf dem Weg der Selbsterkenntnis begleiten und unterstützen. Fast jede Kultur hat dafür andere Vorstellungsbilder und verschiedene Namen wie →»Krafttiere«, »Pflanzen-« und »Baumgeister«, »Ahnen«, →»Devas«, im Christentum und Islam »Engel«. Ich bevorzuge, sie als »wissende und helfende Kräfte« zu bezeichnen, denen wir Namen und Formen geben, die aus unserer Vorstellungswelt und unserem jeweiligen kulturellen Kontext resultieren. Wenn man Geistern Namen und bildhafte Darstellungen gibt, dann ist es leichter, zu ihnen zu sprechen. Sie werden personalisiert und konkretisiert, erhalten immer mehr Wirklichkeit für den Betrachter, insbesondere wenn ein Stamm, eine Sekte, ein Volk, eine ganze Religionsgemeinschaft daran glauben. Dann ist das durch Konditionierung im Gehirn neuronal gebahnt, und wenn gezielt ein Wort fällt, zum Beispiel der Name eines Dämons, reagiert die korrespondierende Energie im Bewusstsein sofort, denn das Muster lauert ja sozusagen in Wartestellung und wirkt dann auch entsprechend.

Jede Pflanze hat eine Wesenheit mit einer ganz bestimmten Energie und Qualität, die in ihrer Form Gestalt annimmt. Die Ursubstanz ist dieselbe, aber sie manifestiert sich spezifisch. Die Schamanen können mit diesen Pflanzen, Tieren, mit Spirits aller Art, Göttern oder Ahnen in Kontakt treten und mit ihnen sprechen. Sie können sie um Rat fragen, können spezifische Auskünfte von ihnen bekommen, zum Beispiel von einem Baum. Was sie erfahren, könnte man in unsere Sprache so transponieren: »Meine Rinde hilft für die und die Krankheit, wenn du sie trocknest und zerreibst und die Blätter von dem und dem Baum hinzufügst und dann einen Tee zubereitest, der dreimal täglich getrunken werden muss.«

Stirnchakra *(auch »Drittes Auge«)*: die feinenergetische Verbindung des Menschen zu Weisheit und Erkenntnis (→Chakras).

Sufismus: jahrhundertealte mystische Schule des Islam, bekannt geworden durch den Orden der Derwische. Die Bücher von Hazrat Inayat Khan, der auch einen Orden gegründet hat, Idries Shah oder Reshad Feild haben den modernen Sufismus verbreitet und ihm zu einer gewissen Popularität verholfen.

Sundance *(Sonnentanz)*: initiatorische Zeremonie verschiedener nordamerikanischer Indianerstämme. Der Sonnentanz wird eindrucksvoll in dem Film »Der Mann, den sie Pferd nannten« mit Richard Harris gezeigt.

Sutra *(wörtlich* »*Faden*«*)*: Aphorismus, der eine philosophische Lehre in kurzer, knapper Form vermittelt.

Taita *(*»*Vater*«*)*: →Quechua-Bezeichnung für »Heiler, Schamane«.

Tantra *(wörtlich* »*Gewebe, Zusammenhang, Kontinuum*«*)*: Auch wenn der Tantrismus im Westen mit Sex assoziiert wird, handelt es sich in Wirklichkeit um eine sehr differenzierte Tradition der →Yoga-Praxis, bei der es um die innere Umwandlung von Energie geht und die einige der erhabensten philosophischen Texte der Hindutradition umfasst. Tantra hat ein System des Denkens und Handelns entwickelt, das uns das Universum sehen lässt, als ob es in uns wäre, und uns, als ob wir innerhalb des Universums wären. Tantra ist sowohl eine Erfahrung des Lebens als auch eine wissenschaftliche Methode, durch die man die uns innewohnende spirituelle Kraft erwecken kann. Die tantrischen Rituale sind die Grundlage für viele Philosophien. Aus ihnen wurden eine hochentwickelte Atomtheorie, eine Raum-Zeit-Verknüpfung, astronomische Beobachtungsmethoden und ein mathematisches Konzept des Universums abgeleitet.

teonanacatl: →Pilzzeremonie.

Theravada-Buddhismus *(wörtlich* »*Lehre der Ordensältesten*«*)*: buddhistische Schule, die heute in Südasien verbreitet ist. Sie gilt als die reinste Form des Buddhismus. Hieraus ist die auch im Westen weitverbreitete Vipassana-Meditation hervorgegangen.

Thwasas: Novizen bei der Ausbildung zum Schamanen.

Traumwelten *(auch* »*Anderswelten*«*,* »*andere Wirklichkeiten*«*,* »*spirituelle Ebenen*«*,* »*mystische Gefilde*«*, in manchen Kulturen* »*Ober-*«*,* »*Unter-*« *und* »*Mittelwelten*«*,* »*Parallelwelten*«*)*: Viele Schamanen reisen in ihren Träumen und Visionen willentlich, zum Teil auch unter Verwendung psychoaktiver Substanzen, in solche Sphären (Schamanenreise). Der Zugang, zum Beispiel durch Höhleneingänge, ist nur unter bestimmten Bedingungen – meist mit dem Einverständnis der Anderswelt-Bewohner oder der Wächter der Schwelle – möglich und fast immer ritualisiert. Moderne Quanten- und Astrophysiker glauben, nachweisen zu können, dass es solche mit unseren gewöhnlichen Sinnen nicht erfassbare Parallelwelten oder -universen gibt (zum Beispiel Stephen Hawking).

Übergangsriten *(auch* »*Passagenriten*«*)*: von dem französischen Anthropologen Arnold van Gennep 1909 eingeführtes ethnologisches Konzept (französisch *rites de passage*). Er hatte beobachtet, dass in der Biografie eines Individuums zwischen bestimmten Lebensstadien oder sozialen Umständen besonders in nichtindustrialisierten Gesellschaften rituelle Übergänge fester Bestandteil des gesellschaftlichen Lebens sind (etwa zwischen Kindheit und Erwachsenenleben oder zwischen Schulzeit und Berufstätigkeit). Offenbar sahen frühere Gesellschaften von diesen Übergangsphasen eine potenzielle Gefahr ausgehen, sodass sie nicht individuell, sondern in der Gemeinschaft rituell bewältigt werden sollten.

Unschärferelation: Die Unschärfe- oder Unbestimmtheitsrelation besagt nach dem deutschen Physiker und Nobelpreisträger Werner Heisenberg (1901–1976), dass zwei komplementäre Eigenschaften eines Teilchens nie gleichzeitig genau gemessen werden können. Entweder man bestimmt seinen Ort oder seine Geschwindigkeit – mal erscheint es als ein auf kleinstem Raum begrenztes Teilchen, mal als Welle, die sich über weite Räume ausdehnt. Auf subatomarer Ebene besteht also ein Phänomen nicht in sich selbst, sondern nur in Wechselwirkung mit dem Beobachter (→Quanten, →Zwillingsphotonen-Phänomen).

Veden *(wörtlich »Wissen, heilige Lehre«)*: Grundlagentexte der indischen Spiritualität, die als Basis der indischen Philosophie gelten. Sammlung von Hymnen, Zeremonien und Lehren über die Natur des Göttlichen und die Möglichkeiten, wie Menschen mit einer göttlichen Quelle in Kontakt treten können.

vitruvianischer Mann: Darstellung des Menschen nach den Proportionsregeln des antiken Architekten Vitruv. Berühmt wurde die Zeichnung des vitruvianischen Manns von Leonardo da Vinci, die um 1490 entstand.

Water Spirits: Wassergeister *(→Spirits)*.

weizkas: lebende oder verstorbene spirituelle Meister, buddhistische Gelehrte, Heiler und Alchemisten im burmesischen Buddhismus, der viele Elemente des Schamanentums enthält.

Yantra *(abgeleitet vom Sanskritwort für »stützen, [er]halten«)*: im Hinduismus und Tantrismus (→Tantra) verbreitete rituelle Diagramme. Sie haben eine initiatorische Wirkung und werden zur Meditation und zur Heilung verwendet.

Yoga *(wörtlich »Joch« oder »Vereinigung«)*: Unter dem Begriff »Yoga« versteht man spirituelle Disziplinen, die zur Einheit mit dem Selbst führen. Es gibt verschiedene Yoga-Wege, zum Beispiel Hatha-, Bhakti-, Karman- und Raja-Yoga, die unterschiedliche Aspekte des mensch-

lichen Wesens entwickeln und ausgleichen. Ihr Ziel ist immer die Vereinigung mit dem Absoluten als innere Erfahrung.

Zwillingsphotonen-Phänomen: Werden zwei in Kontakt stehende sub-
atomare Teilchen (Photonen) voneinander getrennt, reagieren sie
weiterhin miteinander synchron, zeitgleich und unabhängig von ihrer
Entfernung. Ändert sich etwa der Drehimpuls (Spin) eines Teilchens,
ändert sich unendlich schnell, sozusagen ohne zeitlichen Verzug, auch
der des Zwillingsteilchens. Dieses Phänomen wird vielfach als Ansatz
zur Erklärung von Geistheilungen, Gedankenübertragung, Telekinese
und dergleichen mehr verwendet.

Fotos auf der vorderen Umschlaginnenseite:
obere Reihe, von links:
Schamanenschülerinnen und –schüler tanzen bei der Einweihung
Mali Goumede beim Ritual
Mtandini Ngwenya tanzt bei der Einweihung
mittlere Reihe, von links
Schamanenschülerin bei der Einweihung
Mali Goumede und Wolf Wies
untere Reihe, von links
Schamanen bei der Einweihung
Jabolane Mpapane bei der Einweihung

Fotos auf der hinteren Umschlaginnenseite:
obere Reihe, links:
Rio Napo (auf der Fahrt zu Don Cesario)
darunter: Juan Alonso Guerrero
Don Josés Dorf
obere Reihe, rechts:
Don Elichio
mittlere Reihe, von links:
Töchter und Sohn von Don José
Das Haus von Don Alonso Guerrero
untere Reihe, von links
Doña Josefa, die Frau Don Josés
Don José Matsuwa und Wolf Wies

Alle Fotos © Shamanism & Healing Association